THINK TANK
智库论策

政府创新政策的溢出效应研究

李世奇 著

上海社会科学院出版社
SHANGHAI ACADEMY OF SOCIAL SCIENCES PRESS

前　　言

　　政府力量与市场力量的有效平衡是激发经济发展创新活力的有力保障，政府创新政策在确保社会创新活动顺利渡过"死亡之谷"与"达尔文死海"两个关键环节中发挥着重要作用，政府对企业的研发补贴作为政府创新政策中直观体现政府创新导向的政策措施是分析地方政府创新驱动主观能动性的合适切入点。在我国面临越来越严峻的核心技术封锁的背景下，通过研发补贴政策的引导作用提高企业自主创新能力、形成具有国际竞争力的专利技术、提升企业创新成果产业化水平具有极高战略价值。但是研发活动的高度专业性和复杂性决定了政府部门在制定和执行研发补贴政策时需要对政策效果有明确的认识，而准确评估政府研发补贴的政策效果需要考虑地方政府之间的竞争与企业创新活动溢出的影响。基于溢出效应的视角研究政府创新政策及其对企业创新产出的影响，对于发挥不同主体创新优势、实现区域创新协调发展具有重要的现实意义。本书围绕地方政府研发补贴的区域竞争及对企业创新活动的溢出效应展开，各章的主要内容安排如下：

　　第一章是绪论。第二章是文献综述。第三章是分析中国各地区科技创新的现状。第四章是归纳区域竞争与 R&D 溢出的测度方法。第五章是研究地方政府研发补贴的区域竞争。第六章是研究政府创新政策对企业研发投入的影响。第七章是研究政府创新政策对企业研发产出的影响。第八章是本书的结论、建议与展望。

　　本书研究的主要结论归纳如下：

　　第一，中央政府与地方政府的财政分权对政府研发补贴的区域竞争策略具有显著影响。总体来看，财政分权度的提高会减少地方政府对企业的研发补贴，地方政府的财政支出模式仍然是偏向生产建设型，创新驱动的力度和深度还有待提高。地方政府主要根据企业所有权性质而不是企业规模进行研发补贴的区域竞争。地方政府对国有企业的研发补贴在空间上呈现相互替代的竞争策略,而对非国有企业的研发补贴呈现相互模仿的竞争策略,对非国有企业的研发补贴主要来自地方政府的本级财政支出,说明地方政府已经表现出对创新驱动的重视,地方政府为了吸引和留住具有创新实力的非国有企业,提高本地企业的市场竞争力,竞相增加对非国有企业的研发补贴,形成了良好的竞争氛围。地方政府在国有企业和非国有企业研发补贴上所表现出来的区域竞争策略,既体现了财政分权体制下地方政府竞争模式在创新驱动发展下的活力,但也暴露出中央政府和地方政府在创新驱动上财权和事权不匹配以及各地区之间一体化协同发展不足的问题。

第二,政府研发补贴对其他地区的全体企业自身研发投入有显著的激励效应。地方政府的区域竞争、企业研发投入的溢出效应、跨区信号传递是政府研发补贴空间溢出效应的主要作用途径,政府研发补贴通过影响其他地区政府研发补贴和本地企业研发投入,间接地影响其他地区企业的研发投入,同时对其他地区相同类型的企业释放信号。本书测算发现地方政府研发补贴对全体企业研发投入均具有显著的短期直接影响、短期溢出影响、长期直接影响和长期溢出影响。尽管政府研发补贴对本地全体企业专利申请数和新产品销售收入两种研发产出的影响均不显著,对其他地区全体企业的研发产出也不存在溢出影响,但是通过激励本地和其他地区企业提高自身研发投入水平,也会间接地提高企业研发产出水平。

第三,政府创新政策下,大型、国有企业和中型、非国有企业创新活动表现存在巨大差异,尤其是国有企业和非国有企业反差巨大。政府对非国有企业的研发补贴严格以专利申请数作为标准,而对国有企业则缺乏限制。政府研发补贴对本地和其他地区国有企业研发投入具有显著的挤出效应,而对本地和其他地区的非国有企业则有显著的激励效应,并且政府研发补贴对国有企业的跨区信号效应为负,而对跨区的非国有企业则传递正向信号,国有企业研发投入严重依赖于政府研发补贴。研发费用加计扣除减免税政策对国有企业自身研发投入无显著影响,但对非国有企业和外资企业有显著的促进作用。国有企业存在资产负债率和利润水平越高而研发投入水平越低的问题,说明国有企业过高的负债率以及短视的考核机制制约了国有企业的创新活力,而非国有企业资产负债率和利润水平的提高均会促进自身研发投入的增长。国有企业研发经费投入对专利产出的最优滞后期为滞后1期、新产品产出为滞后2期,而非国有企业专利产出为滞后2期、新产品产出为滞后1期,滞后期的差异反映出国有企业自主创新能力相对较强,但科技成果转化能力较弱,而非国有企业则将研发重点放在产业化和商业化上。

第四,政府研发补贴、研发费用加计扣除减免税和高新技术企业减免税三种政府创新政策工具均存在不同程度的政策失灵。政府对国有企业的研发补贴存在严重的过度补贴问题,而对非国有企业的研发补贴则明显不足,政府研发补贴在国有企业和非国有企业上的分配失衡与两者在政府研发补贴下的创新活动表现产生鲜明对比。以"利润"为核心的考核机制使得研发费用加计扣除减免税政策提高国有企业自身研发投入水平的努力失败,而非国有企业和外资企业则会充分利用加计扣除政策提高自身研发投入水平。但高新技术企业减免税政策却显著降低了非国有企业和外资企业自身研发投入水平,违背了其激发企业创新活力的政策设计初衷,非国有企业和外资企业仅将高新技术企业减免税作为合理避税的工具。政府研发补贴与高新技术企业减免税的交互项系数在各类型企业的结果中均显著为负,说明政府没有处理好不同种类创新政策工具之间的协同作用问题,创新政策失灵与各种政策的无效叠加有关。

目 录

前言 ·· 1

第一章 绪论 ·· 1
第一节 研究背景 ··· 1
第二节 研究思路与内容 ··· 7
一、研究思路 ··· 7
二、研究内容 ··· 8
三、研究技术路线图 ·· 11
第三节 本书研究的创新点 ··· 12

第二章 文献综述 ·· 13
第一节 政府研发补贴的理论基础及文献研究 ·································· 13
一、知识溢出与市场失灵 ··· 13
二、政府研发补贴对企业研发投入影响的研究 ································· 14
三、政府研发补贴对企业研发产出影响的研究 ································· 18
第二节 地方政府竞争理论及文献研究 ··· 20
一、地方政府竞争的理论机制和相关研究 ······································· 20
二、财政分权理论 ··· 21
三、地方政府竞争的实证研究文献 ·· 23
第三节 文献总结与评述 ·· 25

第三章 中国各地区科技创新的现状分析 ··· 27
第一节 中国科技创新的总体态势 ·· 27
一、全球视角下的中国研发投入 ·· 27

二、政府财政科技拨款 …………………………………………… 32
　　三、中国区域经济创新度 …………………………………………… 35
　第二节　政府研发补贴下的企业创新 …………………………………… 37
　　一、政府对企业的研发补贴与税收优惠 …………………………… 37
　　二、企业研发投入 …………………………………………………… 41
　　三、企业研发产出 …………………………………………………… 44
　第三节　本章小结 ………………………………………………………… 48

第四章　区域竞争与R&D溢出的测度方法 …………………………… **50**
　第一节　引言 ……………………………………………………………… 50
　第二节　空间权重矩阵的构建 …………………………………………… 51
　　一、传统的空间权重矩阵 …………………………………………… 52
　　二、非对称的空间权重矩阵 ………………………………………… 54
　　三、基于中国铁路客运车次数据的空间权重矩阵 ………………… 55
　第三节　静态空间面板模型 ……………………………………………… 58
　　一、静态空间面板模型的分类 ……………………………………… 58
　　二、直接效应与溢出效应 …………………………………………… 60
　　三、静态空间面板模型的估计 ……………………………………… 65
　　四、模型的识别与选择 ……………………………………………… 72
　第四节　动态空间面板模型 ……………………………………………… 75
　　一、动态空间面板模型的设定 ……………………………………… 75
　　二、动态空间面板模型的主要研究方向 …………………………… 75
　　三、动态空间杜宾面板模型的短期效应和长期效应 ……………… 76
　　四、动态空间面板模型的估计 ……………………………………… 78
　第五节　本章小结 ………………………………………………………… 81

第五章　地方政府研发补贴的区域竞争 ………………………………… **83**
　第一节　引言 ……………………………………………………………… 83
　第二节　理论模型 ………………………………………………………… 85
　　一、中央政府干预下的地方政府财政支出 ………………………… 85
　　二、地方政府研发补贴的区域竞争模型 …………………………… 88
　第三节　实证模型构建与变量说明 ……………………………………… 93

  一、地方政府研发补贴区域竞争的实证模型 …………………… 93
  二、变量说明与数据来源 ………………………………………… 94
 第四节 实证分析 …………………………………………………… 98
  一、空间相关性的 Moran I 检验 ………………………………… 98
  二、模型选择的 LM 检验 ………………………………………… 99
  三、实证结果 …………………………………………………… 100
  四、稳健性检验 ………………………………………………… 105
 第五节 本章小结 ………………………………………………… 106

第六章 政府创新政策对企业研发投入的影响 …………………… **109**
 第一节 引言 ……………………………………………………… 109
 第二节 理论机制 ………………………………………………… 111
  一、价格效应 …………………………………………………… 111
  二、挤出效应和激励效应 ……………………………………… 114
  三、信号效应与信息不对称 …………………………………… 118
  四、空间溢出效应 ……………………………………………… 122
 第三节 实证模型构建与说明 …………………………………… 125
  一、地方政府研发补贴对企业研发投入影响的实证模型设定 …… 125
  二、变量说明与数据来源 ……………………………………… 127
  三、实证模型设定的补充与扩展说明 ………………………… 130
 第四节 实证分析 ………………………………………………… 133
  一、动态面板扰动项自相关检验和过度识别检验 …………… 133
  二、空间相关性的 Moran I 检验 ………………………………… 133
  三、模型选择的 LR 检验 ………………………………………… 134
  四、实证结果 …………………………………………………… 135
  五、政策工具的短期影响和长期影响 ………………………… 152
  六、稳健性检验 ………………………………………………… 157
 第五节 本章小结 ………………………………………………… 159

第七章 政府创新政策对企业研发产出的影响 …………………… **163**
 第一节 引言 ……………………………………………………… 163
 第二节 理论文献 ………………………………………………… 164

第三节 实证模型构建与变量说明 …………………………………… 167
　一、地方政府研发补贴对企业研发产出影响的实证模型设定 …… 167
　二、变量说明与数据来源 …………………………………………… 169
第四节 实证分析 ……………………………………………………… 172
　一、最优滞后期的确认 ……………………………………………… 172
　二、空间相关性的 Moran I 检验 …………………………………… 174
　三、模型选择的 LR 检验 …………………………………………… 174
　四、实证结果 ………………………………………………………… 175
　五、稳健性检验 ……………………………………………………… 181
第五节 本章小结 ……………………………………………………… 183

第八章 结论、建议与展望 …………………………………………… **185**
第一节 主要结论 ……………………………………………………… 185
第二节 政策建议 ……………………………………………………… 188
第三节 未来展望 ……………………………………………………… 190

附录 ……………………………………………………………………… **191**
附录1 世界主要组织和国家研发投入强度 ………………………… 191
附录2 中国区域经济创新度指标体系的构建和说明 ……………… 192
附录3 省际铁路客运运行车次及时间数据 ………………………… 196
附录4 各地区企业 R&D 经费支出价格指数(2009—2015年) …… 205
附录5 各地区财政分权度(2009—2015年) ………………………… 208
附录6 各类型企业研发投入实证研究的相关检验结果 …………… 211

参考文献 ……………………………………………………………… **213**

第一章 绪论

第一节 研究背景

改革开放以来,中国经济依靠要素驱动和投资驱动实现了三十多年的高速增长,但是随着中国经济进入新常态,原有的增长模式已不可持续,迫切需要向创新驱动转型,但目前来看技术进步对中国经济发展的贡献率还不高,创新对经济增长的支撑作用还没有得到充分发挥。随着中国科技水平的逐步提升,发达国家对高精尖技术的封锁使得中国"市场换技术"战略的边际收益不断递减,而中国自主创新能力不足的问题却越发显现。中国正面临传统领域和新兴领域越发激烈的国际竞争,创新能力日渐成为改变世界竞争格局、提高综合国力的决定性力量。企业作为创新的主体,一个国家的创新能力集中体现在企业的创新能力上,而提高企业的创新能力离不开国家创新战略的支持。

早在20世纪80年代,"科学技术是第一生产力"就已经在中国形成了广泛共识,1995年"科教兴国"战略正式确立了"科技"在国家发展战略中的地位,2006年以"建设创新型国家"为目标的《国家中长期科学与技术发展规划纲要(2006—2020年)》又进一步将"科技创新"摆在了国家战略的核心位置,2015年"供给侧结构性改革"成为新常态下中国经济实现创新驱动的战略选择,新时代下"创新"作为推动中国经济发展"质量变革、效率变革、动力变革"的关键因素正在落实到政府经济政策执行的方方面面,政府不断提高对"创新"重视程度的背后是学界不断深化政府在创新活动中所发挥作用的研究。

Atkinson & Ezell(2012)在《创新经济学》一书中指出,以"创新"为内核的经济学研究打破了传统经济学的三大假设——市场竞争充分、规模报酬不变、没有外部因素,这三大假设已经遭到 Philipe Aghion、Paul David 以及 Dominique Foray 等经济学家的质疑,他们反对"只要有市场就足够保证经济有效率运转"的论断,重新构建了以"知识、技术、创业精神"为核心的新经济增长模式,通过包括政府在内的经济主体履行各自的责任来完成:目标是实现增长,而不是新古典经济学的分配效率最优,重点关注企业为什么需要研发、政府如何刺激企业积极进行创新活动等实际经济运行问题,而不是抽象的理论模型;路径是以创新促进增长,近30年来发达国家经济发展的实践已经表明资本已经不再是经济增长主要推动力,只有依靠创新,采用新的技术,才能不断提高生产率水平;亮点是政府创新政策的支持,这是与新古典经济理论最大的区别,虽然市场仍然非常重要,但如果缺少强有力的政府创新政策的支持,一味地放任市场,仍不足以推动科技创新和经济增长。Atkinson & Ezell(2012)重点强调了政府的创新政策在经济发展中的作用,并特别指出,如果政府忽视创新,或者没有将创新置于经济政策的核心位置时,实现经济的可持续增长就是空谈,在此基础上提出了创新的倒U形曲线。

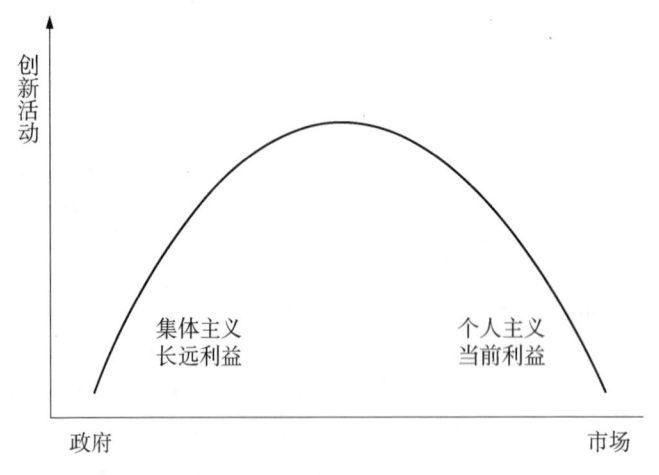

图 1-1 创新倒 U 形曲线

创新倒U形曲线反映的是一个国家创新的成功(更多的创新活动)取决于在政府力量和市场力量中找到平衡点,而政府与市场所代表的是两组对立因素,也就是说要在这两组对立因素中找到最合适的平衡。第一组是集体主义和个人主义:个人所享受的自由与承担的社会责任之间的对立横亘于人类历史发展中,创新活动也需要在这两者之间寻求平衡,如果过分聚焦于集体主义,个人往往会丧失创新的自由和动力,但是如果过分聚焦于个人主义,也不可能实现有效的创新,仅凭孤立的个人进行盲目探索是极其无效率的,必须要站在已有研究的基础上,也必须与他人进行合作,这就要求一个国家绝对不能把创新活动中的集体主义和个人主义看作完全对立的两个概念,而应该把两者有机结合并创造出一个有效的进化体系,在经济实践中反映创新活动更偏向于集体主义还是个人主义最直观的体现就是国有企业的占比,作为世界上两个最大经济体的美国和中国,国有企业所占的比重正好处于两个极端,国有企业在中国国民经济中处于主导地位,而美国的国有企业则屈指可数,所以创新活动在集体主义和个人主义的平衡点并不唯一,与一个国家的政治制度、经济发展阶段、历史文化、社会环境等因素密切相关。第二组是长远利益和当前利益:为了使全社会的创新活动最大化,一个国家必须找到长远利益和当前利益的平衡点。即使在最强调当前利益的国家里,民众也会为了将来更大的收益而放弃眼前的部分收益,遵守社会契约缴纳赋税,但是这远远不够,或者说民众缴纳赋税的多少并不是决定一个国家在长远利益和当前利益做出选择的关键因素,而是一国政府所采取的经济政策,主要是货币政策和财政政策。美国所制定的政策是以最大化当代人的消费为目标,这从美国巨大的贸易逆差和国债余额就可以看出,而中国现在更注重的是未来消费最大化,所以每年投入巨资进行基础设施建设,牺牲了当代人的消费。对于创新活动的投入,与教育投入一样,是一笔需要几十年时间才能收回成本的长期投资,美国在2015年研发投入占GDP的比重不足2.8%,与排名前列的诸如以色列、芬兰、韩国等国家出现了明显差距。在20世纪60年代,美国研发投入强度在全世界遥遥领先,美国人愿意把收入的2.8%用于政府科研支出,而在21世纪的前十年,美国人的收入几乎是20世纪60年代的3倍,但只愿意把收入的0.48%用于政府科研支出,美国经过50年的发展已经从一个"为未来投资"的国家变为一个"向未来借债"的国家,而反观中国的研发投入强度已经从1995年的0.57%增加至2015年的2.07%,政府的财政科技拨款更是在改革开放近40年的时间里增长了100多倍。综合而言,寻找政府力量和市场力量激发创新活动的平衡点,即寻找集体主义和个人主义、长远利益和当前利益在创新活动中的平衡点,而国有企业和政府的经济政策又是其中的关键。所以研究中国的创新问题,离不开对中国的财政科技政策以及国有企业所扮演角色的分析,而这正是本书所要讨论的重点。

  Nordfors et al.(2003)、Peterson(2009)也指出最大限度激发社会的创新活力需要合理界定政府和市场的职能边界,"看得见的手"和"看不见的手"需要充分的协同配合才能保证创新的各个环节有效连接与转化。尤其是"高校、研究机构从事基础研究和应用研究所得到的理论与实践成果"向"企业产品的试验发展研究"转化,以及"企业产品的试验发展研究"向"形成市场商业化利润"转化,这两个被称为"死亡之谷"与"达尔文死海"的转化过程是创新活动中风险最高的环节,只有"市场竞争机制""知识产权法规"以及"政府创新政策"的有机结合才能最大限度地降低上述两个环节的风险,确保创新活动的有序开展。

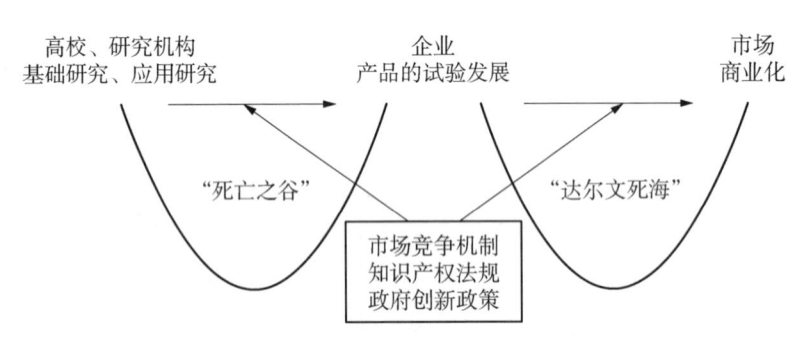

图 1-2　创新活动中的"死亡之谷"与"达尔文死海"

所以一个国家创新的成功取决于三类环境的构建,Atkinson & Ezell (2012)将之称为"创新成功三角形"。第一是商业环境,企业在其中发挥重要作用,包括足够活跃但能够抑制短期投机的资本市场,包容和适应各类挑战与变化的组织和个体,欢迎和接受创业精神与合作文化等。第二是监管环境,政府在其中发挥重要作用,包括合理的法律安排、健康的税收体制、透明的监管措施、有效的知识产权保护体系等,以保护企业在正常的市场竞争中开展创新活动不受到非法侵害。第三是创新政策环境,政府为政策的制定者,而企业为政策的主要接受者,所以政府和企业均在其中发挥重要作用,包括政府通过直接的资金补贴和间接的税收优惠促使企业加大研发投入,使研发资金进入具体的产业和技术领域,激励企业引进更多的高水平人才,鼓励产学研之间进行合作,提高科技成果转化效率等。本书所研究的即"创新成功三角形"中"创新政策环境"这一边上的内容,聚焦于"政府研发补贴"这一重要的创新政策在中国各地区之间的互动竞争,在此基础上对各地区企业创新活动所受到的影响进行分析,为合理评价中国现有的创新政策环境提供有益的参考。

政府研发补贴是政府创新政策中最为重要的政策之一。Steinmueller (2010)将政府创新政策按供给侧和需求侧进行分类,在此基础上本书将供给侧进一步分为要素供给侧和制度供给侧,以准确把握政府研发补贴在政府创

```
                    △
              商业环境   监管环境

                创新政策环境
```

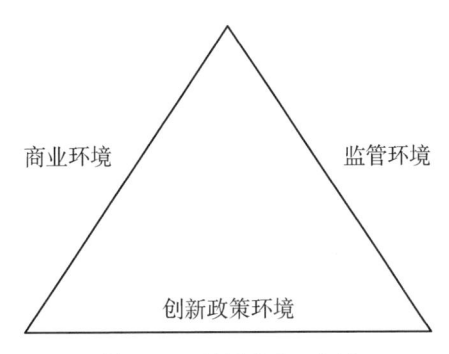

图 1-3　创新成功三角形

表 1-1　　　　　　　　　　政府创新政策

方向	创新政策设计	方向	创新政策设计
要素供给侧	水平补贴 专项资金 金融市场融资 人力资本 保护主义措施	制度供给侧 需求侧	赋能公共组织 设立中介机构 创建共享平台 为消费者提供补贴 为消费者提供信息

新政策中的定位。

"要素供给侧"包括五种创新政策：第一，"水平补贴"主要是针对企业研发投入的税收抵扣和减免政策，适用于所有企业，这种政策主要是利用市场机制对从事创新活动的企业进行优胜劣汰，不能有效利用优惠政策的企业将被淘汰，但是"水平补贴"也面临道德风险问题，企业可能把不属于创新活动的支出也算作研发投入以最大化利用优惠政策，社会需要付出额外的审计费用才能降低道德风险，更为重要的是"水平补贴"并不能有效解决创新活动外部性所带来的市场失灵问题，使得税收优惠政策看上去更像是一种政府不想去承担市场失灵责任的折中举措，所以需要政府缩小补贴范围，使优惠政策更具有针对性。第二，专项资金是政府为了解决市场失灵问题所采取的最为直接的措施，主要特点就是具有针对性，发挥了政府在企业所属行业、地区、技术发展前景上所掌握的信息优势，用于高校与研究机构的专项资金更多的是采用发布研究课题和项目的形式，用于企业的专项资金则更多的是采取政府研发补贴专项的形式，即本书所研究的"政府研发补贴"，申请政府专项资金的高校、研究机构和企业需要符合政府所制定的各种要求，体现了政府在创新上的引导功能,政府对企业的研发补贴也具有信号功能,可以向市场传递企业值得投资的信号,但是专项资金的有效性很大程度上依赖于政府的专业性和前瞻性,而政府对企业的研发补贴也存在过度干预市场竞争的可能性,使得研发补贴不仅不会提高全社会的研发投入水平,反而仅仅是增加了未获得补贴企业的竞争成本,让获得补贴的企业在市场得到不合理也不公平的竞争优势,这种仅仅使个别企业获得竞争优势的研发补贴,既不符合国际贸易协定的规定,容易遭到别国的贸易报复,而且对于企业所处的行业、地区以及整个国家的创新发展而言都是不利的,中国近年来因为企业所享有的研发税收优惠以及研发专项资金的双重补贴政策而备受其他国家指责,所以需要准确度量政府研发补贴对全体企业自身研发投入和研发产出的影响作用,如果政府研发补贴确实提高了全体企业自身研发投入以及研发产出的水平,那么就应该坚持现有政策的大方向,如果研发补贴政策效果不明显或者造成了负面影响,那么就应该果断调整现有政策。第三,"金融市场融资"是政府为解决企业研发资金不足所采取的间接创新政策,主要包括提高无形资产的流动性以及研发产出的估值水平,改变过于保守的金融市场的风险偏好,通过一系列金融政策为企业提供更多的外部研发资金。第四,"人力资本"是政府向市场保障所需的劳动力供给,主要与国家的教育政策有关,近年来中国技能型专业人才的短缺使得政府越来越重视应用型大学和专业技工学校的建设。第五,"保护主义措施"一般指政府为保护本国产业而禁止外国资本或企业进入相关领域的措施,在创新政策中保护主义措施主要是保护本国处于幼稚期的战略性新兴产业。

"制度供给侧"包括三种创新措施:第一,"赋能公共组织"主要是向高校、研究机构等赋予新的任务,解决社会创新体系中功能失调的问题,比如建立产学研联盟以解决科研成果转化的问题。第二,"设立中介机构"旨在解决创新活动中存在的"信息不对称"问题,中介机构作为创新体系中的重要组成部分可以为技术市场上的交易活动背书。第三,"创建共享平台"是为了解决创新活动外部性问题的尝试,通过政府牵头在企业间设立俱乐部,比如产业联盟、研发中心等非营利组织,将技术作为准公共物品,俱乐部成员均可以共享相关技术。"需求侧"包括两种创新政策:第一,"为消费者提供补贴"相当于降低创新产品的价格,有利于快速提高对创新产品的需求,比如新能源汽车购置税减免政策。第二,"为消费者提供信息"是为了提高消费者对于创新产品的认知,扩大创新产品的影响力,通过公益广告宣传等方式加快新技术的应用速度。

综合来看,"制度供给侧"创新政策是为一个国家的创新体系服务,从制度层面激发全社会的创新活力,"需求侧"创新政策主要面向的是普通消费者,从产业链的最终端反向间接地促进创新。"要素供给侧"创新政策主要是提高服务于本国创新活动的资金和劳动力等要素供给水平,是政府创新政策最为核心的主体部分,而政府对企业的研发补贴又是其中最为直接的政策措施,体现了政府支持创新活动的态度,而企业作为创新的主体,企业的创新活力决定了整个市场的创新活力,所以本书选取"政府研发补贴"作为研究政府创新政策的突破口,通过结合中国区域竞争以及研发溢出的特点,在研究地方政府研发补贴区域竞争的基础上分析政府研发补贴对企业创新活动中最为核心的研发投入和产出的直接影响和溢出影响,既是对寻找政府力量与市场力量在中国创新活动中的最优平衡点的有益探索,也是对如何构建更好的创新政策环境的必要尝试,为更好地发挥政府在创新活动中的作用、坚持市场在创新资源配置中的决定性作用提供参考意见。

第二节 研究思路与内容

一、研究思路

研究中国政府研发补贴对企业创新活动的影响,既不能忽视中国自身以及创新活动本身所具有的特点,也不能脱离具体方法而空谈。对于改革开放后中国经济飞速发展的原因,学界已有大量深入的研究,其中最主要的研究成果之一就是地方政府之间的竞争(周黎安,2004,2007)极大地促进了中国经济的增长。分权体制之下,地方政府有了足够的资源去促进当地的发展,以GDP 增长率为考核机制的晋升体系下,地方官员也有了足够的动力去提高当地的经济增长速度,地方政府在财政支出上已经形成了显著的区域竞争格局,这种地区之间的区域竞争是中国经济发展的显著特点,中国地方政府的区域竞争是本书分析地方政府研发补贴区域竞争的理论基础。

随着中央政府对创新重视程度的不断提高,各省级政府也在不断落实创新驱动发展战略,比如北京"加强全国科技创新中心建设"、上海"创新驱动发展,经济转型升级"、广东"深入实施创新驱动发展战略"、江苏"加快构建区域创新体系"、浙江"聚焦转型升级,振兴实体经济"等,地方政府也在切实提高对企业研发补贴的规模,全国各地区政府对规模以上工业企业(以下简称"规上企业")研发补贴总额已经从 2000 年[①]的 43 亿元增加到 2015 年的 419 亿元，规上企业研发经费支出也从 2000 年的 824 亿元增加到 1 万亿元，最为重要的是部分欠发达地区政府研发补贴以及企业研发支出也形成了一定的规模，而在 2000 年贵州、云南、广西、青海、海南、新疆、西藏等地区的政府研发补贴甚至不足 5 000 万元，规上企业研发经费支出也不足 10 亿元，中国各省级行政区政府研发补贴规模、企业研发投入与产出的规模快速增长是本书分析地方政府研发补贴区域竞争的现实基础。

空间面板模型已经成为分析中国地方政府竞争的主要方法。自 Paelinck & Klaassen(1979)提出"空间计量"的概念以来，空间计量经济学得到了极大的发展，Anselin(1988)完善了空间计量经济学理论，Anselin(1992)、Lesage(1999)等结合计算机软件推动了空间计量的初步应用，以 Krugman(1998)为代表的经济地理学派为空间计量注入了新的动力，Hsiao(2003)、Arrelano(2003)、Baltagi & Li(2004)、Elhorst(2010)、Lee & Yu(2010)等将空间计量理论推广到(动态)面板模型，国内的李涛和周业安(2009)、朱平芳等(2011)将空间面板模型应用于中国地方政府竞争的分析中，发展成熟的空间面板模型是本书分析地方政府研发补贴区域竞争的方法基础。

基于中国各地区政府的区域竞争以及研发溢出的特点，综合文献中提出的政府研发补贴对企业研发投入的激励作用或挤出作用，并拓展到空间上的不同区域，那么一个地区企业的创新活动不仅可能受到本地区政府研发补贴的影响，也可能会受到空间上相关联的其他地区政府研发补贴的影响，即通过地方政府研发补贴的区域竞争或企业创新活动的溢出作用等其他因素形成间接溢出影响，所以分析中国地方政府研发补贴的区域竞争是研究中国政府研发补贴对企业创新活动影响的必要准备，只有掌握地方政府研发补贴的区域竞争策略才能理解政府研发补贴对企业创新活动溢出影响的内在机制。

二、研究内容

本书各章的研究内容如下：

第一章是绪论。本章重点介绍了本书的研究背景、思路与内容，从中国经济发展转型升级和围绕"创新"的国家战略背景出发，通过创新倒 U 形曲线突

---

① 2000 年为科技活动(S&T)，下同。

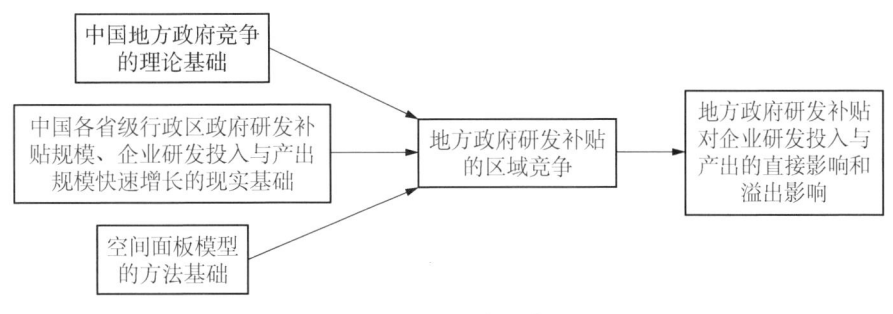

图 1-4 研究思路

出创新活动中政府力量和市场力量相互制衡的作用,以创新活动中"死亡之谷"和"达尔文死海"强调政府在创新活动中的角色,基于"创新成功三角形"中的创新政策环境引入本书研究的核心对象政府研发补贴。综合理论基础、现实基础和方法基础指明研究地方政府研发补贴的区域竞争以及对企业创新活动的直接影响和溢出影响的研究思路。最后说明了本书研究的创新点。

第二章是文献综述。首先,总结梳理政府研发补贴的理论基础与相关文献研究,包括知识溢出与市场失灵、政府研发补贴对企业研发投入影响的研究、政府研发补贴对企业研发产出影响的研究。其次,系统整理了地方政府竞争理论及相关文献研究,包括地方政府竞争的理论机制和相关研究、财政分权理论以及地方政府竞争的实证研究文献。最后,对以上两部分的理论与文献做了评述,并指出已有研究中的不足。

第三章是中国各地区科技创新的现状分析。本章首先介绍了中国科技创新的总体态势,从全球视角下分析中国研发投入,对比世界主要国家研发投入强度、基础研究支出占比和 R&D 经费来源占比,对中国研发经费支出结构、经费来源结构以及 R&D 人员投入结构做出分析,从政府财政科技拨款的总量、占公共财政支出比例以及央地政府财政科技支出占比分析政府研发补贴所处的大环境,基于中国区域经济创新度及创新评级分析中国各地区经济发展的创新程度。其次,从区域分布结构分析中国政府创新政策下的企业创新活动情况,包括中国各地区政府研发补贴、研发经费加计扣除减免税、高新技术企业减免税、企业 R&D 经费支出、企业 R&D 人员投入、企业专利申请数以及企业新产品销售收入的分布结构及平均增长率。最后,对中国各地区科技创新现状的特点做出小结。

第四章是区域竞争与 R&D 溢出的测度方法。本章首先对传统的空间权重矩阵以及非对称的空间权重矩阵作了分类及说明,在总结已有空间权重矩阵优缺点的基础上,利用中国铁路客运车次数据构建非对称的复合空间权重矩阵。其次,对常用于分析区域竞争的静态空间面板模型作了介绍,重点对各类模型的直接效应与溢出效应作了分析,并对各类模型的估计、识别与选择作了相应说明。再次,对动态空间面板模型的设定和主要研究方向作了介绍,主要分析了动态空间杜宾面板模型的长短期直接影响和溢出影响,并介绍了该模型的估计思路。最后,总结说明了对区域竞争与R&D溢出具有重要作用的空间权重矩阵及空间面板模型相关研究重点。

第五章是地方政府研发补贴的区域竞争。从中央政府干预下的地方政府财政支出行为出发,基于政府研发补贴的支出函数、地方政府主管官员效应函数的优化问题以及连任或晋升概率方程,构建地方政府研发补贴区域竞争的理论模型。使用2009年至2015年中国31个省级行政区的数据,利用静态空间面板模型分析地方政府研发补贴的区域竞争模式,对国有企业和非国有企业不同的区域竞争模式及其背后的原因作了比较研究。

第六章是政府创新政策对企业研发投入的影响。本章从价格效应的理论机制出发,利用生产函数及研发成功概率函数分析激励效应和挤出效应的作用机理,并对信号效应和信息不对称理论作了说明,在此基础上分析了空间溢出效应的三种影响途径。在一般动态面板模型的基础上构建动态空间面板模型,在模型中加入研发费用加计扣除减免税和高新技术企业减免税变量,与政府研发补贴做对比分析。根据模型的设定推导出三种政策工具对企业R&D支出短期直接影响、长期直接影响、短期溢出影响以及长期溢出影响的公式,并对一般动态面板模型进行了扩展,以考察补贴率水平、政策工具稳定性和交互性的影响,利用门槛回归方法确定了高、中、低三种补贴率水平。按照企业规模和企业所有权性质分类对大型企业[①]、中型企业[②]、国有企业[③]、非国有企业[④]和外资企业[⑤]样本进行了回归,计算了三种政府工具对各类型企业自身研发投入的长短期直接影响、溢出影响和总体影响,详细分析了三种政策工具对不同类

[①] 本书所分析样本为规模以上工业企业,大型企业指从业人员数达到2000人及以上,或销售收入达到3亿元及以上,或资产总额达到4亿元及以上标准的企业。
[②] 中型企业指从业人员数在300—2000人,或销售收入在0.3亿—3亿元,或资产总额在0.4亿—4亿元范围内的企业。
[③] 本书所指国有企业为统计年鉴中国有及国有控股企业。
[④] 本书所指非国有企业为统计年鉴中内资企业里的非国有及国有控股企业。
[⑤] 本书所指外资企业为统计年鉴中港澳台企业和外资企业。

型企业的影响作用及其原因。

第七章是政府创新政策对企业研发产出的影响。本章将专利申请数量和新产品销售收入分别作为研发产出的代表性变量进行研究。测算了不同类型企业两种研发产出研发经费投入的最优滞后期，分析各类型企业最优滞后期有所差异的原因，在此基础上构建实证模型，分析政府研发补贴对各类型企业专利申请数和新产品销售收入的影响，计算研发经费投入和人力投入的产出弹性，分析各类型企业的自主创新能力和科技成果转化能力。

第八章是结论、建议与展望。总结本书研究的重要结论，提出相应的政策建议，并对未来研究进行展望。

三、研究技术路线图

本书研究的技术路线图如图1-5所示。

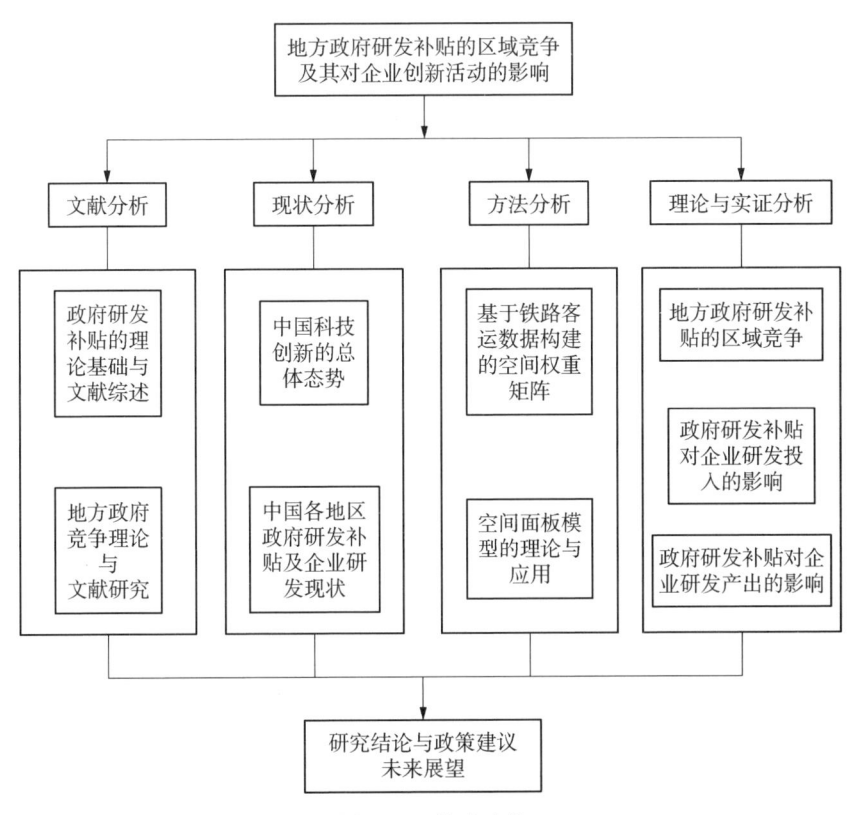

图1-5 技术路线

第三节 本书研究的创新点

第一,在理论探索上,将地方政府竞争理论拓展到创新要素竞争的维度上,以研发补贴作为衡量转型驱动下地方政府竞争模式是否发生变化的研究切入点,构建了中央政府干预下地方政府研发补贴区域竞争的理论模型,利用空间面板模型得到的实证结果验证了地方政府研发补贴区域竞争的存在。将空间溢出效应融入政府研发补贴对企业创新活动影响的理论机制中,将不同规模以及不同所有制的企业放入统一的实证模型框架中,利用动态空间面板模型验证了政府研发补贴基于区域竞争、跨区信号效应以及企业创新活动溢出三种主要途径对企业自身研发投入的空间溢出影响。

第二,在方法应用上,利用铁路客运车次大数据构建非对称的复合空间权重矩阵,将科技进步对地理距离的影响首次纳入空间权重矩阵中,用外生变量综合考虑了地理因素与经济因素。将中央政府转移支付纳入财政分权指标设计中,解释了收入与支出两种视角下财政分权指标的不同特点,并设计出一种适用于31个省级行政区的动态企业R&D经费支出价格指数。基于动态空间杜宾面板模型,准确测算了政府研发补贴、研发费用加计扣除减免税、高新技术企业减免税三种政策工具对企业自身研发投入的短期直接影响、短期溢出影响、长期直接影响和长期溢出影响。

第三,在结论建议上,证明了中国地方政府竞争这一制度优势在创新驱动发展下的活力,但地方政府对国有企业和非国有企业的研发补贴呈现完全相反的竞争模式,国有企业和非国有企业在政府创新政策影响下的创新活动表现也截然不同,从这一全新视角说明了深化国有企业改革的必要性,尤其从多个角度证明了国有企业以"利润"为核心的考核机制极大地损害了创新积极性。对国有企业过度的研发补贴以及对非国有企业严重不足的研发补贴说明政府需要改革研发补贴的决策模式。高新技术企业减免税在激励非国有企业和外资企业提高自身研发投入水平上的失灵也说明政府需要调整高新技术企业的认证标准。政府研发补贴显著的空间溢出影响对地方政府在区域一体化的高度协调政府创新政策提供了理论与实践支撑。

第二章 文献综述

第一节 政府研发补贴的理论基础及文献研究

一、知识溢出与市场失灵

在现代经济学的理论框架中，知识溢出(Knowledge Spillover)也被称为研发溢出(R&D Spillover)，是解释区域要素集聚、经济协同增长的重要概念之一，也是用于分析内生经济增长理论、新经济地理理论的重要工具之一。Marshall(1890)指出技术外部性是企业扩大自身生产规模的重要驱动力，这里所提到的技术进步外部性实际上就是知识溢出。基于 Marshall 的技术外部性，Arrow(1962)对"干中学"的经济学意义进行了详细说明，重点阐明了知识的积累及溢出过程对区域经济增长的促进作用，知识溢出正式作为一个经济学概念出现在经济理论研究中。Romer(1990)通过分析知识的半公共产品属性和技术创新的部分排他性，进一步系统解释了知识溢出产生的原因，并在生产函数中引入"知识"这一独立的变量，从而构造了内生经济增长模型。

知识溢出源于个人或组织的知识创造行为，作用于知识创造者以外的个人或组织。随着知识溢出效应所解释的经济现象不断增加，研究者对知识溢出的定义也逐渐统一，即"个人或组织从其他个人或组织的知识创造活动中获取的额外收益"，任何个人或组织都是知识溢出的创造者，也是知识溢出的受益者。空间计量经济学理论与实践的不断发展不仅使得从空间视角研究知识溢出成为可能，也使得知识溢出问题由一个经济学问题逐渐扩展成为一个经济地理学问题。

企业的创新活动即是企业的知识创造过程，企业的知识溢出也被称为研发溢出，由于研发溢出效应的存在，使得企业不能完全获得由研发投入带来的效益，所以企业的研发产出具有部分公共物品的性质。对于公共物品，Samuelson(1954)从排他性和竞争性的角度进行了定义，与私人物品不同，公共物品不具有排他性和竞争性，需要使用公共物品的个体不会因为其他个体使用同样的公共物品而造成损失，也就是说每个个体所能够使用的公共物品总量是相同的。对于 Samuelson 所提出的定义，后续的研究者们不断进行了改进，Musgrave(1959)、Buchanan(1968)和 Ostrom(1977)等认为在公共物品和私人物品这两种极为理想化的情况之间，存在许多诸如有益品(Merit good)这样的中间状态物品，而市场机制通常不能实现有益品的最优配置，一般情况下需要政府进行供给。Musgrave(1959)指出当市场机制下有益品的配置并不符合社会发展的长期利益时，政府应该对有益品的配置进行干预，尽管这种干预可能与民众当下的意愿相违背。企业研发产出类似于有益品，具有私人物品和公共物品的共同属性。例如知识产权保护法能够在一定程度上保护专利拥有者的收益，确保其他个体和组织直接使用专利需要付出相应的成本，专利作为研发产出在这种情况下具备私人物品的属性，但是我们又无法限制其他个体和组织使用专利所附带的知识和所提供的信息，使得专利也具有公共物品的属性。

企业创新活动所产生的知识溢出使得企业的研发产出具有了公共物品的属性，让企业创新活动存在明显的外部性，研发投入者并不会得到全部收益，企业的研发投入不能完全满足社会需求。因为包括知识溢出在内的企业创新活动外部性使得企业的成本和收益与社会的成本和收益之间产生错配，并且市场机制无法有效处理这种错配，使得全社会的帕累托最优无法实现，从而产生市场失灵的现象。由于企业的创新活动具有明显的正外部性，其他个体或组织不需要重复投入就可以使用研发产出所提供的信息，所以企业的研发投入有利于社会总体收益的提升，但却降低了企业的自身收益，在市场机制下企业研发投入积极性会降低，企业的研发投入水平会低于全社会收益最大化下的最优水平，从而出现与企业创新活动密切相关的要素市场和产品市场的失灵状况。在市场失灵的背景下，政府对企业研发投入给予相应的补贴，可以有效地降低或消除上述偏差的存在，修复市场失灵的状态，政府干预和市场机制协同配合才能实现创新要素的最优配置。

二、政府研发补贴对企业研发投入影响的研究

国内外学者主要从宏观区域层面、中观行业层面、微观企业层面等三个方

面研究政府研发补贴对企业研发投入的影响(周海涛,2016;刘怡芳,2017)。

对于宏观区域层面的国外研究,Levy & Terleckyj(1983)基于美国1949—1981年的数据检验政府研发补贴对企业研发投入的影响,研究结果显示政府研发补贴对企业的研发投入具有显著的正向促进影响。Robson(1993)则利用美国1956—1988年的时间序列数据研究不同种类的政府研发补贴对企业研发投入的影响,结果表明政府的基础研究补贴、应用研究补贴以及试验发展补贴均会对企业的研发投入产生显著的激励作用。Levy(1990)基于OECD组织1963—1984年的国别数据,研究结果显示并不是所有国家的政府研发补贴均会对企业研发投入有显著激励效应,部分国家政府研发补贴的影响作用并不显著或者存在显著的挤出作用。Wolff & Reinthaler(2008)则基于OECD组织1981—2002年的国别面板数据,研究发现政府研发补贴对企业研发投入具有显著的激励作用。

对于宏观区域层面的国内研究,童光荣和高杰(2004)分析发现我国政府研发补贴对企业的研发投入具有显著的诱导效应,企业的研发投入不仅取决于当期的研发补贴,也受到滞后期研发补贴的显著影响。赵付民等(2006)基于我国1994—2002年29个地区的省际面板数据,研究发现我国政府研发补贴对大中型工业企业研发投入有显著正向影响。廖信林等(2013)基于我国2003—2010年大中型工业企业的省际面板数据,研究发现一个地区的工业化发展阶段显著影响了我国政府研发补贴对企业研发投入的激励作用,随着工业化发展的逐步深化,政府研发补贴对企业研发投入的激励作用也随之提高。孙伟等(2015)基于我国2009—2013年31个地区的省际面板数据,从演化博弈的视角分析政府研发补贴的作用,研究发现政府研发补贴可以显著促进企业研发投入的增加。

对于中观行业层面的国外研究,Goldberg(1979)基于美国国家科学基金会的行业面板数据,研究发现政府研发补贴对企业研发投入具有显著激励作用。然而同样是采用美国国家科学基金会的行业面板数据,Lichtenberg(1984)的研究则表明政府研发补贴会对企业研发投入产生显著的抑制作用,主要是由于Lichtenberg(1984)引入了更多的控制变量,消除了Goldberg(1979)研究中存在的部分偏误,后续学者们对Lichtenberg(1984)研究结果的认可度更高(David et al., 2000)。Görg & Strobl(2007)基于爱尔兰1972—2002年12个制造业行业的面板数据,采用双重差分模型研究发现政府研发补贴的强度和企业自身的所有制对政府研发补贴的效果具有显著影响,高强度的政府补贴对国有或私营企业的研发投入具有显著的挤出效应,任何强度下的政府补贴对外资企业的研发投入均无显著影响。

对于中观行业层面的国内研究,朱平芳和徐伟民(2003)基于上海市1993—2001年大中型工业企业32个分行业的面板数据,采用动态面板模型研究发现政府研发补贴对企业研发投入有显著的激励作用,但高补贴率水平下的激励作用并不显著,同时计算了政府研发补贴的长期乘数,在分析时考虑了政策工具的稳定性以及不同政策工具的交互性。姜宁和黄万(2010)基于我国2003—2008年的5个高技术产业行业的面板数据,研究发现政府研发补贴对于高技术企业研发投入具有显著的激励作用。白俊红和李婧(2011)基于我国1998—2007年大中型工业企业36个分行业的面板数据,研究发现政府研发补贴对企业研发投入的显著促进作用会受到企业研发投入规模、企业产权类型等因素不同程度的影响。李瑞茜和白俊红(2013)基于我国1999—2011年大中型工业企业36个行业的面板数据,采用门槛面板回归模型,研究发现政府研发补贴对企业研发投入的影响呈现倒U形关系。李永等(2014)基于上海市2003—2010年大中型工业企业32个分行业的面板数据,研究发现政府研发补贴对企业研发投入的促进作用受到行业异质性的影响,企业研发强度越高、规模越小,政府研发补贴的促进作用越显著。

但是,也有部分国内学者研究发现在中观行业层面,政府研发补贴对企业研发投入具有显著的抑制作用。杨红和蒲勇健(2008)基于重庆市1995—2004年39个行业的面板数据,研究发现政府研发补贴对企业研发投入具有显著的负向影响。李婧(2013)利用我国2000—2010年高技术产业分行业面板数据,比较政府研发补贴对国有企业和非国有企业的异同,研究结果表明政府研发补贴对国有企业研发投入有显著的挤出效应,但能显著激励非国有企业增加研发投入。

对于微观企业层面的国外研究,Hamberg(1966)基于美国405家企业的截面数据,按行业分类分别进行OLS回归后,研究发现政府研发补贴对企业研发投入有显著的激励作用。Howe & McFetridge(1976)基于加拿大1967—1971年81家企业数据,按行业分组检验政府研发补贴对企业研发投入的效果,发现政府研发补贴对三个行业企业的研发投入均具有激励作用,但只有电力行业的激励作用显著。Busom(2000)、González et al.(2005)基于对内生性问题的考虑,利用西班牙企业数据,采用2SLS估计方法,研究发现政府研发补贴对企业研发投入具有显著激励作用。Hewitt-Dundas &

Roper(2010)基于爱尔兰企业数据,采用工具变量方法,也发现激励作用显著。

然而,部分国外学者的研究表明,在微观企业层面政府研发补贴对企业研发投入具有显著的抑制作用或不存在显著影响。Higgins & Link(1981)基于美国1977年174家制造业企业数据,研究发现政府研发补贴会显著抑制企业的研发投入。Link(1982)发现政府研发补贴对企业应用研究投入没有显著影响,但会抑制企业基础研究投入,而企业试验发展投入有明显增加。Lichtenberg(1987)基于美国1979—1984年187家企业的面板数据,利用混合回归方法发现政府研发补贴对企业研发投入没有显著影响。Lichtenberg(1988)使用相同的数据,利用工具变量方法处理内生性问题,发现显著的挤出作用。Wallsten(2000)基于美国1990—1992年的企业面板数据,运用3SLS方法发现政府研发补贴对企业研发投入具有显著的挤出作用。González & Pazó(2008)基于西班牙1990—1999年2 214家企业数据,利用PSM方法发现政府研发补贴对企业研发投入无显著影响。Clausen(2009)基于挪威企业数据,研究发现政府基础研究补贴对企业研发投入具有激励作用,但是政府试验发展补贴对企业研发投入具有显著抑制作用。Klette & Møen(2012)基于挪威企业数据,研究发现政府研发补贴短期内的影响不显著,但长期会带来激励作用。

对于微观企业层面的国内研究,唐清泉等(2008)基于中国2002—2005年沪深两市上市企业数据,研究发现我国政府研发补贴能够补偿企业创新活动的正外部性带来的收益损失,但间接补贴方式比直接补贴方式更有效。解维敏等(2009)以2003—2005年中国上市公司为样本,研究发现政府研发补贴对上市企业研发投入有显著激励作用。张小红和逯宇铎(2014)基于中国2005—2007年工业企业数据,利用倾向得分匹配方法发现政府研发补贴能够显著提高企业的研发投入。许国艺(2014)基于中国2007—2010年深圳中小板上市公司数据,通过考虑市场竞争程度发现,只有在中等程度的市场竞争中,政府研发补贴才会对企业研发投入产生显著的激励作用。郭兵和罗守贵(2015)运用上海2009—2013年792家企业数据,采用系统GMM方法进行估计,研究结果显示政府研发补贴显著提高了企业研发投入水平。周海涛和张振刚(2016)基于广东省2010—2014年1 002家高新技术企业数据,发现政府研发补贴可以显著提高企业研发投入的水平。

但部分国内学者在微观企业层面得出了与激励作用不同的结论。戴小勇和成力为(2014)基于中国 2005—2007 年约 30 万家工业企业数据,利用门限面板回归方法发现,对于国有企业而言,政府研发补贴占企业研发投入的比例存在最优区间,离开最优区间会对企业研发投入产生显著的抑制作用,但对私营企业而言,无论占比高低,政府研发补贴只有激励作用没有抑制作用。

三、政府研发补贴对企业研发产出影响的研究

国内外学者在研究政府研发补贴对企业研发产出影响时主要采用企业专利数量、新产品销售收入等指标代表企业研发产出,大都聚焦于行业层面和微观企业层面,仅有少数研究从宏观区域层面进行分析,所以将三个层面归总表述。

国外学者方面,Czarnitzki & Fier(2003)基于德国 4 132 家企业 1992 年、1996 年、2000 年三年的数据,以在这三年里是否获得专利作为企业研发产出的度量,采用 Probit 模型进行估计,研究发现政府研发补贴对企业研发产出具有显著激励作用。Hall & Bagchi-Sen(2002,2007)以及 Kang & Park(2012)均指出,在生物医药领域,政府研发补贴支持和企业创新效率之间存在着显著的正相关性。Block & Keller(2009)对美国 100 家 R&D 创新奖获得企业进行分析发现,近九成获奖企业曾受到过政府补贴。Bérubé & Mohnen(2009)基于加拿大 2005 年统计署的企业创新调查数据,运用非参数匹配估计方法,发现税收抵免和政府研发补贴能够显著激励企业新产品产值的增加。Alecke et al.(2012)以东德企业为样本,研究发现相比于未受到政府研发补贴的企业,获得补贴的企业进行专利申请的概率更高。

国内学者方面,Hu(2001)发现,中国政府的研发补贴通过激励企业增加研发投入来提升企业研发产出。谢洪明等(2006)以珠三角企业为研究对象,发现中国政府旨在促进技术和创新能力的项目和政策措施对企业研发效率的提升存在显著的正向影响。程华等(2008)基于中国 1999—2005 年省际面板数据,研究政府研发补贴、企业研发投入、金融机构贷款对企业研发产出的影响,发现政府研发补贴对企业研发产出没有显著的影响,按照东、中、西将样本企业进行区域划分,发现在东部和西部地区,政府研发补贴对企业研发产出的影响并不显著,而在中部地区,政府研发补贴则具有显著的促进作用。程华和赵祥(2008)基于中国 1997—2006 年大中型工业企业 37 个行业的面板数据,研究发现政府研发补贴对企业研发产出具有显著的促进作用。樊琦和韩民春

(2011)以中国1992—2007年28个地区省际面板数据为样本,研究发现政府研发补贴对提高区域企业研发产出有十分显著的正向影响,并且经济越发达、科研基础越好,促进作用越大。项歌德等(2011)基于中国1998—2008年的31个地区的省际面板数据分析R&D空间溢出效应时发现政府研发补贴对企业的专利产出有显著的正向影响。叶子荣和贾宪洲(2011)发现政府研发补贴对企业发明专利产出具有显著的正向影响。聂鸣等(2014)通过区分政府研发补贴的对象,研究政府研发补贴对企业、高等学校和科研机构的研发产出的影响,发现政府研发补贴对三者的研发产出均具有正向的激励作用。张小红和逯宇铎(2014)利用中国2005—2007年工业企业数据,研究发现政府研发补贴对企业的新产品产值具有显著促进作用。李爱玲(2015)基于中国A股上市公司2008—2013年机械设备仪表、信息技术、医药和生物制造、电子等四个行业的数据,研究发现政府研发补贴有助于提高企业的专利产出。郑春美和李佩(2015)利用中国2011—2013年331家创业板企业数据,研究发现政府研发补贴能够显著提高企业发明专利申请数和新产品销售收入的水平。

另有一部分国内外学者对政府研发补贴对企业研发产出的正向显著影响持不同意见。Jones & Williams(1998)、Nemet(2009)、Bakay et al.(2011)、Peters et al.(2012)均发现政府研发补贴与企业研发产出之间并不存在显著的关系。朱平芳和徐伟民(2003)基于上海市1993—2001年32个工业行业的数据,分析发现政府研发补贴对企业专利申请数并没有显著影响,而来源于企业自有资金以及银行贷款的研发经费投入则对企业的专利申请数有显著的促进作用。王俊(2010)基于中国1998—2006年大中型工业企业28个行业的面板数据,研究发现我国政府研发补贴对企业专利的激励作用并不显著。吴剑峰和杨震宁(2014)基于中国2008—2011年沪深两市制药、电子和信息行业的135家企业数据,在考虑所有权和控制权分离程度的情况下,发现政府研发补贴与企业三种专利数量不存在显著的关系。郭兵和罗守贵(2015)基于上海2009—2013年792家企业数据,运用系统GMM方法研究发现政府研发补贴对企业的专利申请数没有显著影响。林洲钰等(2015)基于"中国专利数据库"提供的902 959家企业专利数据,以政府研发补贴与企业销售额的比重作为政府研发补贴强度变量,研究发现政府研发补贴强度与企业专利产出呈倒U形,当政府研发补贴强度超过临界值时,对企业专利产出的作用由激励转为抑制。

第二节 地方政府竞争理论及文献研究

一、地方政府竞争的理论机制和相关研究

Smith(1776)最早在《国富论》中对政府竞争进行了研究,他认为政府税收会对可移动和不可移动的生产要素产生不同的影响,从而影响社会收入分配。Wicksell(1896)、Lindahl(1919)、Samulson(1954,1955)等对由政府提供的公共物品所引起的政府竞争进行了必要的探索。

Breton(1998)认为"地方政府竞争"是指区域内各个经济体的政府利用税收、医疗、教育、养老、环境政策等手段,吸引劳动力、资本等流动性要素进入本地区从而提升经济体自身竞争力的行为。当前主要有三种成熟地方政府竞争的理论机制(杨孟禹等,2017):第一种是财政政策的溢出效应机制,以 Wilson(1986)、Case et al.(1993)、Revilli(2003)等为代表,他们认为区域内实施财政政策会改变邻近区域的政府财政政策偏好,从而导致地方政府行为在空间上具有空间依赖性;第二种是资源要素流动竞争机制,以 Tiebout(1956)、Wilson(1999)、Brueckner(2000)、Brueckner & Saavedra(2001)等为代表,他们认为地方政府间互动的根源是地方政府通过财政手段展开对空间要素的竞争;第三种是标尺竞争机制,以 Salmon(1987)、Besley & Case(1995)等为代表,他们认为由于信息外溢性和相似的政治体制,公众会以邻近政府行为的标准来评判本地政府行为,从而本地政府在政策实施过程中不得不考虑邻近政府行为。具体而言,理论文献中讨论得比较充分的本地财政支出对相邻地区的影响渠道主要是外部性(Wilson,1999),本地区公共支出的正外部性会为周边地区带来收益(Gordon,1983),导致周边地区该项支出相应减少。进一步而言,为了提高本地区的经济绩效,无论是地方政府间吸引流动生产要素的经济竞争(Keen & Marchand,1997),还是政府官员寻求晋升或连任的政治竞争(Besley & Case,1995),地方政府间公共支出政策都会相互模仿或参照。Apolte(1999)借助新古典模型对辖区政府间的竞争问题进行了讨论,Herrmann-Pillath(2001)对政府横向和纵向的竞争理论进行了系统阐述,指出地方政府存在与中央政府在资源控制和分配上的竞争状态。

由于中国"自上而下"的政治体制,政治激励机制是中国地方政府开展竞

争的第四种理论机制。政治激励可抽象为委托(中央政府)—代理(地方政府)问题,一方面,由于存在委托人与代理人目标的不一致性,如中央政府关心的是物价稳定和收入平等,而地方政府则更关心其辖区内经济数字和地方官员自身收益;另一方面,委托人和代理人的信息不对称,如中央政府无法观测到地方政府的努力程度等,所以政治激励机制的核心在于如何设定一套考核体系以激励"利己主义"的地方官员采取中央政府所希望的竞争方式从而更好地服务社会。

Qian & Xu(1993)、Shleifer & Treisman(2000)指出中国 M 形的组织结构导致水平的资源配置,地方政府竞争为中央政府提供了充足的信息,所以竞争是有效率的。改革开放以来,以 GDP 为核心的"晋升锦标赛"是推动地方官员积极发展地方经济的关键,成为中国经济飞速增长的重要动力(Jin et al,2005;王贤彬等,2009;周黎安,2007)。但这种竞争也扭曲了部分资源的有效配置,地方政府职能与晋升激励指标的不匹配,导致出现严重的"土地财政问题",尤其为了吸引外商投资低价出让工业用地,但为了保障地方财力从而高价出让商业及住宅用地,导致土地利用效率降低,损害了地方经济的可持续发展(张莉等,2011)。政治晋升博弈使得中国的地方官员存在"非合作"倾向,加剧了地方保护主义,从而产生更为严重的市场分割以及重复投资建设等问题(周黎安,2004)。周业安等(2004)进一步指出以 GDP 为官员的晋升考核指标导致地方政府变得短视,在地方保护主义思想的影响下,为了招商引资而产生的恶性竞争不仅浪费了全社会的资源,而且扰乱整个市场。在 GDP 至上的"指挥棒"下,经济增长、投资、税收才是地方政府关注的焦点,地方官员仅会将有限的资源投入短期内能够带来最大收益的领域,缺乏对带来正外部性的公共物品投资的动力(傅勇,2010)。

二、财政分权理论

由地方政府竞争的理论机制可以看出,财政支出是地方政府展开竞争的主要方式,中国"自上而下"的政治体制决定了中央政府与地方政府的财政分权是决定中国地方政府竞争的关键。财政分权是指中央政府授予地方政府一定的税收权力,规定其所需承担的支出责任,允许其自主决定财政支出的规模与结构。财政分权使得地方政府有更大的自主性制定当地的发展政策。

西方传统的财政分权理论,即第一代财政分权理论,也被称为财政联邦主义理论(Fiscal Federalism),基于新古典经济学理论,在委托—代理框架下研究中央政府和地方政府的财政收入分配问题,学界通常以"用脚投票"理论(Voting by Feet)(Tiebout,1956)的提出作为第一代财政分权理论兴起的标志。Oates(1972)指出因为相比于中央政府,地方政府更为了解所辖地区居民的需求和偏好,所以地方政府比中央政府向居民提供公共物品更有效率。第二代财政分权理论,也被称为市场维护型的财政联邦主义理论(Market Preserving Federalism),是由 Qian & Weingast(1996)、Mckinnon(1997)等基于新经济增长理论利用公共选择理论,在委托—代理框架的基础上提出的,重点研究在非对称信息的背景下地方政府激励机制如何制定的问题,要求既能保证地方公共物品的有效供给,也能确保财政公平,从而实现帕累托最优配置。中国改革开放以来的发展更适合用第二代财政分权理论进行解释。1978年至今,我国财政体制的改革基本是围绕着扩大地方政府财权,调动地方政府积极性展开的。林毅夫和刘志强(2000)使用 1970—1993 年的省级数据,沈坤荣和付文林(2005)使用 1978—2002 年的省级数据,均测算出财政分权对中国经济增长有显著的促进作用。

如何度量财政分权是相关研究中最为直接的问题。Oates(1985)最早采用地方政府的财政收入或支出占比来衡量财政分权程度,并且被大部分研究者采用(Davoodi & Zou,1998;Zhang & Zhou,1998;Xie et al.,1999),其中 Zhang & Zhou(1998)采用的是地方政府本级预算内外支出与中央本级预算内外支出比值,没有包括转移支付。Ma(1997)则使用一省财政收入的平均分成率来衡量。林毅夫和刘志强(2000)指出这两种衡量方法均存在明显的缺陷,前者的财政分权完全取决于该省财政支出的规模,而支出规模只是该省人口和经济规模的体现,不能反映该省的财政自由度;后者无法准确反映 80 年代中央地方财政关系发生的多次巨大变化。林毅夫和刘志强(2000)使用本省预算收入的边际分成率来衡量 20 世纪 80 年代中国各省财政分权程度,这里的边际分成率是指省级政府提留的财政收入增加额占比。1985 年以前各省和中央财政收入的分摊比例需要年年谈判,财政分权度为 0,1985 年以后稳定在分成或包干等若干种类型制度安排上。但是很多经济财政实力差距很大的省份有相同的财政分权指数,并不合理(张晏和龚六堂,2005)。沈坤荣和付文林(2005)指出边际分成率并不适用于 1994 年分税制改革之后的情况,并且在经济增长中起作用的是总量而不是增量,提出以预算内、预算外及两者加总的地方财政收入和支出占全国财政收入和支出的比重来测度财政分权度。

之所以需要分别从收入与支出两个角度来考察财政分权,是因为财权与事权的分离使得这两者发挥作用的内在机制完全不同。从收入的角度而言,分税制改革后,地方政府自身掌握的财权较小,归属于地方的税种存在税源不稳定且较为分散的问题,导致征收的成本高难度大,并且地方政府无权自行开设税种、划定税率,在受到税种、税率以及分税比例的强制约束下,地方官员为了自身政绩倾向于将本级的财政收入用于能够在短期内(或任期内)迅速提升经济增长并且容易考察与度量的项目上,压缩和挤占了周期长见效慢并且风险无法控制的项目投入。从支出的角度而言,中央与地方的财政支出结构和范围已经基本确定,卫生医疗、义务教育等公共支出主要由地方政府承担,使得地方政府的事权往往远大于财权,所以许多支出需要依靠中央政府的转移支付,中央政府正是在转移支付的过程中实现自身的长期战略意图,地方政府为了符合或迎合中央的各项政策,会调整自身的财政支出方向和重点,加大对经济发展具有长期作用的项目投入。

三、地方政府竞争的实证研究文献

地方政府在税收、土地财政以及环境规制方面的竞争是国内学者研究的主流,竞争的主要目的是吸引传统要素的流入,尤其是外商直接投资(FDI)的流入,研究的重点也大都放在地方政府竞争所产生的问题上。在税收方面,王丹等(2005)指出参与税收竞争的地方政府越多,均衡税率会越低,吸引FDI所投入的成本会大于全社会的最优值。沈坤荣和付文林(2006)发现不合理的分权加剧地方政府间的税收恶性竞争。杨晓丽和许垒(2011)指出地区间的税收竞争会降低FDI对经济增长的作用。贾俊雪和应世为(2016)认为地方政府税收竞争的着力点在于吸引企业的进入,但财政失衡会使得企业承担不必要的公共成本。在土地财政方面,Oman(2000)指出在财政手段竞争投资空间有限的情况下,土地成为地方政府争夺FDI的关键。张清勇(2005)则将工业用地出让价格作为外商投资环境的信号引入地方政府竞争的博弈中,发现地方政府陷入了土地报价的"囚徒困境"。唐鹏等(2014)指出财政分权使得地方政府在土地出让和土地引资策略上存在竞争行为,为了获得更多的土地收入以及外部资本的流入,地方政府的土地财政策略存在空间模仿效应和替代效应。在环境规制方面,杨海生等(2008)从环境政策角度对地方政府竞争进行了实证检验,结果显示地方政府为了争夺流动性要素所采取的环境政策存在攀比式的竞争,导致了环境恶化。李胜兰等(2014)也发现地方政府在环境规制的制定和执行上存在明显的相互模仿行为。邓慧慧和桑百川(2015)对中国市际的FDI和环境规制关系进行了分析,结果显示环境规制强度与FDI的区位选择存在正相关性,地方政府竞争扭曲了资源配置。

一方面,随着空间计量经济学的发展,已有大量研究应用空间计量模型探讨中国地方政府在各类财政支出上是否存在区域竞争,研究发现中国省级政府在财政总支出、基础设施建设支出、消费型公共支出和科教文卫支出等方面存在显著的区域竞争(卢洪友和龚锋,2007;郭庆旺和贾俊雪,2009;李涛和周业安,2009)。另一方面,财政分权下地方政府竞争带来的公共支出结构扭曲是已有研究重点关注的另一个问题。Tiebout(1956)最早对分权式地方政府公共物品的提供效率进行了研究,强调自由迁徙的居民会依据自身的公共服务偏好,在不同区域内"用脚投票",实现地方政府公共物品供给的帕累托最优,财政分权实质上提高了公共服务的效率。但是Keen & Marchand(1997)研究发现由于财政分权下的地方政府竞争,地方政府存在偏向生产性公共项目投入而对消费性公共项目投入不足的可能性,该结论得到了国内学者大量实证研究的支持,乔宝云等(2005)、傅勇(2010)、尹恒和朱虹(2011)发现中国财政分权以及GDP考核下的地方政府竞争导致地方政府的公共财政支出结构"重基础设施建设、轻人力资本和公共服务投入"的扭曲性结果。

基于财政分权讨论地方政府在科技投入上的竞争近年来也有出现,但研究结论并不统一,甚至出现了自相矛盾。周克清等(2011)的研究表明财政分权促进了地方政府的科技投入,地方政府竞争却降低了地方政府的科技投入,指出"财政分权下的地方政府会忽视科技等公共服务投入"的传统观点是片面的,因为科技投入不仅包括基础型投入(即基础研究),也包括应用型投入(即应用研究与试验发展),所以政府的科技投入所提供的公共物品既具有非经济性也具有经济性,不能一概而论,由于各省的财政科技投入对基础型与应用型的投入比例各不相同,所以财政分权对地方政府科技投入的作用具有异质性,与经济发展水平相关。白俊红和戴玮(2017)从收入与支出的两个角度研究了财政分权对地方政府科技投入的影响,发现两者的作用完全相反,收入视角下的财政分权减少了地方政府的科技投入,而支出视角下的财政分权则起到了促进的作用,地方政府在财政科技投入存在正向的竞争。

第三节 文献总结与评述

国内外文献对创新活动的外部性已有较为深入系统的研究,研发溢出效应的存在使得研发产出具有了部分公共物品的性质,由于研发投入者不能获得全部收益,所以市场自发配置下的研发投入不能满足社会的最优需求,这就为政府干预提供了理论基础。自20世纪80年代以来,国内外研究者深入分析了各国政府研发补贴对本国企业创新活动的影响,主要是对企业研发投入和产出的影响,所采用的研究视角各有异同,使用的研究方法和计量模型也不尽相同,所得到的结论以激励作用居多,也有部分文献认为具有显著的抑制作用。但是,已有文献均忽略了研发溢出效应对政府研发补贴政策效果带来的影响,尤其是不同地区之间的政府研发补贴会不会对空间上相关联的其他地区产生溢出影响也未有考虑。

与此同时,国内外文献对于地方政府竞争理论也有成体系的研究成果,基于财政分权理论对中国中央政府和地方政府所形成的M形政治治理结构做了系统的研究,从不同角度研究了地方政府之间的区域竞争,多数研究认为地方政府竞争是促进中国改革开放以来中国经济快速增长的重要原因,但也带来了很多问题,已有研究多从传统的财政支出角度来考察地方政府的互动竞争策略,忽视了随着经济发展方式的变化以及中央政府考核机制的变化对地方政府财政支出行为带来的影响,尤其忽略了在创新政策上的影响,尚未有文献研究地方政府在对企业研发补贴上的区域竞争。

无论从研发溢出角度而言,还是地方政府的区域竞争角度而言,都未有研究将两者结合起来分析政府研发补贴对企业创新活动的影响,但是基于已有的理论文献研究,又显然不能忽视两者对政府创新政策效果的影响。我们也发现已有研究利用空间计量模型、基于不同的财政分权指标分析地方政府竞争时会得出截然不同的结论,在财政分权指标的设计上仍存在一定改进空间,同时,对于空间权重矩阵的设计也存在过于理想化的问题,这些都会导致研究结果的偏差。另外,已有文献对政府研发补贴影响在不同规模和不同所有权性质企业上所表现出来的差异已有提及,但缺乏统一框架下的系统比对研究。

对于研发产出影响的研究也存在研发投入重复计算、忽视最优滞后期等问题。本书在已有理论文献的基础上，补充并改进了上述研究中所反映出的不足，从研发溢出与地方政府区域竞争相结合的全新视角，准确系统地分析政府研发补贴对企业创新活动的影响。

第三章　中国各地区科技创新的现状分析

研究地方政府研发补贴的区域竞争以及对规模以上工业企业研发投入与产出的直接影响和溢出影响，需要把握中国各地区政府研发补贴的现状以及规上企业具体的研发情况。本章从中国科技创新的总体态势着手，基于全球视角分析中国研发投入的整体表现，指明规模以上工业企业在全国研发投入中所处的地位，从政府财政科技拨款的角度理解政府研发补贴所处的大环境，通过综合评价中国各地区经济发展的创新程度为分析地方政府研发补贴的空间溢出效应奠定基础。详细剖析中国各地区企业在政府支持下的创新态势，重点对本书所关注的核心指标——各地区研发补贴、税收优惠、企业 R&D 经费和人员投入、企业专利和新产品产出的分布特点与变化情况做出说明。

第一节　中国科技创新的总体态势

一、全球视角下的中国研发投入

中国研发费用支出总额从 2000 年的不足 900 亿元增加到 2015 年的 14 000 多亿元，年均增长幅度超过 10%，从研发费用支出占 GDP 比重（即研发投入强度）来看，中国从 2000 年的 0.9% 增加到 2015 年的 2.07%，可以说中国已经从一个研发"小"国变为一个研发大国。

如果将中国研发投入强度的发展变化放入全球整体发展情况的背景中来看，中国取得的成绩就更为瞩目。2000 年到 2015 年的这十六年间，世界平均研发投入强度基本没有发生改变，稳定在 2% 的水平。[①] 全球视角下，世界研发投入强度变化呈现出两个显著的特点：第一，世界研发重心正从西向东转

---

① 2000 年至 2015 年世界主要组织和国家的研发投入强度详见附录 1。

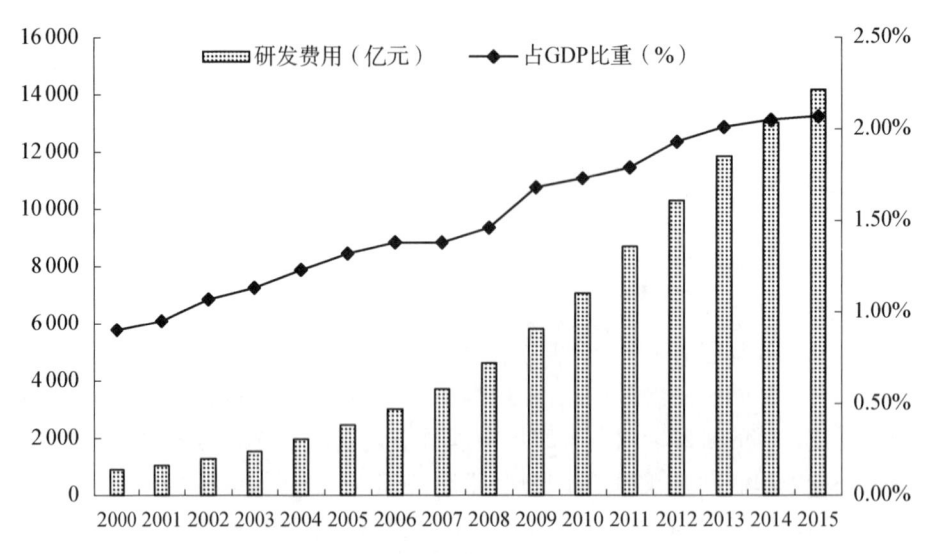

图 3-1 全国研发经费支出及研发投入强度

移。以中国为主要代表,中国、韩国、日本的研发投入强度都有不同程度的增长,而欧美主要国家的研发投入强度基本保持不变,个别国家甚至略有下滑;第二,高收入国家与中等收入国家的研发投入强度正逐渐缩小。这一特点看似与世界贫富差距逐渐拉大的趋势相违背,但实际上主要原因还是中国作为中等收入国家的代表在研发投入强度上的快速增长,如果除去中国,高收入与中等收入国家研发投入强度的差距也在逐步拉大。从这两大特点可以看出,中国已经成为21世纪影响世界研发格局的主角。

表 3-1　世界主要国家研发投入强度(单位:%)

	中国	美国	德国	芬兰	以色列	日本	韩国
2009	1.68	2.82	2.73	3.75	4.12	3.23	3.30
2010	1.73	2.73	2.71	3.73	3.94	3.14	3.45
2011	1.79	2.77	2.80	3.64	4.02	3.25	3.75
2012	1.93	2.70	2.87	3.42	4.16	3.21	4.02
2013	2.01	2.74	2.82	3.29	4.14	3.32	4.15
2014	2.05	2.75	2.89	3.18	4.29	3.40	4.28
2015	2.07	2.79	2.88	2.90	4.27	3.28	4.23

数据来源:世界银行。

但是中国研发经费在支出用途上的结构分布仍然存在基础研究占比过低

的问题。尽管中国基础研究支出总额已经从 2009 年的 270.29 亿元增加到 2015 年的 716.12 亿元,占比也从 4.66% 提高到 5.05%,但是 2015 年占 GDP 的比重仅为 0.10%,而同期美国、日本、韩国基础研究支出占 GDP 的比重已经分别达到 0.48%、0.39%、0.73%,是中国的数倍。

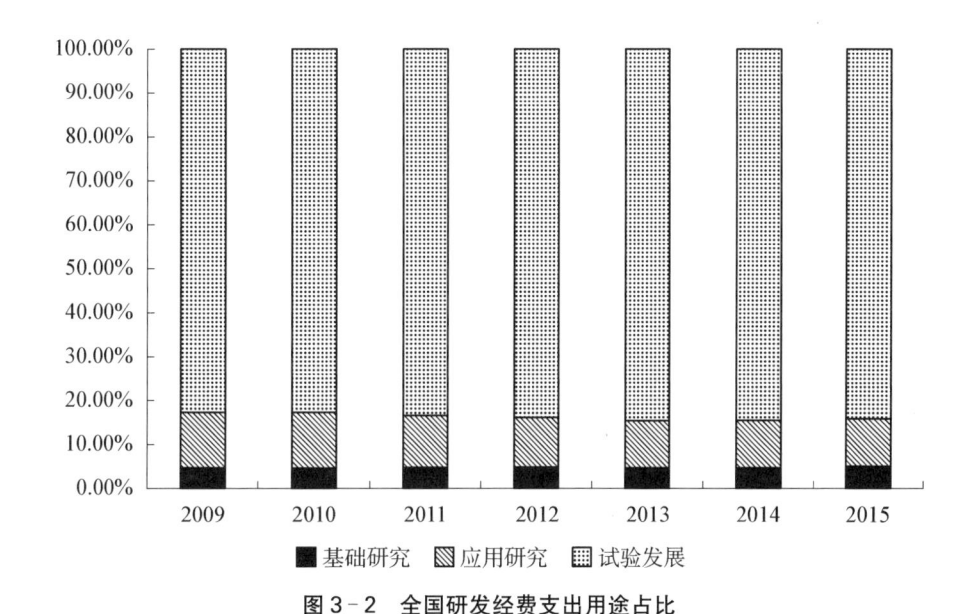

图 3-2 全国研发经费支出用途占比

近年来基础研究占比的增加反映出中国基础研究支出的增长率要快于研发经费支出总额的增长率,但是挤占的是应用研究支出的增长潜力,中国应用研究的占比从 2009 年的 12.60% 下降到 2015 年的 10.79%,而试验发展的占比近三年来则一直保持在 84% 以上。试验发展占比过高而基础研究占比过低的问题与中国的工业企业忽视基础研究和应用研究直接相关。

表 3-2　　　　世界主要国家基础研究支出占 GDP 比重(单位:%)

	中国	美国	英国	法国	俄罗斯	日本	韩国
2010	0.084	0.482	0.275	0.533	0.179	0.398	0.676
2011	0.084	0.482	0.275	0.533	0.179	0.398	0.676
2012	0.092	0.464	0.270	0.538	0.162	0.400	0.737

续表

	中国	美国	英国	法国	俄罗斯	日本	韩国
2013	0.093	0.481	0.279	0.544	0.162	0.419	0.746
2014	0.095	0.482	0.284	0.544	0.165	0.417	0.757
2015	0.104	0.478	NA	NA	0.159	0.391	0.729

数据来源：OECD。

企业资金是中国研发经费的主要来源，企业提供的研发资金总额从2009年的4 162.7亿元增加至2015年的10 588.6亿元，占比也从71.74%提高到74.73%，尽管中国企业资金占比高于美国和德国，但低于日本，与韩国接近，所以仍然处于合理的区间，企业资金占比较高并不是基础研究占比过低的借口。来源于规上企业的研发资金占企业资金的比重一直稳定在88%左右。

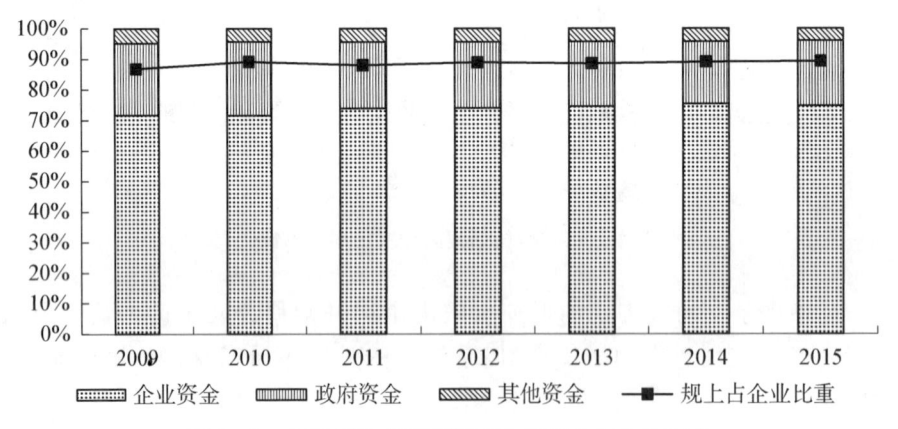

图3-3 全国R&D经费来源占比及规上占企业比重

表3-3 2015年世界主要国家和组织R&D经费来源占比（单位：%）

	中国	OECD	美国	德国	芬兰	日本	韩国
企业资金	74.73	62.24	64.15	65.60	54.76	77.97	74.55
政府资金	21.26	26.23	24.04	27.89	28.89	15.41	23.66
其他资金	4.01	11.53	11.81	6.51	16.35	6.61	1.79

数据来源：OECD。

企业是中国研发经费支出的主要部门，企业R&D经费支出总额从2009

年的5185.5亿元增加到2015年的10881.3亿元,占比也从73.23%提高到76.79%。由于政府提供的研发资金主要用于企业、研究机构以及高等院校,而企业也会向研发机构和高等院校提供研发资金,所以企业资金来源与研发经费支出占比存在差异。中国企业R&D经费支出占比仍然高于美国和德国,但低于日本和韩国,所以中国企业研发经费支出占比较高并不是基础研究占比过低的借口。规上企业R&D经费支出占企业支出的比重近年来一直稳定在92%的水平。

表3-4 2015年世界主要国家和组织各部门R&D经费支出占比(单位:%)

	中国	OECD	美国	德国	芬兰	日本	韩国
企业	76.79	69.08	71.52	68.65	66.67	78.49	77.53
高等院校	7.05	17.56	13.23	17.28	24.39	12.28	9.09
研究机构	15.08	10.96	11.18	14.06	8.17	7.90	11.74
其他	1.08	2.39	4.08	0.00	0.77	1.33	1.64

数据来源:OECD。

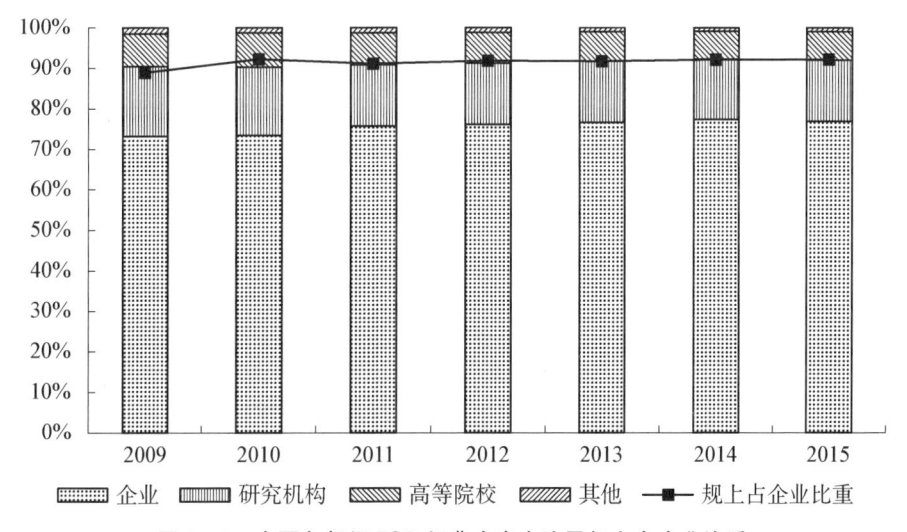

图3-4 全国各部门R&D经费支出占比及规上占企业比重

企业是中国R&D人员投入的主要部门,企业R&D人员投入从2009年的218.5万人增加至2015年的401.8万人,占比也从68.64%提高到73.29%。规上企业R&D人员投入占企业投入的比重近年来一直稳定在

91%的水平上。

综合中国研发资金来源、R&D 经费支出以及 R&D 人员投入的结构分布情况,我们发现企业是中国科技创新的主力军,而规上企业无论从上述何种角度而言,都毫无疑问是中国科技创新最为核心的主体,所以围绕规上企业分析政府研发补贴的空间溢出效应对评估我国科技创新政策具有重要的参考价值。

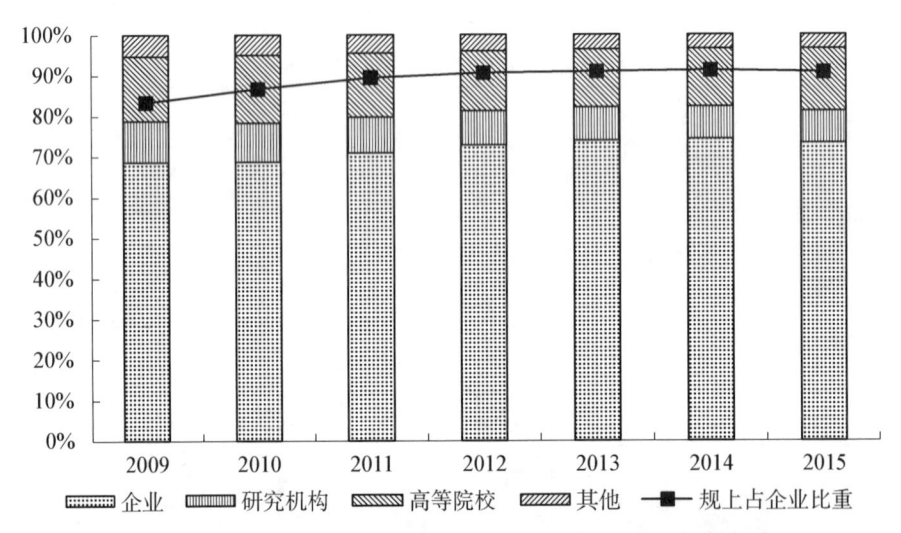

图 3-5 全国各部门 R&D 人员投入占比及规上占企业比重

二、政府财政科技拨款

政府对企业研发补贴的资金全部来源于政府财政科技拨款,了解财政科技拨款的总量变化、占比变化以及结构变化有利于把握政府研发补贴所处的背景。政府财政科技拨款从 2000 年的 575.6 亿元增加到 2015 年的 7 005.8 亿元,在 15 年里增长了 11 倍。尽管财政科技拨款的总量每年均保持较快的增长,但是财政科技拨款占公共财政支出比重近年来却呈现下滑的趋势,在 2010 年占比达到 4.67% 的最高点以后不断走低,2015 年降至 3.98%。

由于中国财政分权的体制,财政科技拨款分别来自中央政府与地方政府,自 2004 年开始地方财政对于科技拨款的力度不断加大,连续三年保持 20% 的增长,财政科技拨款中地方政府占比突破 40%,达到 50%。尽管 2008 年以

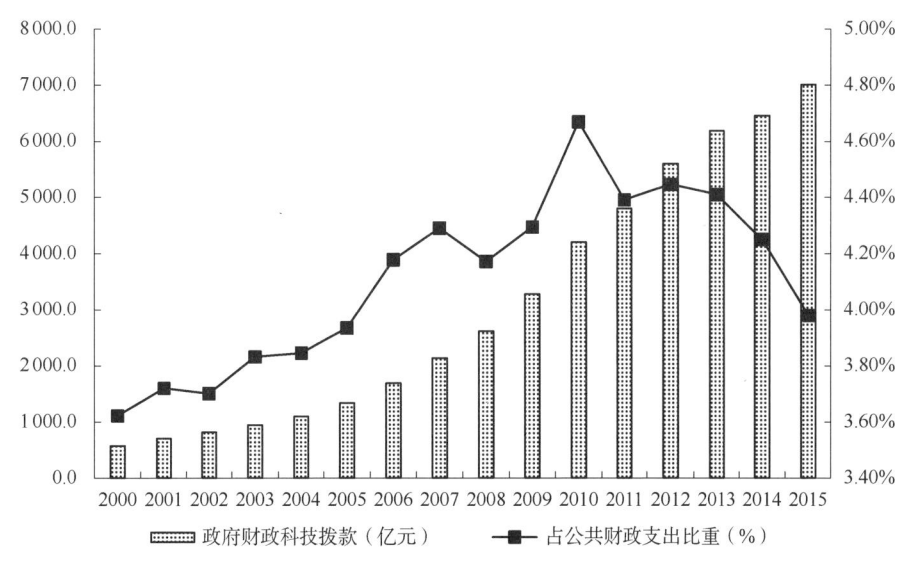

图 3-6 政府财政科技拨款及占公共财政支出比重

后,增幅有所降低,但地方政府财政科技拨款占比继续增长,并超过50%的分水岭,成为财政科技拨款的主力军。

地方政府取代中央政府成为财政科技拨款的主力军,说明地方政府对于研发与创新的重视程度有所提升。这种重视程度的提升,有被动和主动两方面的原因。一方面是由于中央政府所要求的配套资金以及官员考核机制改革,迫使地方政府加大财政科技拨款;另一方面,在"晋升锦标赛"中,地方官员可能发现加大财政科技拨款可以激发当地创新活力,带动经济增长,从而获得更多的晋升机会,主动加大财政科技拨款。无论哪种原因使得地方政府重视财政科技投入,理论上来讲,对创新活动都是一件好事,因为地方政府比中央政府更了解当地的研发情况,可以获得的信息更充分,有效地降低了信息不对称的程度,研发资金的使用效率会提高,这种变化是值得肯定的。

但是仍需对财政科技拨款占公共财政支出比重下滑的现象保持警惕。从中央政府和地方政府财政科技拨款的增速可以看出,近年来财政科技拨款占比下降的主要原因在于中央政府财政科技拨款的增长率连续三年不足4.2%。从2009年开始,中央政府财政科技拨款的增速持续下滑,地方财政科技拨款的增速也处在震荡下行的趋势中。前文已经指出,与主要发达国家相比,我国政府资金在研发经费中的占比仍然较低,尤其是基础研究的占比显著偏低,如果财政科技拨款增速继续保持下滑的趋势,会让上述问题变得愈加严峻。

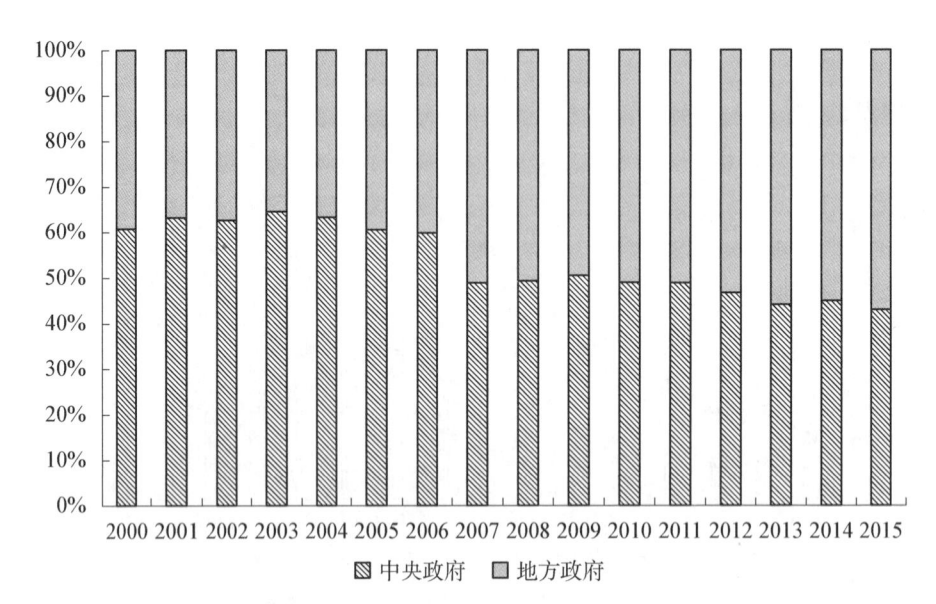

图 3-7 财政科技拨款中央政府与地方政府占比

本书所重点研究的政府对企业的研发补贴正是处在财政科技拨款总量不断提升但占比不断下降、中央财政支持力度整体保持稳定、地方政府逐渐占据主导地位的大环境中。

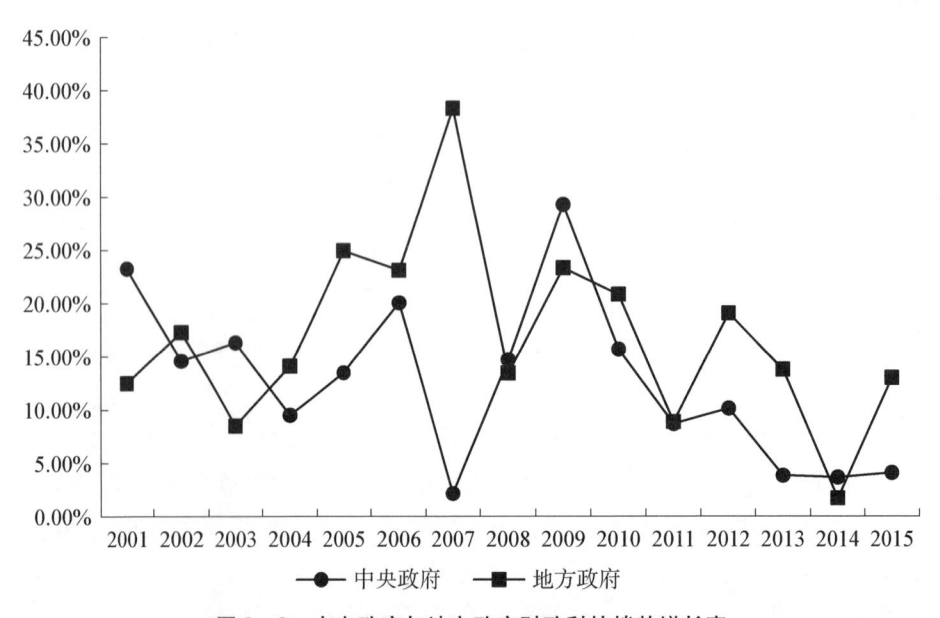

图 3-8 中央政府与地方政府财政科技拨款增长率

三、中国区域经济创新度

创新活动的目的是实现经济发展的质量和效率迈向更高水平,而衡量创新投入和产出的指标非常多,对这些指标一一列举分析并不现实。本书通过构建包含生产效率、创新投入、创新产出三大类 16 个指标在内的中国区域经济创新度[①]指标体系,综合衡量中国 31 个省级行政区经济发展的创新程度,为研究政府研发补贴的空间溢出效应奠定现实基础。由于各地区经济创新度的排序相较于指数的大小更具有研究意义,本书根据计算出来的经济创新度对各地区进行经济创新评级,将各地区分为高、中、低三个创新度,其中高创新度包括 AAA、AA 和 A 三个级别,中创新度包括 BBB、BB 和 B 三个级别,低创新度仅包含 C 一个级别,以此来作为评价区域经济创新度的基础。

本书测算了中国 31 个省级行政区 2009—2015 年的经济创新度,具体评级结果见表 3-5。在 2015 年,高创新度地区共有 6 个,北京属于 AAA 级地区,上海和天津属于 AA 级区域,广东、江苏和浙江属于 A 级地区,它们代表着当前中国区域经济创新发展的最高水平;中创新度地区共有 25 个,重庆、山东、湖北、福建、湖南、安徽和四川属于 BBB 级区域,辽宁、陕西、江西、吉林、广西、河南、内蒙古、黑龙江、海南、山西和河北属于 BB 级区域,甘肃、贵州、云南、新疆、青海、宁夏和西藏则属于 B 级区域。

从区域经济创新度的变化特征来看,2009 年至 2015 年 31 个省级行政区中有 23 个的经济创新度保持了增长,7 年来一直排名第一的北京,创新评级近 5 年一直稳定保持在 AAA 级,排名靠前的天津和广东的经济创新度近年来也持续增长,创新评级连续 7 年稳定在 A 级及以上,尽管上海的经济创新度有所降低,但创新评级仍旧稳定在 AA 级。经济创新评级的结果反映出中国各地区之间在经济发展上的竞争已经从"量"的竞争转为"质"的竞争,对于创新要素的竞争已达到白热化。在从依靠传统要素投入向依靠创新驱动的转型发展浪潮中,不同地区多极化的发展趋势逐渐取代传统的单极模式,使得地区之间的竞争成为在资金、人才、制度、环境和文化上的全方位竞争,说明中国各个地区在创新发展上均已度过从无到有的过程,而进入如何更好地进行创新发展的阶段,本书分析政府研发补贴的区域竞争正是建立在中国各地区竞争模式

---

① 中国区域经济创新度指标体系的构建及其相关说明详见附录 2。

转变与经济发展层级提升的基础上的。

表3-5　2009—2015年中国31个省级行政区经济创新评级

	2009	2010	2011	2012	2013	2014	2015
北京	AA+	AA+	AAA−	AAA−	AAA−	AAA−	AAA−
天津	A+	A+	A+	A+	AA−	AA−	AA−
河北	BB−	BB−	BB−	BB−	BB−	BB−	BB−
山西	B+	B+	B+	B+	BB−	BB−	BB−
内蒙古	BB−	BB−	BB−	BB−	BB−	BB−	BB−
辽宁	BBB−	BBB−	BBB−	BB+	BBB−	BBB−	BB+
吉林	BBB−	BB+	BB+	BB+	BB−	BB+	BB+
黑龙江	BB+	BB+	BB+	BB+	BB+	BB−	BB−
上海	AA+	AA−	AA−	AA−	AA−	AA−	AA−
江苏	BBB+	BBB+	A−	A−	A−	A−	A+
浙江	BBB+	BBB+	BBB+	A−	A−	A−	A+
安徽	BB+	BB+	BB+	BB+	BBB−	BBB−	BBB−
福建	BBB−	BBB−	BBB−	BBB−	BBB−	BBB−	BBB−
江西	BB+	BB−	BB−	BB−	BB+	BB−	BB+
山东	BBB−	BBB−	BBB+	BBB−	BBB−	BBB−	BBB−
河南	BB−	BB−	BB−	BB−	BB+	BB+	BB+
湖北	BBB−	BB+	BBB−	BBB−	BBB−	BBB−	BBB−
湖南	BBB−	BBB−	BBB−	BBB−	BBB−	BBB−	BBB−
广东	A−	A−	A+	A+	A+	A−	A+
广西	BB−	BB−	BB−	BB−	BB−	BB−	BB+
海南	BB−	BB−	BB−	BB−	BB+	BB−	BB−
重庆	BBB−	BBB−	BBB−	BBB−	BBB+	BBB+	BBB+
四川	BB+	BB−	BB−	BB+	BB+	BBB−	BBB−
贵州	BB−	BB−	B+	B+	B+	B+	B+
云南	B+	B+	B+	B+	B+	B+	B+
西藏	B−	B−	B−	B−	B−	B−	B−
陕西	BB+	BB+	BB+	BB+	BB+	BB+	BB+
甘肃	B+	B+	B+	B+	B+	BB−	B+
青海	B+	B−	B−	B−	B−	B−	B−
宁夏	B+	B+	B+	B+	B+	B+	B+
新疆	B+	BB+	B−	B−	B+	B+	B+
全国	BBB−	BBB−	BBB−	BBB−	BBB−	BBB−	BBB−

第二节　政府研发补贴下的企业创新

第一节已经指出规模以上工业企业在我国科技创新中的重要地位,本节将详细剖析各地区企业[①]在政府补贴下的研发情况,主要包括企业享受的政府科技创新扶持政策、企业的研发投入以及企业的研发产出三个部分。

一、政府对企业的研发补贴与税收优惠

政府对企业研发补贴的总额从2009年的160.0亿元增加到2015年的419.1亿元,年均增长率为17.4%。其中,对大型企业的研发补贴占比稳定在60%以上,对国有企业的R&D占比也接近60%,可见大型国有企业是政府研发补贴的主要方向。

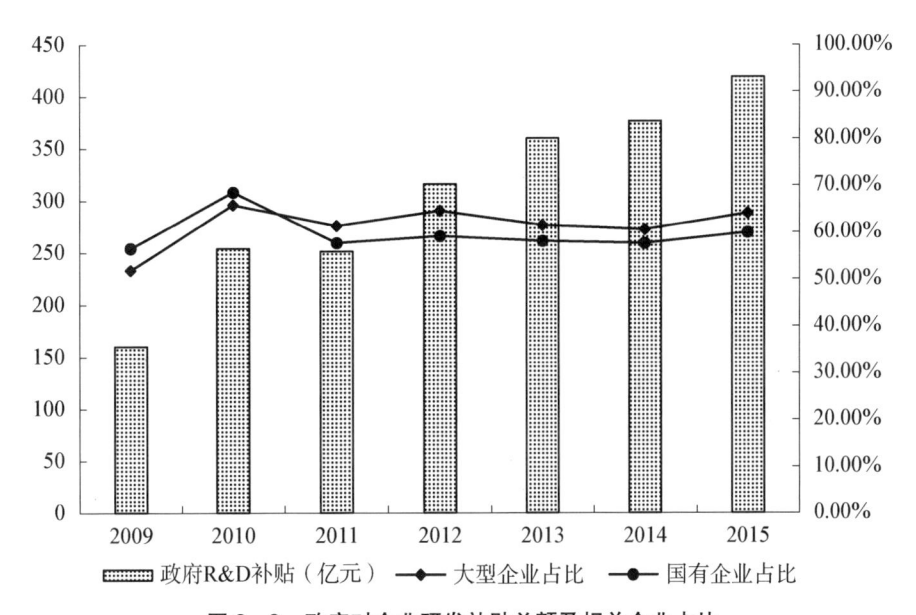

图3-9　政府对企业研发补贴总额及相关企业占比

---

① 本节及之后章节如无特别说明,企业均指规模以上工业企业。

2009年至2015年,政府对企业研发补贴最多的地区为广东,高达201.6亿元,占全国各地区政府研发补贴总额的比重达到9.8%,其余占比超过4.5%(总额超过100亿元)的地区有8个,按顺序分别为(下同)山东、陕西、上海、辽宁、江苏、北京、安徽和黑龙江,可见政府研发补贴不仅仅集中在沿海经济发达省市,也分布与东北地区以及西部地区,当然这与陕西、辽宁和黑龙江的大型国有企业数量众多有直接关系。政府研发补贴占比不足0.5%的地区有5个,分别为宁夏、新疆、青海、海南和西藏,多为经济欠发达的地区。7年平均增速超过20%的地区有12个,分别为海南、天津、云南、河北、湖南、四川、上海、内蒙古、陕西、青海、贵州和新疆,而增速不足10%的地区有7个,分别为甘肃、宁夏、浙江、江苏、山西、江西和西藏(西藏由于规上企业非常少,所以研发数据波动很大,与其他地区不具有可比性),可见研发补贴增速与经济发展水平以及研发补贴的绝对数量并无直接关系,总量排名第四的江苏,增速排名倒数第四,仅有7.6%,总量排名第三的上海增速高达25.8%,总量排名倒数第二的海南增速排名第一,而宁夏的总量和增速均处在末段。

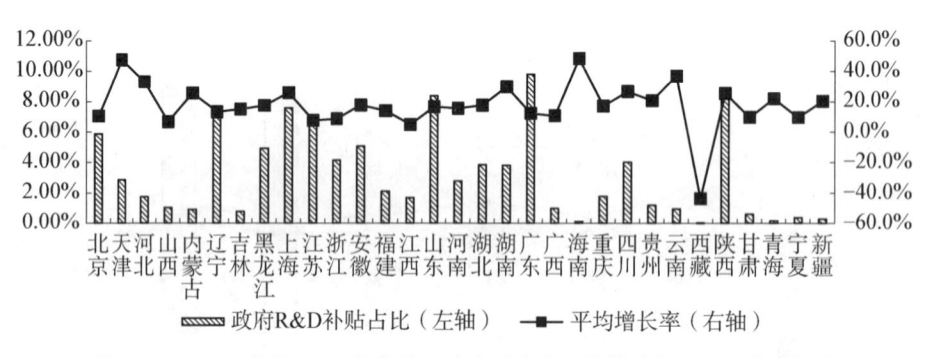

图3-10 2009年至2015年各地区政府对企业研发补贴占比及平均增长率

企业享受的研发费用加计扣除减免税总额从2009年的150.4亿元增加到2015年的449.3亿元,年均增长率为20.0%,特别是在2010年企业所享受的研发费用加计扣除减免税总额迅速增加,超过了政府对企业研发补贴的总额,这是因为在2008年颁布了新的《企业所得税法》后国家税务总局出台了经过修订的企业研发费用税前扣除办法,相比旧办法增加了工资薪酬扣除规定、固定资产加速折旧以及研发费用分摊等一系列优惠政策,扩大了企业研发费用享受税前加计扣除的范围。大型企业享受的加计扣除减免税额占比近年来不断下滑,2015年降至50.1%,国有企业的占比也不断下降,2015年降至

28.6%，与政府研发补贴占比的变化情况差异较大，说明中小型非国有企业所享受的加计扣除减免税总额在不断增加。

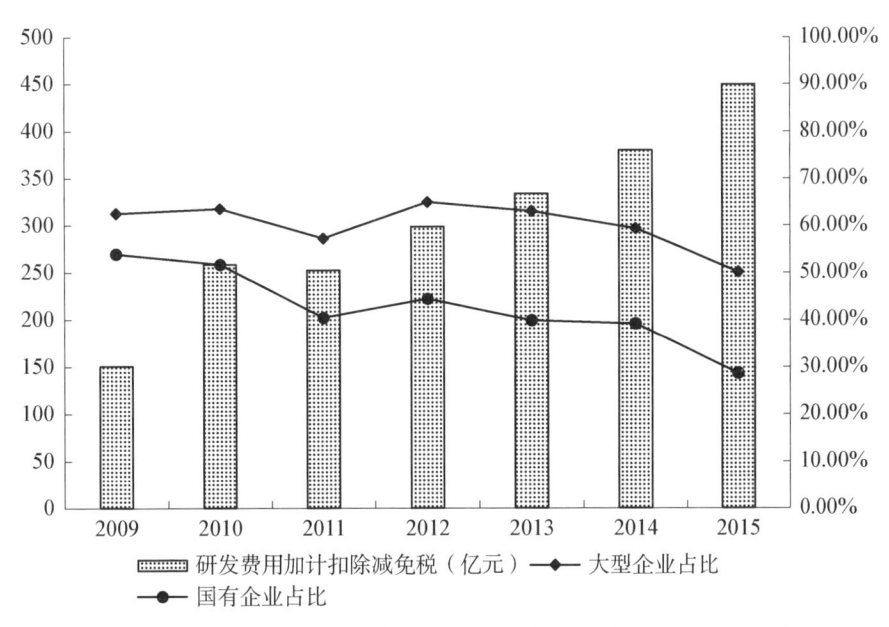

图3-11 企业享受的研发费用加计扣除减免税总额及相关企业占比

企业享受的研发费用加计扣除减免税额集中分布在沿海发达省份，广东仍然以320.0亿元排名第一，占比15.7%，其余占比超过10%的地区有3个，分别为江苏、浙江、上海，山东的占比也超过了4.5%达到了5.11%，占比不足0.5%的地区有8个，分别为新疆、云南、甘肃、贵州、宁夏、海南、青海和西藏。7年增速超过30%地区有4个，分别为海南、吉林、广东和新疆，但有5个地区的增速为负，分别为陕西、宁夏、西藏、贵州和山西。我们发现各地区加计扣除减免税总额与我们计算出来的地区经济创新度有较强的正相关性，这是因为加计扣除减免税额与企业自身的研发经费投入直接相关，而企业的研发投入水平又在很大程度上反映了地区经济发展的创新程度。

企业享受的高新技术企业减免税总额从2009年的260.52亿元增加到2015年的702.3亿元，年均增长率为18.0%，特别是在2010年企业所享受的高新技术企业减免税总额增长了接近一倍，同样是因为在2008年颁布了新的《企业所得税法》后，科技部、财政部和国家税务总局共同出台了《高新技术企业认定管理办法》和《国家重点支持的高新技术领域》，形成了全新的高新技术

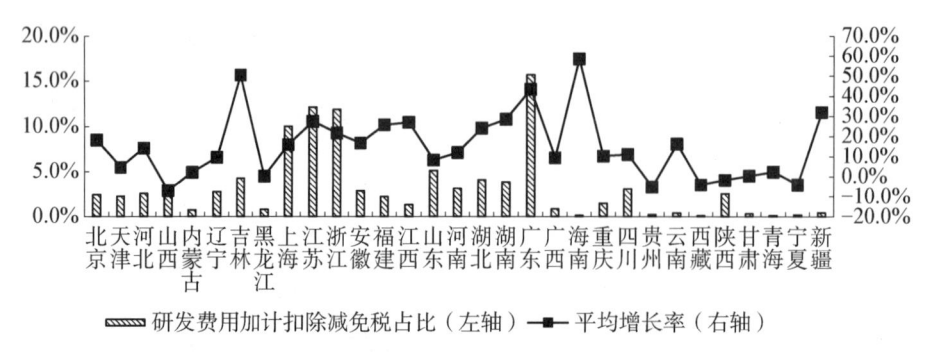

图 3-12　2009 年至 2015 年各地区企业研发费用加计扣除减免税占比及平均增长率

企业税收优惠体系。大型企业享受的高新技术企业减免税额占比近年来小幅下滑,大致稳定在 55% 左右,国有企业的占比不断下降,2015 年降至 22.0%,说明大型非国有企业所享受的高新技术企业减免税总额在不断增加。

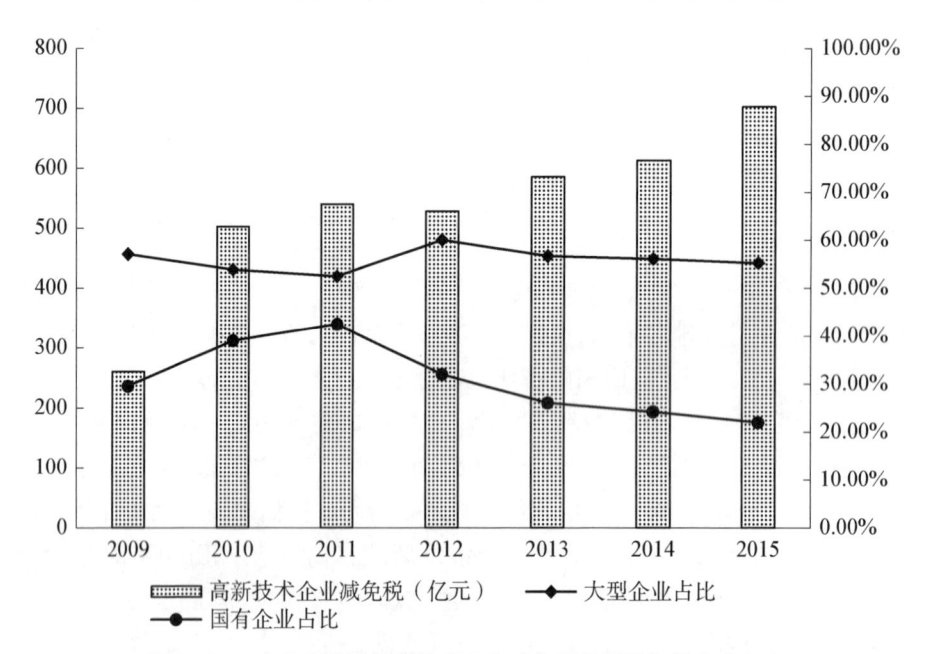

图 3-13　企业享受的高新技术企业减免税总额及相关企业占比

由于高新技术企业减免税与企业的技术创新水平直接相关,所以其分布相较于研发费用加计扣除减免税更为集中。广东、江苏、浙江、上海和山东分别以 19.20%、15.70%、11.24%、7.86% 和 7.14% 的占比排名前五,其余占比超过 4.5% 的地区为北京和湖南,占比不足 0.5% 的地区有 9 个,分别为重庆、新疆、云南、贵州、海南、宁夏、甘肃、青海和西藏；7年平均增速超过40%的地区有4个,分别为海南、陕西、吉林和广西,而青海、黑龙江、宁夏和西藏等4个地区的增速为负。

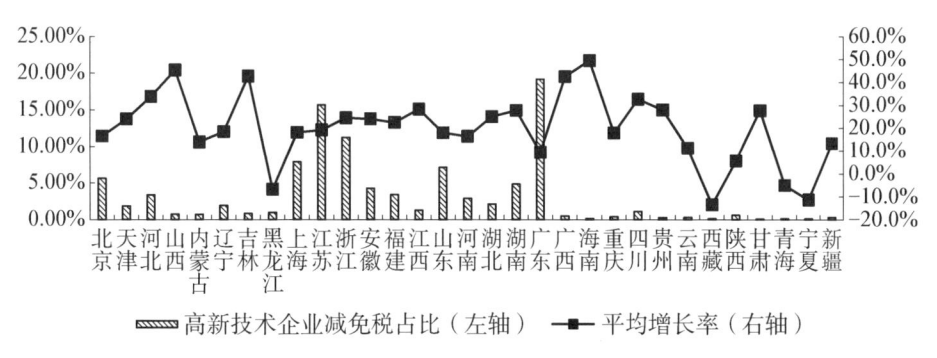

图3-14 2009年至2015年各地区企业高新技术企业减免税占比及平均增长率

二、企业研发投入

企业R&D经费内部支出(以下简称"R&D经费支出")从2009年的3775.7亿元增加到2015年的10013.9亿元,年均增长率为17.7%,高于政府对企业研发补贴的增长率,但低于企业所享受的加计扣除减免税额的增长率,反映出政府对企业科技创新扶持政策方向正在改变,政策重点正在从直接补贴转向间接的税收优惠。但是大型企业和国有企业的情况正好完全相反,政府对两者研发补贴的增长率高于两者R&D经费内部支出的增长率,而两者加计扣除减免税的增长率则要更低,特别是国有企业R&D经费内部支出年均增长率为12.6%,政府对国有企业研发补贴的年均增长率为18.6%,而国有企业享受加计扣除减免税的增长率仅为8.0%,大型企业和国有企业R&D经费内部支出逐年下降也反映出上述的现象,2015年大型企业占比降至55.1%,国有企业降至29.2%,而大型企业和国有企业却分别获得了64.0%和59.9%的政府研发补贴,而享受加计扣除减免税的占比则为50.1%和28.6%。说明在科技创新扶持政策转向的过程中,政府对国有企业的研发补贴力度仍然在增加,而国有企业并没有进一步享受加计扣除范围扩大带来的税收优惠,之所以出现这种现象是因为国有企业以"利润"为核心的考核机制,使得国有企业并不愿意在税前加计扣除过多的研发费用导致利润率下降。需要特别指出的是企业用于试验发展的R&D经费支出占比连续7年稳定在97%以上,正是因为中国的工业企业将研发的重心完全放在试验发展上,而几乎不涉足基础研究,中国在基础研究上的经费支出占比落后于发达国家。2015年大型企业R&D经费支出占比大致与其享受高新技术企业减免税的占比相同,但国有企业R&D经费支出占比却高出其享受高新技术企业减免税的占比近10个百分点,而在2011年国有企业享受高新技术企业的占比还高达42.5%,高于其R&D经费支出占比,说明近年来高新技术企业中非国有企业所占的比例有明显的提高。

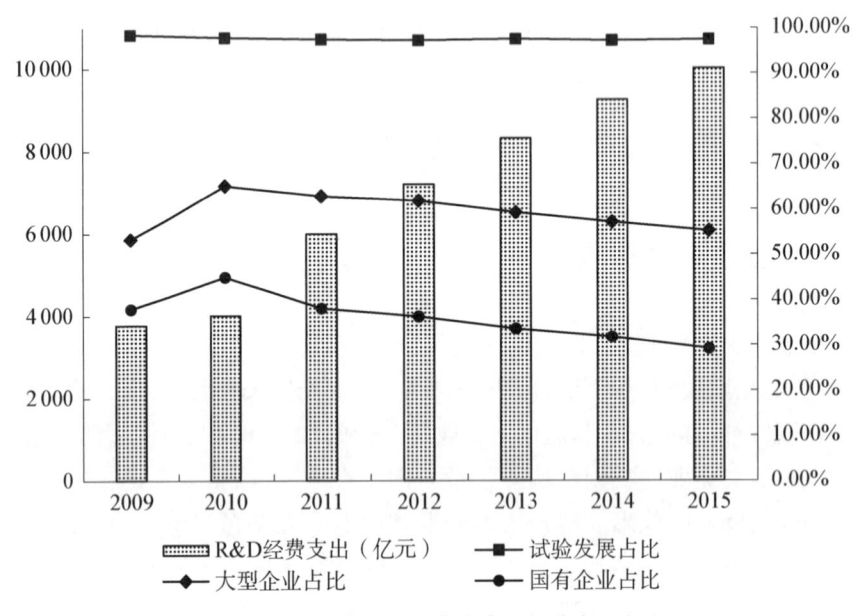

图 3-15 企业 R&D 经费支出及相关企业占比

企业R&D经费内部支出的地区分布理论上应该与企业享受加计扣除减免税的分布一致,实际情况却存在一定的差异。广东、江苏、山东、浙江和上海分别以15.0%、14.9%、12.7%、8.2%和5.2%排名前五,没有其他地区占比超过4.5%。但是广东和江苏的差距相比于在加计扣除减免税占比的差距明显缩小,山东也超过浙江和上海,这种变化的原因,除了地区国有企业占比的差异外,主要在于R&D经费支出中购买国内技术和技术引进经费支出是不享受加计扣除的,换句话说只有自主创新的R&D经费支出才能享受优惠政策,所以江苏相比于广东、山东相比于浙江、上海,在购买和引进技术上的支出

第三章　中国各地区科技创新的现状分析 / 43

较大,自主创新的比例较低。占比不足 0.5% 的地区有 7 个,分别为甘肃、贵州、新疆、宁夏、青海、海南和西藏。7 年增速超过 20% 地区有 6 个,分别为海南、云南、安徽、重庆、湖北、湖南,增速靠前的地区与加计扣除的增速排名有所不同,也体现出各地区企业自主创新比例的差异,除了西藏外没有地区的增速为负,辽宁和黑龙江分别以 6.5% 和 5.8% 的增速排名倒数第二和第三,而辽宁和黑龙江政府研发补贴的增速分别为 13.2% 和 17.4%,说明在东北地区普遍企业研发投入增速不足的情况下,政府研发补贴发挥了支撑作用。

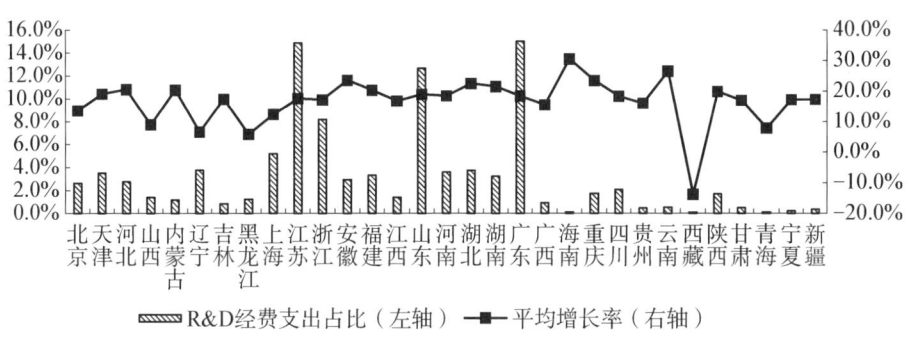

图 3-16　2009 年至 2015 年各地区企业 R&D 经费支出占比及平均增长率

企业 R&D 人员投入从 2009 年的 151.9 万人增加到 2015 年的 364.6 万人,年均增长率为 15.7%,低于 R&D 经费支出增长率,尤其是 2015 年企业 R&D 人员投入的增速仅为 0.4%,说明近年来企业研发经费投入的增长主要用于增加研发设备等资产性支出。大型企业和国有企业的 R&D 人员投入占比连续降低,2015 年两者 R&D 人员投入总量负增长,导致占比分别进一步降至 47.9% 和 27.5%,略低于 R&D 经费支出占比,说明非国有企业等其他类型企业在 R&D 人员投入上相较于 R&D 经费支出的增长更快。企业研发人员占比在经历了多年下降后,2015 年小幅回升至 32.8%,R&D 人员中的研发人员是指科学家和工程师等实际直接参与创新活动的人员数量,属于 R&D 人员中的核心人员,企业非核心 R&D 人员占比的提高一方面说明企业研发规模在扩大,企业研发部门中辅助性的管理人员或行政人员数量在增加,另一方面也说明企业的研发效率在下降,存在企业为了享受更多的加计扣除额度而做大 R&D 人员数量的可能,而实际进行创新活动的人员并没有统计数据反映的那么多,所以使用研发人员数而不是 R&D 人员数来衡量企业创新活动的人员投入更为准确,数据的可信度更高。

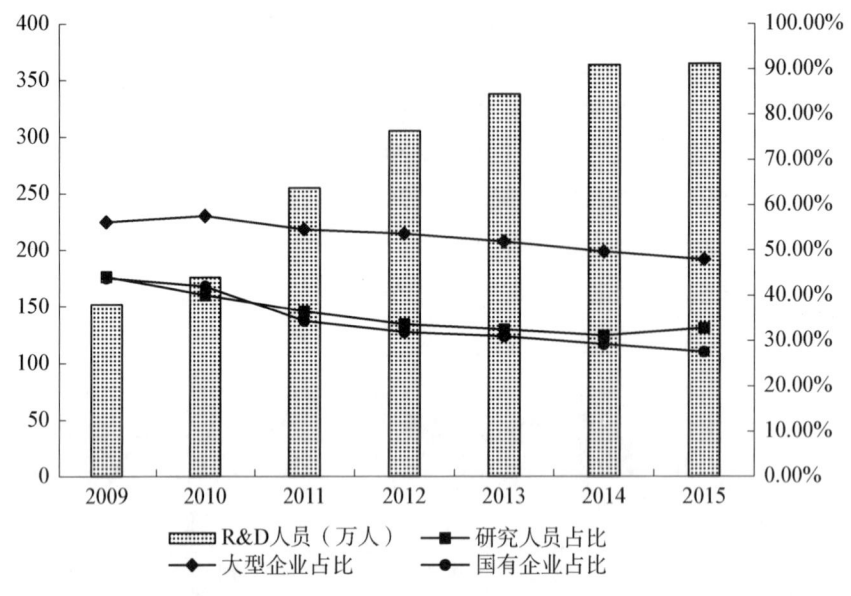

图 3-17 企业 R&D 人员投入总量及相关企业占比

企业 R&D 人员投入的地区分布与 R&D 经费支出的地区分布也不尽相同,广东、江苏、山东和浙江分别以 16.0%、14.8%、9.8%和 9.7%的占比排名前四,排名与 R&D 经费支出相同,但是山东人员投入的占比低于经费投入的占比,而广东和浙江人员投入占比更高,特别需要注意的是 R&D 经费占比排名第五的上海,R&D 人员投入占比仅为 3.0%,排名第九,而河南 R&D 人员投入占比高达 4.97%,排名第五,但其 R&D 经费占比为 3.59%,排名第九,说明不同地区会根据自身的要素禀赋优势调整研发投入在人员和资产上的配置,上海偏向于研发资本密集型,而河南则为典型的研发劳动密集型。R&D 人员投入的分布更为平均,占比超过 4.5%的地区为 5 个,占比低于 0.5%的地区也仅有 5 个,分别为新疆、宁夏、海南、青海和西藏,剩余 21 个地区的占比均分布在[0.5%,3.8%]的区间。7 年增速超过 20%地区有 6 个,分别为海南、浙江、天津、安徽、福建和湖南,除去西藏和青海的增速为负外,黑龙江、辽宁和山西分别以 4.49%、4.25%和 0.37%的占比排名倒数第五至倒数第三名。

三、企业研发产出

企业专利申请数从 2009 年的 26.6 万件增加到 2015 年的 63.8 万件,年

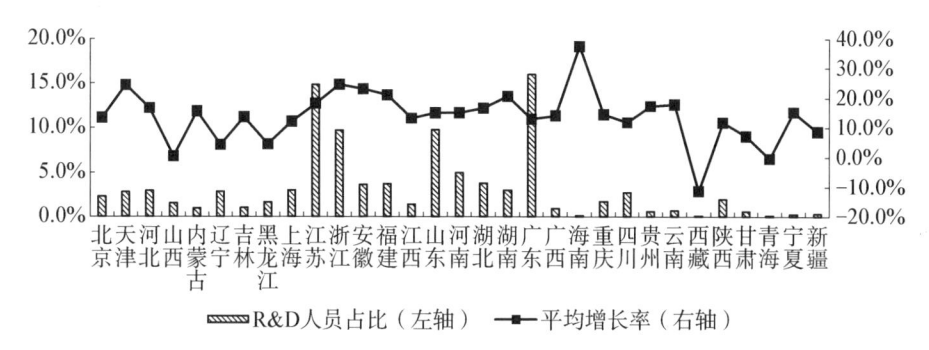

图 3-18　2009 年至 2015 年各地区企业 R&D 人员投入占比及平均增长率

均增长率为 15.7%，略低于 R&D 经费投入的增速，企业专利申请数的增速已经连续 4 年下降，2015 年增速降至 1.3%，而 2015 年企业 R&D 经费支出的增速则为 8.2%，直接反映出研发投入和产出在时间上的不匹配。大型企业和国有企业的专利申请数占比近年来一直保持在 38% 和 23% 的水平附近，均低于两者 R&D 经费投入和人员投入的占比，更远低于政府对两者研发补贴的占比。但大型企业和国有企业专利申请数的年平均增速却高于全体企业的年均增速，分别为 20.2% 和 19.7%，表明国有企业在专利产出上的低效率正在逐渐改善，国有企业对专利产出的重视程度有所提高。

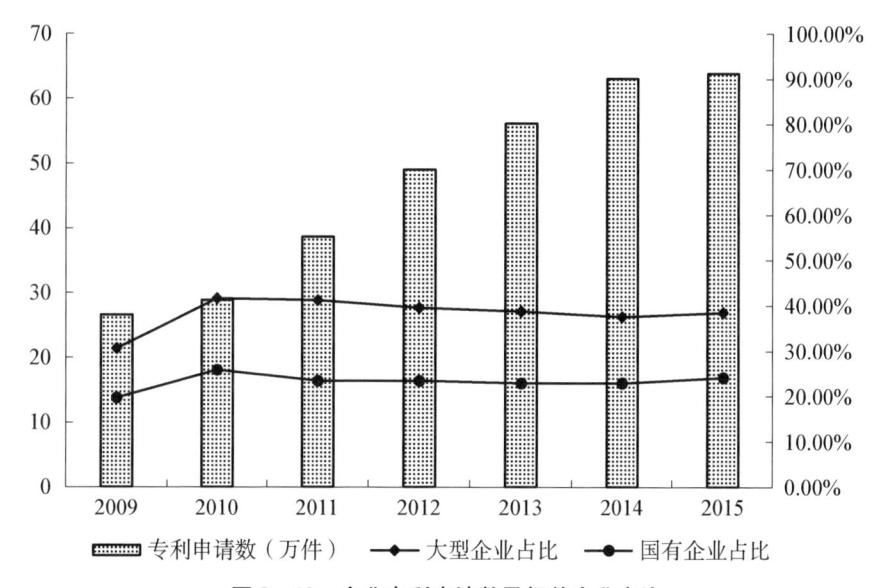

图 3-19　企业专利申请数及相关企业占比

企业专利申请数相比于企业 R&D 经费支出在地区上的集中度更高,占比低于 0.5% 的地区多达 8 个,分别为吉林、新疆、内蒙古、甘肃、宁夏、海南、青海和西藏。广东、江苏、浙江、山东和安徽分别以 18.2%、17.6%、13.4%、7.1% 和 5.7% 排名前五,其余占比超过 4.5% 的地区为上海,占比 4.6%,从前五位的地区排名来看,相比于企业 R&D 经费支出占比及其排名,浙江相比于山东以较小的 R&D 经费占比获得了较大的专利申请数占比,安徽更是直接跃居第五,而其 R&D 经费支出占比仅为 2.9%,排名第十二,反映出研发投入和产出在空间上的不匹配。7 年平均增速超过 20% 的地区多达 11 个,其中江西、安徽、四川和宁夏的增速超过 25%,除去西藏的增速为负外,广东、浙江、海南、辽宁、上海和吉林分别以 11.6%、9.6%、7.3%、6.2%、5.8% 和 5.5% 排名倒数第七至倒数第二,我们发现广东、浙江和上海这类高经济创新度的地区,专利产出的增速在逐渐放缓甚至出现负增长,2015 年广东和上海企业专利申请数分别降低了 7.3% 和 19.1%,说明在地区经济发展的创新程度到达一定层次后,一方面研发投入的边际产出在下降,另一方面不再追求专利申请的数量,而更注重质量。

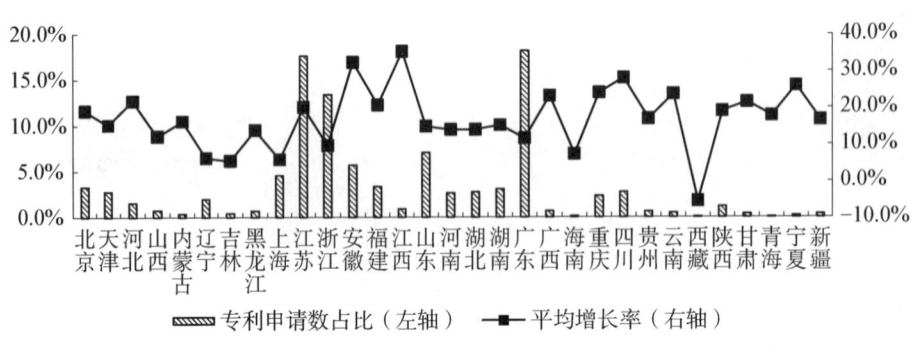

图 3-20　2009 年至 2015 年各地区企业专利申请数占比及平均增长率

企业新产品销售收入从 2009 年的 6.8 万亿元增加到 2015 年的 15.1 万亿元,年均增长率为 14.1%,低于企业专利申请数的年平均增速,反映出企业的专利成果和所形成的商业化收入并不完全匹配。大型企业新产品销售收入占比近年来略有下降,但仍维持在 65% 左右的水平,而国有企业的占比持续下降,2015 年降至 26.0%,国有企业新产品的年均增速仅为 7.4%,低于全体企业的年均增速,与其专利申请数的增速有较大差距,说明国有企业科技成果转化的能力有待提高,对专利产品商业化的重视程度不够,而大型非国有企业更为重视专利产品的商业化,科技成果的转化能力更强。

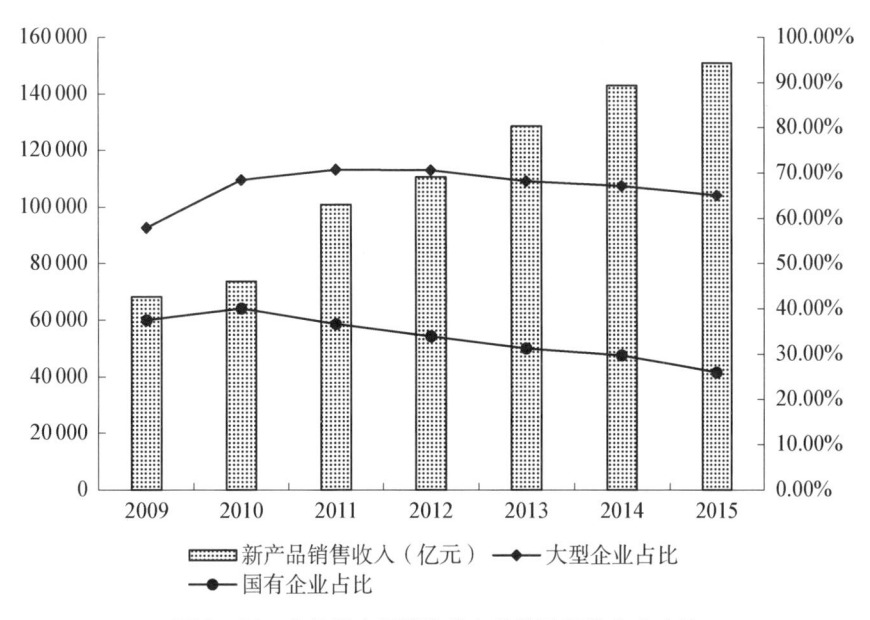

图 3-21 企业新产品销售收入总额及相关企业占比

企业新产品销售收入的地区分布与专利申请数的地区分布不尽相同,江苏的占比最高,达到15.3%,而广东则以14.3%的占比屈居第二,其余占比超过4.5%的地区为浙江、山东和上海,占比分别为11.0%、10.8%和6.3%,江苏在新产品销售收入上最具规模优势,而上海新产品销售收入的占比超过其专利申请数的占比、R&D经费支出占比以及R&D人员投入占比,说明不同地区科技成果转化能力存在差异,长三角地区更加注重专利产品的商业化。占比低于0.5%的地区有7个,分别为贵州、云南、新疆、宁夏、海南、青海和西藏。7年平均增速超过20%的地区有8个,其中海南和江西的增速超过了25%,除去青海的增速为负值外,黑龙江和吉林分别以-0.2%和-7.6%的增速排名倒数第三和倒数第二,而包括北京、辽宁、四川、内蒙古、山西和西藏在内有多达9个地区的增速不足5%,远远超过两种研发投入和专利产出年均增速不足5%的地区个数。新产品销售收入本身的特性以及众多的差异性说明,将其区别于专利申请数作为研发产出具有较高的研究价值。

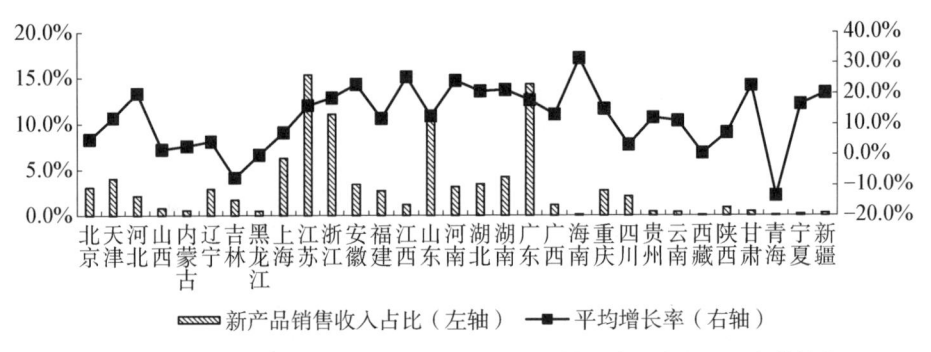

图 3-22　2009 年至 2015 年各地区企业新产品销售收入占比及平均增长率

第三节　本章小结

中国研发费用支出及研发投入强度的快速增长说明中国科技创新总体态势已经发生了重大变化,世界的研发重心正在向中国转移,但是中国的研发费用支出在结构上仍存在基础研究占比过低的问题,主要原因是作为研发主体的企业将几乎全部的研发经费投入都用于试验发展。近年来政府财政科技拨款总量不断提升,但占财政支出的比重呈现下降的趋势,中央财政对科技的支持力度总体保持稳定,地方政府在财政科技拨款中所占比重逐年提升,逐渐占据了主导地位。中国各省区的经济创新度不断提升,经济创新评级的结果显示中国各地区的创新发展已经不再是从"无"到"有",而是进入了从"有"到"优"的阶段。以上所体现出来的中国科技创新总体态势的变化是本书分析地方政府研发补贴区域竞争,以及基于这种区域竞争以及研发溢出的特点分析政府研发补贴对企业创新活动影响的现实背景。

总体来看,2009 年至 2015 年企业 R&D 经费投入的增长率高于政府研发补贴的增长率,但低于所受的研发费用加计扣除减免税额的增长率,说明政府创新政策正在逐步转向间接的税收优惠,但是大型企业和国有企业则表现出完全相反的情况,大型企业和国有企业的 R&D 经费增长率低于政府研发补贴增长率,高于加计扣除减免税增长率,反映出政府对大型国有企业的特殊待遇以及国有企业以利润为核心的考核机制降低了国有企业享受税收优惠的积极性。企业 R&D 人员投入增长率低于 R&D 经费投入的增长率,属于 R&D 人员中最为核心的研究人员占比 2009 年以来有较为明显的下滑,反映出企业有为了享受更多的税收优惠而做大 R&D 人员数量的可能,导致 R&D 人员数量虚增,所以研究人员数量是 R&D 人员投入中较为可信的指标。企业的专利申请数和新产品销售收入的增长率略低于研发经费支出的增长率,说明中国企业的研发效率水平仍有提高的空间,而国有企专利申请数的增速高于全体企业的平均增速,但新产品销售收入的增速则明显低于平均增速,说明国有企业对专利成果的转化能力仍需提高。

  从区域分布结构来看,企业 R&D 经费投入的地区分布与享受加计扣除减免税额的地区分布存在差异,反映出地区之间国有企业占比的不同以及自主创新能力的差距,地区之间的研发要素禀赋上也存在不同,经济发达地区更偏向于研发资本密集型,研发投入与专利申请数在地区之间的不匹配问题更为突出,一方面与不同地区之间研发效率的差异有关,另一方面也说明专利申请数作为衡量研发产出的指标存在问题,对于企业而言专利申请的质量应该比数量更为重要,而新产品销售收入与专利申请数之间的地区分布差异也说明将新产品销售收入作为研发产出指标具有较高的研究价值。综合比较政府研发补贴、研发费用加计扣除、高新技术企业减免这三种对企业而言最为普适的政府创新政策,我们发现政府研发补贴的集中度最低,地区分布最为平均,地方政府的主动调控能力最强,增长变化率最为平稳,而其余两种税收优惠政策为中央政府统一制定,与企业自身研发水平关系极大,地方政府无法直接影响,且集中分布在经济发达地区,变化率也较大。所以本书将研究政府创新政策区域竞争的重点放在政府研发补贴上,仅在分析对企业研发投入的影响时以两种税收优惠政策做对比说明。

第四章 区域竞争与R&D溢出的测度方法

第一节 引言

空间与创新的关系是空间经济学的最后涉足的研究领域(Marshall, 1909),空间计量经济学的理论与实践发展也是如此(张可云、杨孟禹,2016)。第一,新地理增长理论(New Geography and Growth Theories)基于知识外部影响的有界性解释生产要素的空间集聚以及分布不均现象,知识具有的溢出效应使得在空间区域层面分析研发、创新问题时不能忽视空间相关性。第二,由于研发、创新活动的空间相关性导致经济活动具有明显的空间极化特征,非均匀的空间分布说明研发、创新活动具有明显的空间异质性。随着新经济地理学理论的发展,Jaffe(1989)、Jaffe et al. (1993)、Audretsch & Feldman(1996)等学者将空间计量经济学的理论与方法应用于区域研发、创新活动的实证分析中。利用空间计量方法测度R&D空间溢出效应方面,代表性的有Anselin et al. (1997)、Lee et al. (2010)、Autant-Bernard & LeSage(2011)、Frachisse(2011)、Marrocu & Usai(2013)、Meliciani & Savona(2014)等的研究。Autant-Bernard(2012)系统性地对空间计量经济学方法在研发、创新上的应用做了文献梳理,发现特别是在地理距离和经济距离的复合上,空间计量经济学能够更好地量化R&D溢出效应,度量R&D活动的空间分布。Lee & Yu(2010)在动态空间面板模型研究上的最新进展也为测算R&D空间溢出和经济创新网络开拓了新的研究方向。国内的卢洪友和龚锋(2007)、郭庆旺和贾俊雪(2009)、李涛和周业安(2009)以及朱平芳等(2011)利用空间面板模型测度地方政府的区域竞争,利用空间计量方法为解释中国经济发展中的问题做出了贡献。本章第一节将在已有空间权重矩阵的基础上,利用铁路客运数据构建一种全新的复合空间权重矩阵,用于更为准确地度量区域竞争与R&D溢出效应;第二节将对静态空间面板模型的分类、估计、识别与选择做系统梳理,重点介绍直接影响和溢出影响的机理与测算方法;第三节将整理总结动态空间面板模型的设定、主要研究方向以及估计,重点分析动态空间杜宾模型的短期效应和长期效应,本章所构建的空间权重矩阵以及梳理的各类空间面板模型的理论与应用将为后文测算地方政府研发补贴的区域竞争及对企业研发投入的(长、短期)直接影响和溢出影响奠定坚实的方法基础。

第二节 空间权重矩阵的构建

空间权重矩阵是空间计量经济学中最为重要的概念之一,它是整个空间计量经济学的基础。通过构建空间权重矩阵我们将空间计量研究和非空间计量研究区分开来,空间权重矩阵是空间相关性检验以及度量的核心工具。空间权重矩阵的选择和构建对空间计量分析有着极其重要的影响。空间权重矩阵的恰当构建和选择与最终估计结果的解释力密切相关(陈彦光,2009)。在任何应用空间计量模型的实证研究中,对空间权重矩阵的设定是整个研究中至关重要的一环(朱平芳等,2011)。

空间权重矩阵最早是根据地理距离来定义两两之间的空间关系,基于Tobler地理学第一定律,即"所有地理事物都存在关系,但距离更近的比距离更远的关系更紧密"。如果将 N 个个体两两之间的空间关系放入一整张数表中,则形成了一个 $N \times N$ 维的矩阵 W:

$$W = \begin{bmatrix} w_{11} & w_{12} & \cdots & w_{1n} \\ w_{21} & w_{22} & \cdots & w_{2n} \\ \vdots & \vdots & \cdots & \vdots \\ w_{n1} & w_{n2} & \cdots & w_{nn} \end{bmatrix} \quad (1)$$

在空间权重矩阵 W 中,w_{ij} 和 w_{ji} 分别作为其第 i 行、第 j 列元素以及第 j 行、第 i 列元素,反映的是 i 和 j 两个个体之间的空间相关性,一般而言自己与自己不具有空间相关性,所以 $w_{ii}=0$,即矩阵 W 中的对角线元素为0。

一、传统的空间权重矩阵

目前对于空间权重矩阵的分类尚未有统一的标准,但已有文献大都基于"邻接与否"(Contiguity based)或"距离大小"(Distance based)的标准构建空间权重矩阵,也有越来越多的文献基于多种标准构建复合空间权重矩阵。

(一) 基于"邻接与否"的"0-1型"空间权重矩阵

$$w_{ij} = \begin{cases} 1, & \text{个体 } i \text{ 和个体 } j \text{ 邻接} \\ 0, & otherwise \end{cases} \quad (2)$$

根据相邻的不同形式,又分为 ROOK 邻接(线型邻接)、Bishop 邻接(点型邻接)以及 Queen 邻接(点型与线型邻接)。

(二) 基于"距离大小"的空间权重矩阵

地理距离的大小是最常用于构建空间权重矩阵的标准,在经济学研究中的地理距离通常采用欧氏距离。

1. 基于地理距离大小的"0-1型"空间权重矩阵

$$w_{ij} = \begin{cases} 1, & if\ d_{ij} < d \\ 0, & otherwise \end{cases} \quad (3)$$

其中,d 为距离阈值,当个体 i 与个体 j 的地理距离 d_{ij} 小于 d 时,则认为两者之间具有空间相关性,如果 d_{ij} 大于 d,则不具有空间相关性。

2. 基于地理距离大小的"Cliff-Ord"空间权重矩阵

$$w_{ij} = \begin{cases} 1/d_{ij}^r, & i \neq j \\ 0, & i = j \end{cases} \quad (4)$$

Cliff & Ord(1973)提出了一种基于距离摩擦系数的空间权重矩阵。r 为距离摩擦系数,通常取 1 和 2。当 $r=1$ 时,个体之间空间相关性的大小与两者地理距离大小的倒数成正比,该矩阵也是最常用的空间权重矩阵之一。

3. 基于经济距离大小的空间权重矩阵

尽管地理距离非常直观和简洁,但是不足以描述个体之间复杂的空间关系,尤其是空间上的经济关系。如果说个体之间的地理距离大小为真实的物理距离,那么经济距离则为个体之间的虚拟距离。衡量空间上的经济距离,可以采用经济发展水平、货物贸易水平、劳动力流动水平、资本流动水平、交通运输量、交通通勤时间、信息通信量等。最常用来构建经济距离的指标为人均GDP,因为用该指标反映经济发展水平最为直观,并且数据容易获得。

$$w_{ij} = \begin{cases} 1/|\bar{Y}_i - \bar{Y}_j|, & i \neq j \\ 0, & i = j \end{cases} \quad (5)$$

其中,$\bar{Y}_i$ 为考察期内地区 i 人均 GDP 的平均值。当两地的人均 GDP 水平越接近,即经济发展水平越相似,两地之间的空间相关性越高,空间权重越大。通常根据研究的需要,可以将人均 GDP 替换为人均可支配收入、货物贸易量、制造业占比或服务业占比等。

(三) 复合空间权重矩阵

1. Cliff & Ord(1981)对(4)式按照地区"邻接"的概念进行了扩展

$$w_{ij} = \begin{cases} d_{ij}^{-a} \beta_{ij}^b, & i \neq j \\ 0, & i = j \end{cases} \quad (6)$$

β_{ij} 为地区 j 与地区 i 邻接边界的长度占地区 i 总边界长度的比例,a、b 为参数。

2. Case et al.(1993)、张征宇和朱平芳(2010)、项歌德等(2011)根据地理距离与经济距离的线性组合构建包含地理、经济距离的嵌套矩阵

$$W(\alpha) = (1-\alpha)W_G + \alpha W_E \quad (7)$$

其中,W_G 为(4)式中 $r=1$ 时的地理距离矩阵,W_E 为(5)式的经济距离矩阵,$\alpha \in [0, 1]$ 为经济距离权重,当 α 越接近于 0 时,说明地理距离的影响力越大,当 α 越接近于 1 时,经济距离的影响力越大。通过模型回归的拟合优度来选择最优的值。

3. 朱平芳等(2011)结合"邻接与否"的概念和地区经济发展水平构建空间权重矩阵

$$w_{ij} = \begin{cases} X_j \Big/ \sum_{k \in J_i} X_k, & \text{个体 } i \text{ 和个体 } j \text{ 邻接} \\ 0, & otherwise \end{cases} \quad (8)$$

其中 X_j 为地区的经济发展指标,比如人均 GDP、人均可支配收入或常住人口数等,J_i 为所有与地区 i 邻接的地区集合。该矩阵是根据邻接地区的经济发展指标对"0-1型"矩阵进行赋权。

二、非对称的空间权重矩阵

通过对传统的空间权重矩阵进行分类后我们发现,大部分文献所构建的空间权重矩阵大都是地理邻接空间矩阵、地理距离矩阵以及经济距离矩阵,或者是根据这几种矩阵构建的复合空间权重矩阵。上述所有的空间权重矩阵都是对称的,但是对称的空间权重矩阵并不符合实际经济活动的空间影响。

如果仅从地理学上而言,$w_{ij}=w_{ji}$ 的假定是合理的,两者之间的影响是对称的,并不具有方向性。但是在经济学上,w_{ij} 在实际计算中反映的是 j 对 i 的影响,w_{ji} 反映的 i 是对 j 的影响,两者均具有方向性,且并不等价。例如,北京、上海对西藏经济发展的影响要远远大于西藏对北京、上海经济发展的影响。

李婧等(2010)认为对称的空间权重矩阵存在明显不足,现实情况是经济发展水平较高的地区对经济发展水平较低的地区产生更强的空间影响和辐射作用,为此建立了反映这种非对称影响的空间权重矩阵。

$$W = W_G \cdot diag(\overline{X_1}/\overline{X}, \cdots \overline{X_j}/\overline{X}, \cdots \overline{X_n}/\overline{X}) \tag{9}$$

其中,W_G 为(4)式中 $r=2$ 时的地理距离矩阵,$\overline{X_j}$ 为考察期内地区 j 的经济发展指标,$\overline{X}$ 为所有地区经济发展指标之和,W_G 右乘一个对角矩阵,即对角线上的元素 $\overline{X_j}/\overline{X}$ 会相应乘到第 i 行的第 j 个元素上,则当地区 j 经济发展程度比较高时,它对地区 i 的空间影响较大。

朱平芳等(2016)将投入产出表中的感应力系数以及影响力系数引入空间权重矩阵中,刻画了不同行业上下游之间的影响力,构建了适用于分析中国工业行业 R&D 垂直溢出效应的非对称空间权重矩阵。

$$w_{ij} = \begin{cases} b_{ij}, & i \neq j \\ 0, & i = j \end{cases} \tag{10}$$

b_{ij} 为影响力系数或感应力系数,影响力系数反映的是后向关联,而感应力系数为前向关联。

采用人均GDP等指标所构建的经济距离矩阵除了对称性问题，还存在内生性问题。地理距离矩阵的完全外生性是它最直接的优势，也是它被广泛使用的原因。而人均GDP等经济发展指标往往与所研究的经济问题具有很强的相关性，导致$corr(WX, \varepsilon) \neq 0$，即$WX$具有内生性，也会使$WY$内生性问题更为严重，使得估计出来的衡量空间效应的系数有偏。另外，在分析区域问题时，采用人均GDP等指标构建的经济距离矩阵完全脱离了地理距离也是不合理的，因为地理距离的大小必然会影响区域内不同个体之间的空间相关性，只不过随着技术的进步以及各类交通工具的发展普及，两地之间的实际空间距离在缩短。

三、基于中国铁路客运车次数据的空间权重矩阵

本书借鉴李婧等（2010）、朱平芳等（2016）的思路，构建适用于中国省际空间效应分析的非对称空间权重矩阵，所设计的空间权重矩阵既要反映地区之间的地理距离，避免内生性问题，也要体现经济发展水平的非对称影响，解决对称性问题。

Bodson & Peeters(1975)指出可以考虑使用地区之间的交通数据来构建空间权重指标，但是由于两地之间的交通数据相比于经济数据较难获取，而且如何匹配交通数据与经济数据也是一大难点，所以说尚未有文献采用交通数据构建空间权重矩阵来分析中国的经济问题。

众所周知，改革开放以来中国的铁路建设极大促进了中国的经济发展，尤其是2008年以来高铁的大规模建设进一步拉近了各地区的经济联系。铁路客运列车的运行时间可以真实反映两地之间的实际空间距离，体现了技术进步所带来的距离变化，而铁路客运车次的数量又可以反映两地之间人员交流的密集程度，从而间接地体现出两地之间的经济联系。所以利用铁路客运列车的运行时间以及车次的数量可以构建一种全新的复合空间权重矩阵。

本书抓取了中国铁路客户服务中心即12306网站上中国境内任意两个车站之间一天以内的运行车次数据。[①] 经统计，全国当天运行7290列车次，经过31个省市区的2914个车站，总共获得523 556条数据。每条数据包含的信息有"车次""出发站""到达站""运行时间"，以及该车次的"始发站""终点站"、各

---

① 抓取数据的日期为2017年5月30日。

个车站所属的省份。

因为本书要使用的是省级之间铁路客运的数据,所以将各个车站归属于其所在的省份进行统计。例如由北京到上海的 G11 次列车,经过济南、曲阜、南京和苏州,由于济南和曲阜属于山东,南京和苏州属于江苏,所以北京到上海的车次数量为 1,北京到山东、江苏的车次数量均为 2,山东和江苏到上海的车次数量也均为 2,山东到江苏的车次数量为 4,时间则为平均值。

但是中国的铁路客运车次在设计时,往往使用单双号代表往返的两列车次(比如北京到上海的高铁是单号,上海到北京的高铁则是双号),单双号对应的两列车可能会在具体经停的车站上有一些差别,但总体上来说是对称的。为了刻画省际的非对称影响,本书将始发站赋予加倍的数量,即如果出发站是始发站,则车次数量记为 2。在上例中,由于北京是始发站,则北京到上海的车次数量记为 2,北京到山东、江苏的车次数量记为 4,其余不变。

之所以将始发站出发的车次数量加倍,是因为首先在火车的实际运行中,始发站的上客量要大于其他车站的上客量,仅从上客量来衡量,始发站的重要性也要大于其他的车站。其次,始发车往往会选择设立在具有较强综合实力的城市,比如北京和上海是全国仅有的两个向其他 30 个省级行政区均有始发列车的城市。最后,正文前文所述,较强综合实力地区对较弱综合实力地区的影响作用要更大,对始发站的处理正是为了体现地区之间影响的非对称性。

设 w_{ij} 是 j 省(市、区)对 i 省(市、区)在空间上的影响,n_{ij} 为 j 省(市、区)出发到 i 省(市、区)的车次数量,sf_{ij} 为 j 省(市、区)始发到 i 省(市、区)的车次数量,t_{ij} 为 j 省(市、区)到 i 省(市、区)的平均时间,那么

$$w_{ij} = \begin{cases} \dfrac{n_{ij} + sf_{ij}}{t_{ij}}, & if\ n_{ij} \neq 0\ and\ i \neq j \\ 0, & if\ n_{ij} = 0\ or\ i = j \end{cases} \tag{11}$$

即 j 对 i 在空间上的影响与 j 到 i 的运行车次数量以及始发车次数量成正比,与 j 到 i 的平均时间成反比,据此构建出本书所使用的复合空间权重矩阵 W:铁路客运空间权重矩阵。它既是技术进步背景下地理距离的体现,也反映了地区之间的非对称影响,比传统对称的邻接矩阵、地理距离矩阵、经济距离矩阵要更切合实际,也较好地避免了抽象的经济距离矩阵所带来的内生性问题。

由于篇幅所限,本章仅列出北京和上海到其他地区的车次数量、始发车次

数量、平均用时的计算结果。① 将空间权重系数 w_{ij} 从小到大分为五个层级，(0,10) 为第 1 层级，[10,50) 为第 2 层级，[50,100) 为第 3 层级，[100,1000) 为第 4 层级，1000 及以上为第 5 层级。

北京影响的第 5 层级地区为河北，第 4 层级地区为天津、山东和河南，第 3 层级地区为江苏、辽宁、山西和安徽，第 2 层级地区为内蒙古、湖北、湖南、吉林、浙江、陕西、上海、江西和黑龙江，其余地区为第 1 层级。

上海影响的第 5 层级地区为江苏和浙江，第 4 层级地区为安徽和江西，第 3 层级地区为福建和山东，第 2 层级地区为河南、湖南、湖北、河北、北京、天津和广东，其余地区为第 1 层级。

通过比较北京和上海的分布，我们发现尽管已经考虑到技术进步对空间距离的影响，但实际的地理距离仍然是影响空间权重系数大小最为关键因素。

表 4-1　　　　　　　　　北京和上海到其他地区的车次数据

	北京				上海		
	车次数量	始发车次数量	平均用时（小时）		车次数量	始发车次数量	平均用时（小时）
天津	237	224	0.93	北京	43	41	6.52
河北	1570	1344	2.86	天津	57	46	9.39
山西	221	171	6.68	河北	106	87	12.96
内蒙古	280	132	14.92	山西	22	16	17.90
辽宁	295	271	8.06	内蒙古	14	5	26.14
吉林	134	121	13.41	辽宁	87	56	19.50
黑龙江	88	87	16.47	吉林	37	17	26.72
上海	43	43	6.45	黑龙江	10	2	34.41
江苏	242	236	5.87	江苏	1610	1303	1.62
浙江	87	87	9.54	浙江	1636	1271	2.10
安徽	179	178	7.00	安徽	463	391	4.37
福建	57	57	14.02	福建	294	235	6.79
江西	84	77	14.67	江西	456	403	6.76
山东	435	432	3.83	山东	305	223	8.70
河南	472	453	6.51	河南	202	199	9.88

---

① 各地区之间铁路运行车次、始发车次及平均时间详见附录 3。

续表

	北京				上海		
	车次数量	始发车次数量	平均用时（小时）		车次数量	始发车次数量	平均用时（小时）
湖北	147	136	11.43	湖北	171	171	11.56
湖南	172	166	16.56	湖南	251	223	11.99
广东	41	39	17.83	广东	86	72	15.14
广西	58	58	24.04	广西	52	52	21.49
海南	3	3	36.91	海南	2	2	35.00
重庆	15	15	19.37	重庆	36	36	17.83
四川	46	46	26.42	四川	32	32	27.17
贵州	45	45	26.03	贵州	83	69	17.30
云南	18	18	33.01	云南	25	21	26.60
西藏	2	2	38.00	西藏	2	2	44.81
陕西	104	98	12.02	陕西	76	71	18.00
甘肃	43	40	23.88	甘肃	35	35	25.44
青海	9	8	22.99	青海	10	10	30.86
宁夏	27	20	16.54	宁夏	10	7	31.15
新疆	21	21	17.95	新疆	16	16	43.58

第三节　静态空间面板模型

一、静态空间面板模型的分类

空间依赖的动因、时间依赖的动因、遗漏变量的动因、空间异质性的动因、外部性动因、模型不确定性动因使得空间计量模型的种类有了极大的扩展。

从空间面板一般模型的设置可以看出，空间相关性一般表现为被解释变量 y_{it} 与 y_{jt} 之间的相互依赖关系（$i \neq j$）、被解释变量 y_{it} 与解释变量 x_{jt} 之间的相互依赖关系（$i \neq j$）以及误差项 v_{it} 与 v_{jt} 之间的相互依赖关系（$i \neq j$），Elhorst（2014）称这三种不同的空间依赖关系为"内生交互效应""外生交互效应"以及"误差项交互效应"。

根据三种交互效应得到3种在实证中较为常见的静态空间面板模型：

1. 空间滞后模型 SAR：$Y_t = \delta W Y_t + X_t \beta_1 + \varepsilon_t$
2. 空间杜宾模型 SDM：$Y_t = \delta W Y_t + X_t \beta_1 + W X_t \beta_2 + \varepsilon_t$
3. 空间误差模型 SEM：$Y_t = X_t \beta_1 + v_t$，$v_t = \lambda W v_t + \varepsilon_t$

其余存在单一或混合交互效应的空间面板模型如一阶空间自回归模型 FAR、SLX 模型、SAC 模型、空间杜宾误差模型 SDEM 等，具体形式如下：

4. FAR：$Y_t = \delta W Y_t + \varepsilon_t$
5. SLX：$Y_t = X_t \beta_1 + W X_t \beta_2 + \varepsilon_t$
6. SAC：$Y_t = \delta W Y_t + X_t \beta_1 + v_t$，$v_t = \lambda W v_t + \varepsilon_t$
7. SDEM：$Y_t = X_t \beta_1 + W X_t \beta_2 + v_t$，$v_t = \lambda W v_t + \varepsilon_t$

对于三种交互效应都存在的空间面板模型，往往存在过度参数化的问题，所以只作为空间面板模型的一般表达式，Elhorst(2014)称之为广义嵌套空间面板模型(GNS：General Nesting Spatial Panel Model)。

对于存在个体效应与时间效应的 GNS 模型：

8. $Y_t = \delta W Y_t + X_t \beta_1 + W X_t \beta_2 + \mu + \xi_t \iota_N + v_t$

$v_t = \lambda W v_t + \varepsilon_t$，$\varepsilon_t \sim N(0, \sigma^2 I_N)$

考虑一个根据 SAR 模型的数据生成过程以及一个根据 SEM 模型的数据生成过程，这两个数据生成过程有相同的系数，即相同的 β_1 以及相同的空间自回归系数 $\delta = \lambda$。那么一个按照 SAR 模型和 SEM 模型线性组合的数据生成过程，其实就是按照 SDM 模型数据生成过程。

假设 SAR 模型 Y_{1t} 的概率是 α_1，SEM 模型 Y_{2t} 的概率是 α_2，且 $\alpha_1 + \alpha_2 = 1$，则线性组合为 $\overline{Y}_t$。

SAR 模型可转化为：$Y_{1t} = (I - \delta W)^{-1} X_t \beta_1 + (I - \delta W)^{-1} \varepsilon_t$ (12)

SEM 模型可转化为：$Y_{2t} = X_t \beta_1 + (I - \lambda W)^{-1} \varepsilon_t$ (13)

$$\overline{Y}_t = \alpha_1 Y_{1t} + \alpha_2 Y_{2t} = (I - \delta W)^{-1} X_t (\alpha_1 \beta_1) + X_t (\alpha_2 \beta_1) + (I - \lambda W)^{-1} (\alpha_1 + \alpha_2) \varepsilon_t \quad (14)$$

$\Rightarrow (I - \delta W) \overline{Y}_t = X_t (\alpha_1 \beta_1) + (I - \delta W) X_t (\alpha_2 \beta_1) +$
$\quad (I - \delta W)(I - \lambda W)^{-1} \varepsilon_t$

$\Rightarrow \overline{Y}_t = \delta W \overline{Y}_t + X_t (\alpha_1 \beta_1 + \alpha_2 \beta_1) - \delta W X_t (\alpha_2 \beta_1) + \varepsilon_t$

$\Rightarrow \overline{Y}_t = \delta W \overline{Y}_t + X_t \beta_1 - W X_t (\delta \alpha_2 \beta_1) + \varepsilon_t$

令 $-\delta\alpha_2\beta_1 = \beta_2$，则 $\overline{Y}_t = \delta W \overline{Y}_t + X_t\beta_1 + WX_t\beta_2 + \varepsilon_t$ (15)

(15)式即为 SDM 模型。

二、直接效应与溢出效应

(一) 定义与说明

1. 直接效应与溢出效应的定义

大部分实证研究使用 δ、β_2 的点估计来验证空间相关性的存在，但是 Lesage & Pace(2009)指出这种点估计可能会产生错误的结论，他们发现偏微分能够用来解释模型中变量变化的影响，从而作为判断空间相关性存在的基础。

(1) 对于被解释变量的空间滞后项 WX_t

将 GNS 模型改写为：

$$Y_t = (I - \delta W)^{-1}(X_t\beta_1 + WX_t\beta_2) + R \quad (16)$$

其中 R 为截距项和误差项的剩余。

在特定时间 t 时，对于第 i 个解释变量 X_i，个体从 1 到 N，其对应的 Y_t 期望值的偏导数矩阵为：

$$\left[\frac{\partial E(Y)}{\partial x_{1i}} \cdots \frac{\partial E(Y)}{\partial x_{Ni}}\right]_t = \begin{bmatrix} \frac{\partial E(y_1)}{\partial x_{1i}} & \cdots & \frac{\partial E(y_1)}{\partial x_{Ni}} \\ \vdots & \cdots & \vdots \\ \frac{\partial E(y_N)}{\partial x_{1i}} & \cdots & \frac{\partial E(y_N)}{\partial x_{Ni}} \end{bmatrix}_t$$

$$= (I - \delta W)^{-1} \begin{bmatrix} \beta_{1i} & w_{12}\beta_{2i} & \cdots & w_{1N}\beta_{2i} \\ w_{21}\beta_{2i} & \beta_{1i} & \cdots & w_{2N}\beta_{2i} \\ \vdots & \vdots & \cdots & \vdots \\ w_{N1}\beta_{2i} & w_{N2}\beta_{2i} & \cdots & \beta_{1i} \end{bmatrix}$$

$$= (I - \delta W)^{-1}(\beta_{1i}I_N + \beta_{2i}W)$$

(17)

其中 w_{ij} 是空间权重矩阵 W 第 i 行第 j 列的元素。

从偏导数矩阵的计算结果可以看出，某个个体的解释变量的变化不仅会改变自身的被解释变量,也会改变其他个体的被解释变量。

Lesage & Pace(2009)将第一种改变称为直接效应,对应偏导数矩阵的对角线元素,将第二种改变称为溢出效应,也即是我们所关心的空间相关性,对应偏导数矩阵的非对角线元素。特别的,当 $\delta=0$ 且 $\beta_2=0$ 时,所有非对角线元素都为0,不存在空间相关性,直接效应就是普通面板模型中参数的估计值。

因为每个个体外生变量的直接效应与溢出效应都是不同的,当 X_t 为 $N \times K$ 维的矩阵时,就会得到 K 个 $N \times N$ 维的直接效应与溢出效应矩阵,但实际上我们更关心的是外生变量整体的情况,所以需要找到一个简洁合适的表达形式来反映这两种效应。Lesage & Pace(2009)建议使用对角线元素的均值作为描述指标来测度第 i 个解释变量 X_i 的直接效应,使用非对角线元素的行和或列和的均值作为描述指标来测度第 i 个解释变量 X_i 的溢出效应。(注:行和反映的是所有个体第 i 个解释变量 X_i 发生单位变化对某个个体被解释变量的影响,列和反映的是某个个体第 i 个解释变量 X_i 发生单位变化对其他所有个体被解释变量的影响。当然,从定义上而言,溢出效应应解释为某个个体解释变量的变化对其他所有个体被解释变量的影响,所以应使用列和的均值,但是此处行和与列和相等,因此在计算上均可以使用。

(2)对于解释变量的空间滞后项 WY_t

对于被解释变量 Y,个体从 1 到 N,其对应的 Y_t 期望值的偏导数矩阵为:

$$\left[\frac{\partial E(Y)}{\partial y_1} \cdots \frac{\partial E(Y)}{\partial y_N}\right]_t = \begin{bmatrix} \frac{\partial E(y_1)}{\partial y_1} & \cdots & \frac{\partial E(y_1)}{\partial y_N} \\ \vdots & \cdots & \vdots \\ \frac{\partial E(y_N)}{\partial y_1} & \cdots & \frac{\partial E(y_N)}{\partial y_N} \end{bmatrix}_t \quad (18)$$

$$= \delta \begin{bmatrix} 1 & w_{12} & \cdots & w_{1N} \\ w_{21} & 1 & \cdots & w_{2N} \\ \vdots & \vdots & \cdots & \vdots \\ w_{N1} & w_{N2} & \cdots & 1 \end{bmatrix} = I + \delta W$$

其中 I 代表的直接效应矩阵,δW 代表的是溢出效应矩阵,同样存在寻找简洁合适的表达式的问题。参考 Lesage & Pace(2009)的方法,采用均值作为描述性指标。

对于直接效应,单位矩阵 I 对角线元素的均值为1,在数学上符合对自身求导的定义。对于溢出效应,由于经过标准化后的空间权重矩阵 W 的行和或列和为 1,所以行和或列和的均值为 δ,即当使用偏导数来衡量被解释变量的溢出效应时,与点估计值 δ 是一样的。

所以使用偏导数的方法来确定空间相关性的存在,对于外生变量 X_t 而言是有意义的,但是对于被解释变量 Y_t 而言,与点估计并没有差异。

2. 对于直接效应与溢出效应的解释说明

为了更加形象地说明直接效应与溢出效应,假设 $N=2$, $K=1$, $T=1$,那么

当 $\delta \neq 0$ 时,

直接效应可以表示为:

$$
\begin{aligned}
& x_1 \rightarrow y_1 \\
& x_1 \rightarrow x_2 \rightarrow x_1 \rightarrow y_1 \\
& x_1 \rightarrow x_2 \rightarrow x_1 \rightarrow x_2 \rightarrow x_1 \rightarrow y_1 \\
& x_1 \rightarrow x_2 \rightarrow x_1 \rightarrow \cdots \rightarrow x_2 \rightarrow x_1 \rightarrow y_1 \\
& x_2 \rightarrow y_2 \\
& x_2 \rightarrow x_1 \rightarrow x_2 \rightarrow y_2 \\
& x_2 \rightarrow x_1 \rightarrow x_2 \rightarrow x_1 \rightarrow x_2 \rightarrow y_2 \\
& x_2 \rightarrow x_1 \rightarrow x_2 \rightarrow \cdots \rightarrow x_1 \rightarrow x_2 \rightarrow y_2
\end{aligned} \tag{19}
$$

($\rightarrow$ 表示传导前者的变化到后者)

溢出效应可以表示为:

$$
\begin{aligned}
& x_1 \rightarrow y_2 \\
& x_1 \rightarrow x_2 \rightarrow x_1 \rightarrow y_2 \\
& x_1 \rightarrow x_2 \rightarrow x_1 \rightarrow x_2 \rightarrow x_1 \rightarrow y_2 \\
& x_1 \rightarrow x_2 \rightarrow x_1 \rightarrow \cdots \rightarrow x_2 \rightarrow x_1 \rightarrow y_2 \\
& x_2 \rightarrow y_1 \\
& x_2 \rightarrow x_1 \rightarrow x_2 \rightarrow y_1 \\
& x_2 \rightarrow x_1 \rightarrow x_2 \rightarrow x_1 \rightarrow x_2 \rightarrow y_1 \\
& x_2 \rightarrow x_1 \rightarrow x_2 \rightarrow \cdots \rightarrow x_1 \rightarrow x_2 \rightarrow y_1
\end{aligned} \tag{20}
$$

上式表明不同个体之间会无限次地互相反馈,这是由于 $(I-\delta W)^{-1}$ 的存在,对 $(I-\delta W)^{-1}$ 进行分解:

$$(I-\delta W)^{-1} = I + \delta W + \delta^2 W^2 + \delta^3 W^3 + \delta^4 W^4 + \cdots \quad (21)$$

(21)式右边第一项 I（非对角线元素为0）仅含有外生变量的直接效应,第二项 δW（对角线元素为0）仅含有外生变量的溢出效应,从第三项开始 δW 的高阶幂反映的是解释变量之间的互相反馈效应,包括直接效应与溢出效应,特别的当 $N=2$ 时,偶数次幂仅有直接效应,奇数次幂仅有溢出效应。当 $N>2$ 时,因为存在反馈效应,所以溢出效应的产生不仅来源于直接相邻的单位,也会由其他非相邻的单位通过相邻的单位的传导反馈而来。

当 $\delta=0$ 时,这种反馈效应消失,溢出效应只由 β_2 提供,则直接效应为:

$$\begin{aligned} x_1 &\rightarrow y_1 \\ x_2 &\rightarrow y_2 \end{aligned} \quad (22)$$

溢出效应可以表示为:

$$\begin{aligned} x_1 &\rightarrow y_2 \\ x_2 &\rightarrow y_1 \end{aligned} \quad (23)$$

由于不存在反馈效应,所以当 $N>2$ 溢出效应只由邻近的单位直接产生,而不会由其他非相邻的单位产生。

Lesage & Pace(2009)将由 δ 产生的溢出效应称为全局效应,而将由 β_2 产生的溢出效应称为局部效应。

(二) 不同静态空间面板模型外生变量的直接效应与溢出效应

1. SAR 模型($\beta_2=0$)

第 i 个外生变量的直接效应为 $(I-\delta W)^{-1}\beta_{1i}$ 对角线元素的均值

第 i 个外生变量的溢出效应为 $(I-\delta W)^{-1}\beta_{1i}$ 非对角线元素列和的均值

但是我们发现,在 SAR 模型中对于某个外生变量,其溢出效应与直接效应的比值是独立于 β_1 的,因为溢出效应中的 β_1 与直接效应中的 β_1 在计算中可以约掉,两者比值大小完全由空间自回归参数 δ 和空间权重矩阵 W 决定,这就导致所有外生变量溢出效应与直接效应的比值是相等的。

Elhorst & Halleck Vega(2013)指出,所有外生变量的溢出效应与直接效应的比值相等在现实的经济活动中不太可能,这就使得 SAR 模型在实际应用中(尤其是在考察外生变量的直接与溢出效应时)受到了很大的局限。但是,大多数实证研究在使用 SAR 模型时,往往更为关注的是被解释变量在空间上的相关性,即内生变量的交互效应,所以上述局限并没有影响 SAR 模型的广泛使用。

2. SDM 模型

第 i 个外生变量的直接效应为 $(I-\delta W)^{-1}(\beta_{1i}I_N+\beta_{2i}W)$ 对角线元素的均值

第 i 个外生变量的溢出效应为 $(I-\delta W)^{-1}(\beta_{1i}I_N+\beta_{2i}W)$ 非对角线元素列和的均值

在 SDM 模型中,第 i 个外生变量溢出效应与直接效应的比值不仅取决于空间自回归参数 δ 和空间权重矩阵 W,也取决于外生变量空间滞后系数 β_{2i},所以 SDM 模型不存在 SAR 模型的局限性,使用 SDM 模型所计算出来的外生变量的溢出效应可以更好地衡量外生变量的空间溢出效应,并且由于反馈效应的存在,在衡量外生变量对被解释变量的影响时,外生变量的估计系数相比于其直接效应存在低估。从这点上来看,SDM 模型在实证上比 SAR 模型有更加广泛的适用性。

关于 SEM 模型,由于在计算被解释变量关于外生变量的偏导数时,误差项在其中不会起到作用,所以 SEM 模型外生变量的直接效应就是系数估计值 β_1,溢出效应为 0。

对于其他模型外生变量的直接效应与溢出效应,SAC 模型与 SAR 模型相同。由于 SLX 模型与 SDEM 模型的 $\delta=0$,所以直接效应为 β_1,溢出效应为 β_2,均与系数估计值一致。

3. 小结

根据 Elhorst & Halleck Vega(2013)对横截面空间计量模型不同设定下直接效应与间接(溢出)效应的计算结果,扩展到静态空间面板模型(见表 4-2)。

表 4-2　　　不同静态空间面板模型设定的直接效应与溢出效应

模型设定	直接效应	溢出效应
SEM	β_1	0
SAR/SAC	$\overline{[(I-\delta W)^{-1}\beta_{1i}]^{d}}$	$\overline{[(I-\delta W)^{-1}\beta_{1i}]^{csum}}$
SLX/SDEM	β_1	β_2
SDM/GNS	$\overline{[(I-\delta W)^{-1}(\beta_{1i}I_N+\beta_{2i}W)]^{d}}$	$\overline{[(I-\delta W)^{-1}(\beta_{1i}I_N+\beta_{2i}W)]^{csum}}$

注:$\overline{d}$ 表示计算该矩阵对角线元素均值的运算符,$\overline{csum}$ 表示计算该矩阵非对角线元素列和平均值的运算符,下同。

三、静态空间面板模型的估计

(一) 空间滞后面板固定效应模型的估计

模型设定为：
$$y_{it} = \delta \sum_{j=1}^{N} w_{ij} y_{it} + x_{it}\beta_1 + \mu_i + \varepsilon_{it} \tag{24}$$

Anselin et al. (2008)指出对具有固定效应的空间滞后面板模型进行估计存在两个问题。第一，$\sum w_{ij} y_{it}$ 的存在使得模型具有内生性，破坏了经典回归模型的高斯—马尔科夫条件 $E\left[\left(\sum w_{ij} y_{it}\right)\varepsilon_{it}\right] = 0$。第二，$t$ 时刻不同个体之间的空间相关性对固定效应 μ_i 的估计存在影响。

(24)式的对数似然函数为：

$$LogL = -\frac{NT}{2} \log(2\pi\sigma^2) + T \log |I - \delta W| \\ - \frac{1}{2\sigma^2} \sum_{i=1}^{N} \sum_{t=1}^{T} \left(y_{it} - \delta \sum_{j=1}^{N} w_{ij} y_{it} - x_{it}\beta_1 - \mu_i\right)^2 \tag{25}$$

(25)式中 $\sum_{i=1}^{N} \sum_{t=1}^{T} \left(y_{it} - \delta \sum_{j=1}^{N} w_{ij} y_{it} - x_{it}\beta_1 - \mu_i\right)^2$ 是从 ε 转换到 y 的雅克比项(Anselin, 1988)，考虑了 $\sum w_{ij} y_{it}$ 的内生性问题。

对数似然函数关于 μ_i 的偏导数为：

$$\frac{\partial LogL}{\partial \mu_{it}} = \frac{1}{\sigma^2} \sum_{t=1}^{T} \left(y_{it} - \delta \sum_{j=1}^{N} w_{ij} y_{it} - x_{it}\beta_1 - \mu_i\right)^2 = 0 \tag{26}$$

对 μ_i 求解可得：

$$\mu_i = \frac{1}{T} \sum_{t=1}^{T} \left(y_{it} - \delta \sum_{j=1}^{N} w_{ij} y_{it} - x_{it}\beta_1\right)^2 \tag{27}$$

将(27)式关于 μ_i 的解代入对数似然函数中：

$$LogL = -\frac{NT}{2} \log(2\pi\sigma^2) + T \log |I - \delta W| \\ - \frac{1}{2\sigma^2} \sum_{i=1}^{N} \sum_{t=1}^{T} \left(y_{it}^* - \delta \left[\sum_{j=1}^{N} w_{ij} y_{it}\right]^* - x_{it}^* \beta_1\right)^2 \tag{28}$$

其中
$$y_{it}^* = y_{it} - \frac{1}{T}\sum_{t=1}^{T} y_{it},\ x_{it}^* = x_{it} - \frac{1}{T}\sum_{t=1}^{T} x_{it} \quad (29)$$

(28)、(29)式中 * 表示的是去均值的过程。

最大化似然函数(28)式，就可以得到(24)式中参数 β_1、δ、σ^2 的极大似然估计。具体而言估计的步骤可以分为三步：

第一，估计空间滞后系数 δ。按时间顺序 $t = 1, 2, 3, \cdots, T$ 将样本观测值去均值后堆叠成 $NT \times 1$ 维的向量 Y^* 以及 $NT \times K$ 维的矩阵 X^*；接着将 Y^* 和 $(I_T \otimes W)Y^*$ 分别对进行 X^* 回归，得到的 OLS 估计量定义为 b_0 和 b_1，对应的残差项为 e_0^* 和 e_1^*。据此，最大化简约似然函数(concentrated log-likelihood function)，当 N 无穷大时，模型需要估计的参数个数也是无穷大，通过去除个体效应项，得到简约似然函数，模型的参数空间就不会随着 N 和 T 的变化而变化了，(28)式可以进一步写为：

$$LogL = C - \frac{NT}{2}\log[(e_0^* - \delta e_1^*)^T(e_0^* - \delta e_1^*)] + T\log|I - \delta W| \quad (30)$$

其中，C 为常数并且与空间滞后系数 δ 无关。然而遗憾的是，(30)式并不存在显式解，只能得到它的数值解。

第二，在 δ 的 ML 估计量的数值解 $\hat{\delta}$ 确定后，基于 $\hat{\delta}$ 计算 β_1 和 σ^2 的 ML 估计量 $\hat{\beta}_1$ 和 $\hat{\sigma}^2$。

$$\hat{\beta}_1 = b_0 - \hat{\delta}b_1 = (X^{*T}X^*)^{-1}X^{*T}[Y^* - \hat{\delta}(I_T \otimes W)Y^*] \quad (31)$$

$$\hat{\sigma}^2 = \frac{1}{NT}(e_0^* - \hat{\delta}e_1^*)^T(e_0^* - \hat{\delta}e_1^*) \quad (32)$$

如果想要得到 $\hat{\beta}_1$ 关于 X 和 Y 的矩阵表达式，需要定义去均值算子：

$$Q = I_{NT} - \frac{1}{T}\iota_T\iota_T^T \otimes I_N \quad (33)$$

其中，ι_T 是全部元素都为 1 的 $T \times 1$ 维向量，因为 Q 是对称矩阵，所以 $Q^TQ = Q$。得到：$Y^* = QY$，$(I_T \otimes W)Y^* = Q(I_T \otimes W)Y$，$X^* = QX$。则：

$$\hat{\beta}_1 = (X^TQ^TQX)^{-1}X^TQ^TQ[Y - \hat{\delta}(I_T \otimes W)Y]$$
$$= (X^TQX)^{-1}X^TQ[Y - \hat{\delta}(I_T \otimes W)Y]$$

第三，估计参数的渐近方差协方差矩阵对参数进行 t 检验。表达式为

(Elhorst and Freret, 2009):

$Asy.Var(\beta_1, \delta, \sigma^2) =$

$$\begin{bmatrix} \dfrac{X^{*T}X^*}{\sigma^2} & & \\ \dfrac{X^{*T}(I_T \otimes \widetilde{W})X^*\beta_1}{\sigma^2} & T*tr(\widetilde{W}\widetilde{W}+\widetilde{W}^T\widetilde{W})+\dfrac{\beta_1^T X^{*T}(I_T \otimes \widetilde{W}^T\widetilde{W})X^*\beta_1}{\sigma^2} & \\ 0 & \dfrac{T}{\sigma^2}tr(\widetilde{W}) & \dfrac{NT}{2\sigma^4} \end{bmatrix}$$
(34)

其中 $\widetilde{W}=W(I-\delta W)^{-1}$,(34)式与横截面模型的渐近方差协方差矩阵的区别在于矩阵 X^* 的维度从 $N\times K$ 变为 $NT\times K$。

(二) 空间滞后面板随机效应模型的估计

如果 μ_i 是随机的,那么(24)式的对数似然函数为:

$$LogL = -\dfrac{NT}{2}\log(2\pi\sigma^2)+T\log|I-\delta W|+\dfrac{N}{2}\log\phi^2 \\ -\dfrac{1}{2\sigma^2}\sum_{i=1}^{N}\sum_{t=1}^{T}\left(y_{it}^{\cdot}-\delta\left[\sum_{j=1}^{N}w_{ij}y_{it}\right]^{\cdot}-x_{it}^{\cdot}\beta_1\right)^2 \quad (35)$$

符号·是依赖于参数 ϕ 的一种转换,ϕ 是样本横截面数据成分的权重,ϕ 的表达式以及取值范围为 $0\leqslant\phi=\sigma^2/(T\sigma_\mu^2+\sigma^2)\leqslant 1$,特别的当 $\phi=0$ 时,随机效应模型变为固定效应模型,简约似然函数即为去均值过程。$y_{it}^{\cdot}$ 和 $x_{it}^{\cdot}$ 的表达式为:

$$y_{it}^{\cdot}=y_{it}-(1-\phi)\dfrac{1}{T}\sum_{t=1}^{T}y_{it},\ x_{it}^{\cdot}=x_{it}-(1-\phi)\dfrac{1}{T}\sum_{t=1}^{T}x_{it} \quad (36)$$

下面给出具体的估计步骤:

第一步,给定参数 ϕ,根据对数似然函数(35)式的一阶条件计算 β_1 和 σ^2 的 ML 估计量。Elhorst(2010)发现当 ϕ 给定时,最大化关于 β_1 和 σ^2 的对数似然函数,β_1 和 σ^2 表达式与空间滞后固定效应模型的 β_1 和 σ^2 表达式的形式是一样的,只是把(31)、(32)式中的 * 换为·。

第二步,给定 β_1、δ、σ^2,最大化关于 ϕ 的对数似然函数,并对参数 ϕ 求偏导数,就可以估计出 ϕ。

给定 β_1、δ、σ^2 时，关于 ϕ 的对数似然函数为：

$$LogL = -\frac{NT}{2}[e(\phi)^T e(\phi)] + \frac{N}{2}\log\phi^2 \quad (37)$$

$e(\phi)$ 表达式为：

$$e(\phi)_{it} = y_{it} - (1-\phi)\frac{1}{T}\sum_{t=1}^{T}y_{it} - \delta\left[\sum_{j=1}^{N}w_{ij}y_{it} - (1-\phi)\frac{1}{T}\sum_{t=1}^{T}\sum_{j=1}^{N}w_{ij}y_{it}\right]$$

$$- \left[x_{it} - (1-\phi)\frac{1}{T}\sum_{t=1}^{T}x_{it}\right]\beta_1 \quad (38)$$

在实际估计过程中，不断重复第一步和第二步轮流估计 β_1、δ、σ^2 以及 ϕ，持续迭代直到参数收敛。这种方法结合了空间滞后固定效应模型的参数估计方法与非空间随机效应模型的参数估计方法。

参数 β_1、δ、ϕ 以及 σ^2 的渐近方差-协方差矩阵为：

$$Asy.Var(\beta_1, \delta, \phi, \sigma^2) =$$

$$\begin{bmatrix} \frac{X^{\cdot T}X^{\cdot}}{\sigma^2} & & & \\ \frac{X^{\cdot T}(I_T\otimes\widetilde{W})X^{\cdot}\beta_1}{\sigma^2} & T*tr(\widetilde{W}\widetilde{W}+\widetilde{W}^T\widetilde{W}) + \frac{\beta_1^T X^{\cdot T}(I_T\otimes\widetilde{W}^T\widetilde{W})X^{\cdot}\beta_1}{\sigma^2} & & \\ 0 & -\frac{1}{\sigma^2}tr(\widetilde{W}) & N\left(T+\frac{1}{\phi^2}\right) & \\ 0 & \frac{T}{\sigma^2}tr(\widetilde{W}) & \frac{-N}{\sigma^2} & \frac{NT}{2\sigma^4} \end{bmatrix}$$

$$(39)$$

(三) 空间误差面板固定效应模型的估计

模型设定：$y_{it} = x_{it}\beta_1 + \mu_i + v_{it}, \ v_{it} = \lambda\sum_{j=1}^{N}w_{ij}v_{it} + \varepsilon_{it}$ \quad (40)

固定效应的对数似然函数为：

$$LogL = -\frac{NT}{2}\log(2\pi\sigma^2) + T\log|I - \lambda W|$$
$$- \frac{1}{2\sigma^2}\sum_{i=1}^{N}\sum_{t=1}^{T}\left[y_{it}^* - \lambda\left[\sum_{j=1}^{N}w_{ij}y_{it}\right]^* - (x_{it}^* - \lambda\left[\sum_{j=1}^{N}w_{ij}x_{it}\right]^*\beta_1)\right]^2$$
(41)

其中 $y_{it}^* = y_{it} - \frac{1}{T}\sum_{t=1}^{T}y_{it}$，$x_{it}^* = x_{it} - \frac{1}{T}\sum_{t=1}^{T}x_{it}$，即(41)式中 * 表示的是去均值的过程。

下面给出具体的估计步骤：

第一步，给定参数 λ，根据对数似然函数(41)式的一阶条件计算 β_1 和 σ^2 的 ML 估计量：

$$\beta_1 = (X^* - \lambda(I_T \otimes W)X^*)^T(X^* - \lambda(I_T \otimes W)X^*)^{-1} \quad (42)$$
$$\times (X^* - \lambda(I_T \otimes W)X^*)^T[Y^* - \lambda(I_T \otimes W)Y^*]$$

$$\sigma^2 = \frac{e(\lambda)^T e(\lambda)}{NT} \quad (43)$$

其中，$e(\lambda) = Y^* - \lambda(I_T \otimes W)Y^* - [X^* - \lambda(I_T \otimes W)X^*]\beta_1$ (44)

第二步，给定参数 β_1 和 σ^2，根据对数似然函数(41)式的一阶条件计算 λ 的 ML 估计量。参数 λ 的简约对数似然函数的形式为：

$$LogL = -\frac{NT}{2}\log[e(\lambda)^T e(\lambda)] + T\log|I - \lambda W| \quad (45)$$

在实际估计过程中，不断重复第一步和第二步轮流估计 β_1、λ 和 σ^2，持续迭代直到参数收敛。

参数 β_1、λ 和 ϕ 的渐近方差-协方差矩阵为：

$$Asy.Var(\beta_1, \lambda, \sigma^2) =$$
$$\begin{bmatrix} \dfrac{X^{*T}X^*}{\sigma^2} & & \\ 0 & T*tr(\widetilde{\widetilde{W}}\widetilde{\widetilde{W}} + \widetilde{\widetilde{W}}^T\widetilde{\widetilde{W}}) & \\ 0 & \dfrac{T}{\sigma^2}tr(\widetilde{\widetilde{W}}) & \dfrac{NT}{2\sigma^4} \end{bmatrix} \quad (46)$$

其中 $\widetilde{\widetilde{W}} = W(I - \lambda W)^{-1}$。

(四)空间误差面板随机效应模型的估计

如果个体效应 μ_i 是随机的,那么(40)式的对数似然函数为:

$$LogL = -\frac{NT}{2}\log(2\pi\sigma^2) - \frac{1}{2}\log|V| + (T-1)\log|B|$$
$$- \frac{1}{2\sigma^2}e^T\left(\frac{1}{T}\iota_T\iota_T^T \otimes V^{-1}\right)e - \frac{1}{2\sigma^2}e^T\left(I_T - \frac{1}{T}\iota_T\iota_T^T\right) \otimes (B^TB)e \tag{47}$$

其中 $V = T\varphi I_N + (B^TB)^{-1}$,$\varphi = \sigma_\mu^2/\sigma^2$,$B = I - \lambda W$,$\iota_T$ 是全部元素都为 1 的 $T \times 1$ 维向量,$e = Y - X\beta_1$。由于矩阵 V 的逆矩阵没有简单的数学表达式,使得模型的参数估计变得非常复杂。Elhorst(2003)将 $\log|V|$ 作为空间权重矩阵 W 特征根 ω_i 的函数:

$$\log|V| = \log|T\varphi I_N + (B^TB)^{-1}| = \sum_{i=1}^{N}\log\left[T\varphi + \frac{1}{(1-\lambda\omega_i)^2}\right] \tag{48}$$

并且 Elhorst(2003)建议采用(49)、(50)式的转化形式:

$$y_{it}^\circ = y_{it} - \lambda\sum_{j=1}^{N}w_{ij}y_{jt} + \sum_{j=1}^{N}\left\{[p_{ij} - (1-\lambda w_{ij})]\frac{1}{T}y_{jt}\right\} \tag{49}$$

$$x_{it}^\circ = x_{it} - \lambda\sum_{j=1}^{N}w_{ij}x_{jt} + \sum_{j=1}^{N}\left\{[p_{ij} - (1-\lambda w_{ij})]\frac{1}{T}x_{jt}\right\} \tag{50}$$

其中,p_{ij} 是矩阵 P 中的元素,并且 $P^TP = V^{-1}$,则矩阵 P 可以看作是矩阵 V^{-1} 的一个分解。设是矩阵 R 由矩阵 V 的特征向量 r_{ij} 构成的 $N \times N$ 维矩阵,$R = (r_1, r_2, \cdots, r_N)$。设矩阵 Λ 是 $N \times N$ 维对角矩阵,矩阵 Λ 第 i 个对角线元素为空间权重矩阵 W 特征根 ω_i 的表达式 c_i,$c_i = T\varphi + 1/(1-\lambda\omega_i)^2$。则 $P = \Lambda^{-1/2}R$。

根据(48)、(49)、(50)式,空间误差面板随机效应模型的对数似然函数为:

$$LogL = -\frac{NT}{2}\log(2\pi\sigma^2) - \frac{1}{2}\sum_{i=1}^{N}\log(1 + T\varphi(1-\lambda\omega_i)^2)$$
$$+ T\sum_{i=1}^{N}\log(1-\lambda\omega_i) - \frac{1}{2\sigma^2}e^{\circ T}e^\circ \tag{51}$$

其中 $e^\circ = Y^\circ - X^\circ\beta_1$。

下面给出具体的估计步骤:

第一步，给定参数 λ、φ，根据对数似然函数(51)式的一阶条件计算 β_1 和 σ^2 的 ML 估计量：

$$\beta_1 = (X^{\circ T}X^{\circ})^{-1}X^{\circ T}Y^{\circ} \tag{52}$$

$$\sigma^2 = (Y^{\circ} - X^{\circ}\beta_1)^T(Y^{\circ} - X^{\circ}\beta_1)/NT \tag{53}$$

第二步，给定参数 β_1 和 σ^2，根据对数似然函数的一阶条件计算 λ 和 φ 的 ML 估计量。将 β_1 和 σ^2 的 ML 估计量的表达式(52)、(53)式代入(51)式，得到参数 λ、φ 的简约对数似然函数的形式为：

$$LogL = C - \frac{NT}{2}\log[e(\lambda,\varphi)^T e(\lambda,\varphi)] - \frac{1}{2}\sum_{i=1}^{N}\log(1+T\varphi(1-\lambda\omega_i)^2)$$

$$+ T\sum_{i=1}^{N}\log(1-\lambda\omega_i) \tag{54}$$

C 为与 λ 和 φ 无关的常数，$e(\lambda,\varphi)$ 的一个基本元素的表达式为：

$$e(\lambda,\varphi)_{it} = y_{it} - \lambda\sum_{j=1}^{N}w_{ij}y_{jt} + \sum_{j=1}^{N}\left\{[p(\lambda,\varphi)_{ij} - (1-\lambda w_{ij})]\frac{1}{T}y_{jt}\right\}$$

$$- \left[x_{it} - \lambda\sum_{j=1}^{N}w_{ij}x_{jt} + \sum_{j=1}^{N}\left\{[p(\lambda,\varphi)_{ij} - (1-\lambda w_{ij})]\frac{1}{T}x_{jt}\right\}\right]\beta_1$$

$$\tag{55}$$

在实际估计过程中，不断重复第一步和第二步轮流估计 β_1、σ^2 和 λ、φ，持续迭代直到参数收敛。

由于 $\varphi = \sigma_{\mu}^2/\sigma^2$，Elhorst(2010)给出了参数 β_1、λ、σ_{μ}^2 和 σ^2 的渐近方差-协方差矩阵，而不是参数 β_1、λ、φ 和 σ^2 的渐近方差-协方差矩阵。

令 $\Gamma = (W^T B + B^T W)(B^T B)^{-1}$，$\Sigma = V^{-1}(B^T B)^{-1}$，则：

$Asy.Var(\beta_1, \lambda, \sigma_{\mu}^2, \sigma^2) =$

$$\begin{bmatrix} \dfrac{X^{\circ T}X^{\circ}}{\sigma^2} & & & \\ 0 & \dfrac{T-1}{2}tr(\Gamma)^2 + \dfrac{tr(\Gamma\Sigma)^2}{2} & & \\ 0 & \dfrac{T}{2\sigma^2}tr(\Gamma\Sigma V^{-1}) & \dfrac{T^2 tr(V^{-1})^2}{2\sigma^4} & \\ 0 & \dfrac{T-1}{2\sigma^2}tr(\Gamma) + \dfrac{tr(\Sigma\Gamma\Sigma)}{2\sigma^2} & \dfrac{T^2 tr(\Sigma V^{-1})}{2\sigma^4} & \dfrac{[(T-1)N + tr(\Gamma\Sigma)^2]}{2\sigma^4} \end{bmatrix}$$

$$\tag{56}$$

四、模型的识别与选择

(一) 模型的识别

1. LR 检验

为了判断空间相关性对模型的约束是否有效,使用对数似然函数值的似然比检验。

$$-2 * (\log L_{restricted} - \log L_{unrestricted}) \sim \chi^2(num.restricted) \tag{57}$$

2. LM 检验

Anselin(1988)基于横截面数据对被解释变量空间滞后以及空间误差自相关进行拉格朗日乘子检验。Anselin et al. (1996)又基于横截面数据提出了稳健的 LM 检验。稳健的原因在于一种空间相关性的存在并不会使得另外一种空间相关性的检验产生偏误。

Anselin et al. (2008)对空间面板模型的 LM 检验进行了设定:

$$空间滞后检验 LM_\delta = \frac{[e^T(I_T \otimes W)Y/\hat{\sigma}^2]^2}{J} \tag{58}$$

$$空间误差自相关检验 LM_\lambda = \frac{[e^T(I_T \otimes W)e/\hat{\sigma}^2]^2}{T \times T_w} \tag{59}$$

其中 e 为非空间模型的残差,可以是不包含任何个体或时间效应的混合回归(pooled regression)模型的残差,也可以是包含个体和(或)时间效应的普通面板模型的残差;J 和 T_w 的定义分别为:

$$J = \frac{1}{\hat{\sigma}^2}[((I_T \otimes W)X\hat{\beta}_1)^T(I_{NT} - X(X^TX)^{-1}X^T) \times (I_T \otimes W)X\hat{\beta}_1 + TT_w\hat{\sigma}^2] \tag{60}$$

$$T_w = tr(WW + W^TW) \tag{61}$$

Elhorst(2010)提出了空间面板模型稳健 LM 检验的表达式:

$$robust\ LM_\delta = \frac{[e^T(I_T \otimes W)Y/\hat{\sigma}^2 - e^T(I_T \otimes W)e/\hat{\sigma}^2]^2}{J - TT_w} \tag{62}$$

$$robust\ LM_\lambda = \frac{[e^T(I_T \otimes W)e/\hat{\sigma}^2 - TT_w/J \times e^T(I_T \otimes W)Y/\hat{\sigma}^2]^2}{TT_w[1 - TT_w/J]} \tag{63}$$

稳健 LM 检验中的 e 与传统 LM 检验中的设定一样,且 $e \sim \chi^2(1)$。
$robust\ LM_\delta$ 用于检验当存在空间误差自相关时被解释变量空间滞后的存在,$robust\ LM_\lambda$ 用于检验当存在解释变量空间滞后时空间误差自相关的存在。

3. 模型误设的后果

表 4-3　　　　　　　　　模型误设结果的比较

真实模型	误设模型	产生的后果
SAR 模型	SEM 模型、SDM 模型、SAC 模型	SEM 得到有偏估计,SDM、SAC 得到无偏估计
SEM 模型	SAR 模型、SDM 模型、SAC 模型	SAR 模型设定偏误,SDM、SAC 得到无偏估计
SDM 模型	SAR 模型、SEM 模型、SAC 模型	均存在遗漏变量
SAC 模型	SAR 模型、SEM 模型、SDM 模型	SEM 得到有偏估计,SAR、SDM 得到无偏估计

来源:LeSage & Pace(2009),张可云、杨孟禹(2016)。

综上比较 4 个模型,SDM 模型是唯一能够得到无偏估计系数的模型。

4. 基于 SDM 模型的选择

事实上,SDM 模型在一定条件下即为 SAR 模型或者 SEM 模型。

$$Y_t = \delta W Y_t + X_t \beta_1 + W X_t \beta_2 + \varepsilon_t \tag{64}$$

当 $\beta_2 = 0$ 时,

$$Y_t = \delta W Y_t + X_t \beta_1 + \varepsilon_t \tag{65}$$

模型变为 SAR 模型。

当 $-\delta \beta_1 = \beta_2$ 时,

$$\begin{aligned}(I - \delta W) Y_t &= (I - \delta W) X_t \beta_1 + \varepsilon_t \\ \Rightarrow Y_t &= X_t \beta_1 + (I - \delta W)^{-1} \varepsilon_t\end{aligned} \tag{66}$$

模型变为 SEM 模型。

所以在进行模型的选择时,下列方法提供了基于 SDM 模型的选择方法。

原假设 $H_{01}: \beta_2 = 0$ 以及原假设 $H_{02}: -\delta \beta_1 = \beta_2$

如果两个原假设均遭到拒绝,则 SDM 是合适的模型。

如果拒绝了第一个原假设,但无法拒绝第二个原假设,那么 SEM 是合适的模型。

如果拒绝了第二个原假设,但无法拒绝第一个原假设,那么 SAR 是合适的模型。

如果两个原假设均无法拒绝,那么则需要用 LM 检验判断使用 SAR 还是 SEM。

所以在模型选择时,如果 SDM 是初步判断最为合适的模型,那么可以从 SDM 模型出发对两个原假设进行检验,从而判断 SAR 与 SEM 是否更为适用。

(二) 模型固定效应与随机效应的选择

对于固定效应和随机效应的选择,大量研究指出如果样本并不是从大的总体中抽取的随机变量,而是特定的有限个体,固定效应更为合适(Johnston & DiNardo, 1972; Elhorst, 2003; Gujarati, 2009)。近十多年来,大量对空间计量的理论方法进行研究的文献大都偏好使用随机效应,而不是固定效应。Elhorst(2014)认为主要原因有三点:"第一,随机效应模型可以利用数据中的横截面要素与时间序列要素,而固定效应模型只能利用时间序列要素。第二,当 N 相对较大时,随机效应模型可以避免固定效应模型带来的自由度损失,并且固定效应模型只有在 T 很大时才能得到一致的估计。第三,随机效应模型可以避免在固定效应模型中时变量的系数不能被估计的问题。"但是 Elhorst(2014)也指出选用随机效应模型需要满足三个条件:"第一,随机效应项 μ 与解释变量零相关,即样本是在总体中随机抽取的。第二,总体的个数潜在地趋于无穷大。第三,样本能够代表更大的总体。"

在空间计量研究中,通常并不能从研究区域内抽取有限的样本,因为抽取有限的样本会使得一些与样本相邻的个体没有被包含进去,导致无法定义空间权重矩阵并且无法一致地估计空间相关性,只有相邻的个体也在样本中时,才不会破坏空间计量所要求的数据结构。在使用空间计量模型分析实际问题时,研究者所关心的研究区域往往就是需要研究的样本,也就是说样本正好就是总体,每一个空间个体都代表的是其本身且不能被随机抽样(Beck, 2001; Hsaio, 2003; Beenstock & Felsenstein, 2007)。例如,国内现有的空间计量的实证研究往往关注的是中国所有省级行政区域或者地级市之间的空间相关性。所以,相比于随机效应模型,固定效应模型一般是空间计量实证中更好的选择。

第四节 动态空间面板模型

一、动态空间面板模型的设定

相比于静态空间面板,动态空间面板即在模型的设定中包含了被解释变量的时间滞后项,以及时间滞后项的空间滞后项。

$$Y_t = \tau Y_{t-1} + \delta WY_t + \eta WY_{t-1} + X_t\beta_1 + WX_t\beta_2 + X_{t-1}\beta_3 + WX_{t-1}\beta_4 + Z_t\pi + v_t$$
$$v_t = \rho v_{t-1} + \lambda Wv_t + \mu + \xi_t \iota_N + \varepsilon_t$$
$$\mu = \kappa W\mu + \zeta \tag{67}$$

$Y_t = (y_{1t}, y_{2t}, \cdots, y_{nt})^T$ 为 $N \times 1$ 维向量,X_t 为 $N \times K$ 维的解释变量矩阵,Z_t 为 $N \times L$ 维的解释变量矩阵,其中 X_t 是外生的,而 Z_t 是内生的,$v_t = (v_{1t}, v_{2t}, \cdots, v_{nt})^T$ 为 $N \times 1$ 维向量,v_t 是模型的误差项。W 为 $N \times N$ 维且对角线元素为 0 空间权重矩阵。τ、δ 以及 η 分别为被解释变量的时间滞后项 Y_{t-1}、空间滞后项 WY_t 以及时空滞后项 WY_{t-1} 的系数。β_1、β_2、β_3 以及 β_4 为 $K \times 1$ 维向量,分别为外生解释变量 X_t、空间滞后项 WX_t、时间滞后项 X_{t-1} 以及时空滞后项 WX_{t-1} 的系数。π 为 $L \times 1$ 维向量,是内生解释变量 Z_t 的系数。

假设误差项 v_t 存在序列相关,ρ 为序列相关系数。同时假设 v_t 存在空间相关,λ 是误差项的空间自相关系数,由于在实证中 v_t 的时空滞后项 Wv_{t-1} 非常罕见,在动态空间面板的一般模型中并不包含 Wv_{t-1}。$\mu = (\mu_1, \mu_2, \cdots, \mu_n)^T$ 为 $N \times 1$ 维向量,控制空间个体等非时变的效应。ξ_t 控制时间等非随空间个体变化的效应,ι_N 是各个元素均为 1 的 $N \times 1$ 维向量,可以将控制空间个体与时间上的效应视为固定效应或随机效应。随机误差项 $\varepsilon_t = (\varepsilon_{1t}, \varepsilon_{2t}, \cdots, \varepsilon_{nt})^T$ 为 $N \times 1$ 维向量,且 $\varepsilon_t \sim N(0, \sigma^2 I_N)$。假设空间个体效应 μ 存在空间自相关,κ 为其自相关系数,随机误差项 $\zeta \sim N(0, \sigma_\zeta^2)$。

二、动态空间面板模型的主要研究方向

一般动态空间面板模型中包含了 12 个系数,显而易见对所有系数进行研究是非常复杂的,且不具有实际应用的价值,本着从特殊到一般的研究方法,

大部分文献都会对部分系数施加约束,即在假定部分系数为 0 时,对它们所关心的模型进行探讨。现有的理论文献对动态空间面板模型的研究大致可以分为三个方向。

表 4-4　　　　　　　　　主要研究方向

方向 1	$\varepsilon_{t-1} + W\varepsilon_t$
方向 2	$Y_{t-1} + W\varepsilon_t$
方向 3	$Y_{t-1} + WY_t + WY_{t-1} + X_t + WX_t$

第一个方向是关注误差项的时空性,尤其是对于随机效应模型与固定效应模型的检验与估计,但是正如前文所指出的那样,固定效应模型一般是空间计量实证中更好的选择。并且,Elhorst(2014)指出被解释变量和(或)外生变量的交互效应相比于误差项之间的交互效应更为重要,当忽略了被解释变量和(或)外生变量的交互效应时,剩余参数的估计结果是不一致的,而当忽略了误差项之间的交互效应时,剩余参数的估计结果则仅仅是非有效的。同时,关注于误差项的动态空间面板模型不能得到短期效应和溢出效应,这往往又是实证中使用动态空间面板模型的主要原因。

第二个方向是关注解释变量在时间上的动态性以及误差项在空间上的依赖性,然而与方向 1 类似,这类模型无法得到溢出效应。第三个方向是将空间杜宾模型进行扩展,包含解释变量的时间滞后项 Y_{t-1} 与时空滞后项 WY_{t-1},即动态空间杜宾模型。

三、动态空间杜宾面板模型的短期效应和长期效应

为了求解动态空间杜宾模型短期直接效应、短期溢出效应、长期直接效应以及长期溢出效应,将 $Y_t = \tau Y_{t-1} + \delta WY_t + \eta WY_{t-1} + X_t\beta_1 + WX_t\beta_2 + \mu + \xi_t \iota_N + \varepsilon_t$ 改写为

$$Y_t = (I - \delta W)^{-1}(\tau I + \eta W)Y_{t-1} + (I - \delta W)^{-1}(X_t\beta_1 + WX_t\beta_2) + R$$

(68)

其中 R 为截距项和误差项的剩余。

在特定时间 t 时,对于第 i 个解释变量 X_i,个体从 1 到 N,其对应的 Y_t 期望值的偏导数矩阵为:

第四章　区域竞争与R&D溢出的测度方法 / 77

$$\left[\frac{\partial E(Y)}{\partial x_{1i}} \cdots \frac{\partial E(Y)}{\partial x_{Ni}}\right]_t = (I-\delta W)^{-1}(\beta_{1i}I_N + \beta_{2i}W) \tag{69}$$

偏导数矩阵中的各个元素表示在短时间内特定个体解释变量发生单位变化对自身或其他个体被解释变量的影响,所以在忽视 τ 与 η 时,所求得的偏导数矩阵为:

$$\left[\frac{\partial Y}{\partial x_{1i}} \cdots \frac{\partial Y}{\partial x_{Ni}}\right]_t = (I-\delta W)^{-1}(\beta_{1i}I_N + \beta_{2i}W) \tag{70}$$

短期直接效应为 $(I-\delta W)^{-1}[(\beta_{1i}I_N + \beta_{2i}W)]^{\overline{d}}$ (71)

短期间接效应为 $(I-\delta W)^{-1}[(\beta_{1i}I_N + \beta_{2i}W)]^{\overline{csum}}$ (72)

令 $Y_t = Y_{t-1} = Y^*$,$WY_t = WY_{t-1} = WY^*$,所求得的偏导数矩阵为:

$$\left[\frac{\partial Y}{\partial x_{1i}} \cdots \frac{\partial Y}{\partial x_{Ni}}\right]_t = [(1-\tau)I - (\delta+\eta)W]^{-1}(\beta_{1i}I_N + \beta_{2i}W) \tag{73}$$

长期直接效应为 $\{[(1-\tau)I-(\delta+\eta)W]^{-1}(\beta_{1i}I_N + \beta_{2i}W)\}^{\overline{d}}$ (74)

长期间接效应为 $\{[(1-\tau)I-(\delta+\eta)W]^{-1}(\beta_{1i}I_N + \beta_{2i}W)\}^{\overline{csum}}$ (75)

即使所研究的方向为动态空间杜宾模型,模型所包含的参数也较多,在实际研究中,往往也要对动态空间杜宾模型的参数施加一些必要的约束。

约束1:$\beta_2 = 0$

即不存在被解释变量的交互效应,模型从动态空间杜宾模型变为动态空间滞后模型,这一约束的缺点与静态SAR模型相同,无论在短期还是长期中,每一个解释变量的溢出效应与直接效应的比值是相同的。

短期效应下,第 i 个解释变量的溢出效应与直接效应的比值为:

$$\begin{aligned}&[(I-\delta W)^{-1}(\beta_{1i}I_N)]^{\overline{csum}}/[(I-\delta W)^{-1}(\beta_{1i}I_N)]^{\overline{d}}\\&=[(I-\delta W)^{-1}]^{\overline{csum}}/[(I-\delta W)^{-1}]^{\overline{d}}\end{aligned} \tag{76}$$

长期效应下,第 i 个解释变量的溢出效应与直接效应的比值为:

$$\begin{aligned}&\{[(1-\tau)I-(\delta+\eta)W]^{-1}(\beta_{1i}I_N)\}^{\overline{csum}}/\{[(1-\tau)I-(\delta+\eta)W]^{-1}(\beta_{1i}I_N)\}^{\overline{d}}\\&=\{[(1-\tau)I-(\delta+\eta)W]^{-1}\}^{\overline{csum}}/\{[(1-\tau)I-(\delta+\eta)W]^{-1}\}^{\overline{d}}\end{aligned} \tag{77}$$

第 i 个解释变量的比值均独立于 β_{1i},且对于每一个解释变量两者的比值均相同。这在实际中不大可能出现。

约束 2：$\delta=0$

即不存在解释变量的交互效应。这一约束的缺点是矩阵 $(I-\delta W)^{-1}$ 退化为单位矩阵，短期效应中的全局溢出效应变为 0，如果实证中恰好关心的是短期效应的溢出效应，则这一约束是不合适的。

约束 3：$\eta=-\tau\delta$

在特定时间 t 时，对于第 i 个解释变量 X_i，个体从 1 到 N，Y_t 的偏导数矩阵为：

$$\left[\frac{\partial Y}{\partial x_{1i}}\cdots\frac{\partial Y}{\partial x_{Ni}}\right]_t = [(1-\tau)I-(\delta+\eta)W]^{-1}(\beta_{1i}I_N+\beta_{2i}W) \quad (78)$$
$$= [(1-\tau)(I-\delta W)]^{-1}(\beta_{1i}I_N+\beta_{2i}W)$$

Elhorst(2010)证明了在这一约束下解释变量的单位变化对被解释变量的影响可以分解为时间效应 $(1-\tau)^{-1}$ 和空间效应 $(I-\delta W)^{-1}$。

短期效应下，第 i 个解释变量的溢出效应与直接效应的比值为：

$$\overline{[(I-\delta W)^{-1}(\beta_{1i}I_N+\beta_{2i}W)]^{csum}} / \overline{[(I-\delta W)^{-1}(\beta_{1i}I_N+\beta_{2i}W)]^{d}} \quad (79)$$

长期效应下，第 i 个解释变量的溢出效应与直接效应的比值为：

$$\overline{[(1-\tau)(I-\delta W)^{-1}(\beta_{1i}I_N+\beta_{2i}W)]^{csum}} / \overline{[(1-\tau)(I-\delta W)^{-1}(\beta_{1i}I_N+\beta_{2i}W)]^{d}}$$
$$= \overline{[(I-\delta W)^{-1}(\beta_{1i}I_N+\beta_{2i}W)]^{csum}} / \overline{[(I-\delta W)^{-1}(\beta_{1i}I_N+\beta_{2i}W)]^{d}} \quad (80)$$

即第 i 个解释变量的溢出效应与直接效应的比值在短期效应与长期效应下是相等的，这在实证中也不大可能出现。

约束 4：$\eta=0$

即不存在解释变量的时空交互效应，WY_{t-1} 的系数为 0。尽管这一约束也对溢出效应与直接效应的比值产生了影响，但并不会产生约束 1 与约束 3 的问题，具有较好的实用性。

四、动态空间面板模型的估计

Yu et al. (2008)提出了准极大似然估计的方法用于估计包含个体固定效应项的动态空间面板模型，由于模型包含 Y_{t-1} 和 WY_{t-1}，所以估计采用每个个

第四章 区域竞争与R&D溢出的测度方法

体的初始观测值作为条件。其设定的模型如下：

$$Y_t = \tau Y_{t-1} + \delta W Y_t + \eta W Y_{t-1} + X_t \beta_1 + \mu + \varepsilon_t \tag{81}$$

$$\Rightarrow (I - \delta W) Y_t = (\tau I + \eta W) Y_{t-1} + X_t \beta_1 + \mu + \varepsilon_t$$

$$\Rightarrow Y_t = (I - \delta W)^{-1} (\tau I + \eta W) Y_{t-1} + (I - \delta W)^{-1} (X_t \beta_1 + \mu + \varepsilon_t)$$

令 L 为时间滞后算子，则(81)式可以写成：

$$[(I - \delta W) + (I - \delta W)^{-1} (\tau I + \eta W) L] Y_t = (I - \delta W)^{-1} (X_t \beta_1 + \mu + \varepsilon_t) \tag{82}$$

或者可以写成迭代形式：

$$Y_t = \sum_{h=0}^{\infty} [(I - \delta W)^{-1} (\tau I + \eta W)]^h (I - \delta W)^{-1} (X_{t-h} \beta_1 + \mu + \varepsilon_{t-h}) \tag{83}$$

从(82)、(83)式的形式可以看出，尽管包含个体固定效应的动态空间面板模型的参数很多，形式较为复杂，但仍然能简化为 $Y_t = f(X_t)$ 的形式，所以在估计时可以参考静态模型的估计方法。

令 $\quad Z_t = (Y_{t-1}, WY_{t-1}, X_t), \beta = (\tau, \eta, \beta_1')' \tag{84}$

(84)式可以简化为：

$$Y_t = \delta W Y_t + Z_t \beta + \mu + \varepsilon_t$$

即 $\quad y_{it} = \delta \sum_{j=1}^{N} w_{ij} y_{it} + z_{it} \beta + \mu_i + \varepsilon_{it} \tag{85}$

则对数似然函数为：

$$LogL = -\frac{NT}{2} \log(2\pi\sigma^2) + T\log|I - \delta W|$$
$$- \frac{1}{2\sigma^2} \sum_{i=1}^{N} \sum_{t=1}^{T} (y_{it} - \delta \sum_{j=1}^{N} w_{ij} y_{it} - z_{it} \beta_1 - \mu_i)^2 \tag{86}$$

对数似然函数关于个体固定效应项 μ_i 的偏导数为：

$$\frac{\partial LogL}{\partial \mu_{it}} = \frac{1}{\sigma^2} \sum_{t=1}^{T} (y_{it} - \delta \sum_{j=1}^{N} w_{ij} y_{it} - z_{it} \beta_1 - \mu_i)^2 = 0 \tag{87}$$

对 μ_i 求解可得：

$$\mu_i = \frac{1}{T}\sum_{t=1}^{T}(y_{it} - \delta\sum_{j=1}^{N}w_{ij}y_{it} - z_{it}\beta_1)^2 \tag{88}$$

将(88)式关于 μ_i 的解代入对数似然函数中：

$$LogL = -\frac{NT}{2}\log(2\pi\sigma^2) + T\log|I - \delta W| \\ -\frac{1}{2\sigma^2}\sum_{i=1}^{N}\sum_{t=1}^{T}(y_{it}^* - \delta\big[\sum_{j=1}^{N}w_{ij}y_{it}\big]^* - z_{it}^*\beta)^2 \tag{89}$$

其中 $z_{it}^* = \big(y_{it-1} - \frac{1}{T}\sum_{t=1}^{T}y_{it-1}, w_{ij}y_{it-1} - \frac{1}{T}\sum_{t=1}^{T}w_{ij}y_{it-1}, x_{it} - \frac{1}{T}\sum_{t=1}^{T}x_{it}\big)$, $y_{it}^* = y_{it} - \frac{1}{T}\sum_{t=1}^{T}y_{it}$, 即(89)式中 * 表示的是去均值的过程。

通过最大化(89)式,得到参数 δ, β, σ^2 的 ML 估计量。

Lee & Yu(2010)在 Yu et al. (2008)的基础上对模型进行了扩展,包含了时间固定效应,设定模型如下：

$$Y_t = \tau Y_{t-1} + \delta W Y_t + X_t\beta_1 + \mu + \xi_t\iota_N + \varepsilon_t \tag{90}$$

通过组间均值离差变换的转换方法去掉时间效应。

令 $J_N = I_N - \frac{1}{n}\iota_N\iota_N'$, 并且 $J_N\iota_N = 0$, $J_NW_N = J_NW_NJ_N$

则(90)式变为：

$$(J_NY_t) = \tau(J_NY_{t-1}) + \delta(J_NW)(J_NY_t) + J_NX_t\beta_1 + (J_N\mu) + (J_N\varepsilon_t) \tag{91}$$

通过这样的变换,模型中不再有时间效应,可以将 $J_N\mu$ 视为经过转换的个体固定效应。

转换后的误差项 $J_N\varepsilon_t$ 的方差矩阵为 σ^2J_N,由于 J_N 的秩为 $n-1$,所以误差项 σ^2J_N 中各个元素之间线性相关。为了消除这种线性关系,需要做进一步的线性变换。

定义 $F_{n,n-1}$ 为矩阵 J_N 特征值为1时的特征向量,ι_N/N 为矩阵 J_N 特征值为0时的特征向量。

将 J_NY_t 转换为 $\tilde{Y}_t$, $\tilde{Y}_t = F_{n,n-1}'J_NY_t$,其中 Y^* 为 $N-1$ 维向量,则(91)式可转换为：

$$\widetilde{Y}_t = \tau \widetilde{Y}_{t-1} + \delta \widetilde{W}\widetilde{Y}_t + \widetilde{X}_t \beta_1 + \widetilde{\mu} + \widetilde{\varepsilon}_t \tag{92}$$

其中，$\widetilde{Y}_t = F'_{n,n-1} J_n Y_t = F'_{n,n-1} Y_t$，$\widetilde{X}_t = F'_{n,n-1} J_n X_t = F'_{n,n-1} X_t$，$\widetilde{W} = F'_{n,n-1} W F_{n,n-1}$，$\widetilde{\mu} = F'_{n,n-1} J_n \mu = F'_{n,n-1} \mu$，$\widetilde{\varepsilon}_t = F'_{n,n-1} J_n \varepsilon_t = F'_{n,n-1} \varepsilon_t$，并且 $\widetilde{\varepsilon}_t \sim N(0, \sigma^2 I_{n-1})$。

令 $\widetilde{Z}_t = (\widetilde{Y}_{t-1}, W\widetilde{Y}_{t-1}, \widetilde{X}_t)$，$\beta = (\tau, \eta, \beta'_1)'$

对数似然函数表达式为：

$$\begin{aligned} LogL = &-\frac{(N-1)T}{2} \log 2\pi\sigma^2 + T\log|I_{N-1} - \delta\widetilde{W}| \\ &- \frac{1}{2\sigma^2} \sum_{i=1}^{N} \sum_{t=1}^{T} \left(\widetilde{y}_{it}^* - \delta \left[\sum_{j=1}^{N} \widetilde{w}_{ij}\widetilde{y}_{it} \right]^* - \widetilde{z}_{it}^* \beta \right)^2 \end{aligned} \tag{93}$$

其中 $\widetilde{z}_{it}^* = \left(\widetilde{y}_{it-1} - \frac{1}{T}\sum_{t=1}^{T} \widetilde{y}_{it-1}, \widetilde{w}_{ij}\widetilde{y}_{it-1} - \frac{1}{T}\sum_{t=1}^{T}\widetilde{w}_{ij}\widetilde{y}_{it-1}, \widetilde{x}_{it} - \frac{1}{T}\sum_{t=1}^{T}\widetilde{x}_{it} \right)$，$\widetilde{y}_{it}^* = \widetilde{y}_{it} - \frac{1}{T}\sum_{t=1}^{T}\widetilde{y}_{it}$，即(93)式中 * 表示的是去均值的过程。

上述过程即将包含有时间固定效应与个体固定效应的模型转换为只包含个体固定效应的模型，剩余的过程即可参考 Yu et al. (2008)的估计。

第五节　本章小结

在测算区域竞争和 R&D 溢出时，已有研究大都使用传统的地理邻接矩阵、地理距离矩阵、经济距离矩阵或者复合矩阵，基于地理邻接和距离大小的空间权重矩阵存在过于理想化的问题，而经济距离矩阵又多采用 GDP 数据为模型估计带来更为严重的内生性问题，而且人均 GDP 也无法准确反映地区实际的创新水平，不宜用于 R&D 问题的研究，最重要的是传统的空间权重矩阵均为对称矩阵，这不符合实际经济活动的空间影响。为了解决上述问题，本书利用 7 290 列 523 556 条铁路客运车次数据，构建了一个非对称的复合空间权重矩阵，一个地区对另一个地区的空间影响与本地出发到另一个地区的车次数量以及始发车次数量呈正比，与车次运行的平均时间呈反比，车次数量反映了两地之间的经济联系，始发站车次反映了非对称影响，而车次运行的平均时间反映了技术进步的背景下两地之间实际的地理距离。本书列出了北京和上海到其他地区的车次数量、始发车次数量、平均用时的计算结果以及空间权重系数的分布图,图表结果显示所构建的空间权重矩阵较好地反映了两地的地理距离以及经济联系。

对于研究中常用于测算区域竞争的静态面板模型,本章从一般的 GNS 模型出发将模型按交互效应的种类分类,对于 SAR、SEM 和 SDM 三种常见模型之间的转化也作了分析,重点对直接效应与溢出效应的定义与推导作了详细说明,计算并总结了不同模型的直接效应与溢出效应。另外,对分别包括固定效应和随机效应的 SAR 模型和 SEM 模型的估计方法作了详细介绍,对识别空间计量模型的 LR 检验、LM 检验的方法以及模型误设的后果作了比较分析,推导了从 SDM 模型出发的模型选择方法,另外对本书基于中国省际面板数据选择固定效应的原因作了说明。对于动态空间面板模型,由于一般模型包含 12 个参数,参数数量过多,所以已有研究大都对系数施加约束,从三个方向研究动态空间面板模型,其中最为主要的研究方向是动态空间杜宾模型,并进一步对动态空间杜宾模型的短期直接影响、短期溢出影响、长期直接影响和长期溢出影响的公式做了推导。动态空间杜宾模型正是本书用于测算政府研发补贴对企业研发投入的影响所使用的模型,因为朱平芳和徐伟民(2003)指出企业研发投入受到上一期研发投入的显著影响,所以动态空间杜宾模型是测算政府研发补贴对企业研发投入的(长、短期)直接影响和溢出影响的最佳模型。

第五章 地方政府研发补贴的区域竞争

第一节 引言

中央政府主导下的地方政府竞争是改革开放以来中国经济增长的重要制度优势(傅强、朱浩,2013),中央与地方纵向的财政分权以及地方官员横向的"晋升锦标赛",为地方政府竞争提供了物质基础与内在动力,中国式的分权结构有效解决了地方政府的激励机制问题,极大调动了地方政府发展经济的积极性(Maskin et al.,2000)。在依靠投资与出口拉动经济增长的时代,围绕传统生产要素展开的地方政府竞争确实为增长做出了巨大贡献,但这种粗放式增长也带来了地方保护、土地财政、环境恶化以及公共产品供给扭曲等一系列问题(周黎安,2004、2007;Li & Zhou,2005;周业安,2009;傅勇,2010)。随着中国经济进入新常态,中央政府提出创新驱动发展战略,转变经济发展方式成为地方政府的当务之急。在转型过程中,地方政府竞争的对象是否会随之发生变化,直接关系到原有制度优势的可持续发展。在这样的背景下,寻找合适的研究对象以考察转型期内地方政府竞争的变化就成为关键的问题。

2015年,全国对规模以上工业企业研发补贴的总额为419.10亿元,相比于2009年的160.04亿元有明显的提升,年均增长17.40%,占企业R&D总支出的比例常年保持在4.2%左右,研发补贴作为政府的一种行政手段正在发挥越来越重要的作用。与此同时,作为研发补贴来源的政府财政科技拨款近年来在内部结构上也发生了较大的变化,地方政府取代中央政府成为财政科技拨款的主力军,中央政府财政科技拨款自2013年开始增速不足5%,反映出来源于中央政府转移支付的研发补贴存在总量约束。地方政府对企业的研发补贴具有的双重性质:"外部性"和"竞争性",使得研发补贴能够体现地方政府"建设与维护市场环境"和"参与市场竞争"的双重角色,也能反映"公共服务型财政"和"生产建设型财政"的双重作用。研发补贴既能说明创新驱动时期地方政府对企业创新的重视程度,也保留了要素驱动时期地方政府的思维惯性,所以研发补贴是经济发展方式转变过程中研究地方政府竞争的合适切入点。

对于 R&D 活动的外部性和竞争性,现有研究已形成共识。Arrow(1962)在研究 R&D 产出所具有的公共物品性质时就指出,R&D 的投入者不可能将 R&D 产出所带来的利益全部归为己有。Romer(1986)、Grossman & Helpman(1991)以及 Lucas(1988、1993)等人所发现的 R&D 溢出效应也证明了外部性的存在。Romer(1990)认为非竞争性只是一种理想化假设,当 R&D 产出被特定的实体所拥有时,它就具有了竞争性。本书所研究的研发补贴是面向企业的,最终形成的专利技术等 R&D 产出也被企业所拥有,所以具有上述两种性质。

对于中国地方政府竞争的研究,大量文献将财政分权置于核心的位置。周业安(2003)在研究地方政府竞争与中国经济增长的关系时指出,经济领域的合理分权有助于改变不利的竞争模式。周黎安(2004、2007)将政治激励引入研究框架中,强调了分权带来的财政激励与晋升带来的政治激励对地方政府竞争的共同作用。张军等(2007)指出中国特殊的"政治集权+经济分权"的模式产生了特殊的地方政府间的"标尺竞争"。张晏(2007)在财政分权的制度安排下构建了地方政府 FDI 税收优惠竞争模型,并探讨了中央政府为减少效率损失所发挥的作用。郭杰和李涛(2009)发现由于特殊的财政分权体制,地方政府在不同税种的竞争上呈现出空间策略替代与空间策略互补两种截然不同的特征。朱平芳等(2011)基于地方分权的视角检验了地方环境决策的竞争效应,指出地方政府在环境规制上存在显著的"逐底竞赛"现象。

与本书的研究目的相同,也有学者在探讨地方政府对传统要素竞争所产生的问题是否会随着竞争模式的改变而得到解决。刘汉屏和刘锡田(2003)指出随着地方政府对长期利益的关心以及外部压力的驱动,竞争模式会转向市场环境建设、政府服务质量、市场开放以取得经济互补等高层次竞争,因为地方政府竞争是知识和信息的发现过程,在这个过程中必然会促使地方政府加快发现或建立更好的竞争机制。周业安(2004)强调构建公平开放的市场秩序是地方政府良性竞争的关键,中央政府需要在市场秩序的构建上发挥更大的作用。

上述文献为研究新形势下的地方政府竞争提供了理论依据与分析方法,但是研究的视角主要还是放在要素驱动时期的负面效应,忽略了中央政府改革综合考核机制的不懈努力以及各级政府对企业创新的不断重视,为数不多对地方政府竞争模式变化的研究也大都是在理论层面进行的定性讨论,尚未有定量的实证分析。当然,政府扶持企业创新的手段既包括直接的研发补贴,也包括间接的税收优惠。但是无论是研发费用加计扣除还是高新技术企业所得税减免都是由中央政府统一制定的,地方政府无权更改,如果再去以相关地方政府的隐形税率竞争作为研究对象,又会陷入"囚徒困境"的泥潭,而地方政府对企业的研发补贴则具有比较大的自主性。

本书将研发补贴作为切入点对地方政府竞争进行研究,构建地方政府竞争理论模型对地方政府间研发补贴的相互影响进行解释,这个竞争机制的关键在于中央政府将各个地方政府对创新的重视程度进行比较(研发补贴作为地方政府对创新重视程度的代理变量),从而决定地方政府主管官员的晋升或连任,促进地方政府对创新要素的竞争(即提高对企业 R&D 的补贴力度),让我们能够观察到地方政府在研发补贴上的互动行为。本书重新对财政分权指标进行了设计,运用空间面板模型,使用铁路客运车次数据构建的中国省际空间权重矩阵,选取中国 31 个省级行政区 2009—2015 年的数据分析地方政府对企业研发补贴的区域竞争,基于研发补贴的视角考察地方政府的互动策略,为转型期内地方政府的竞争模式提供了全新视角与科学支持。

第二节 理论模型

一、中央政府干预下的地方政府财政支出

地方政府财政支出可以被视作地方政府的投资行为,根据政府投资所产生的外部性可以将支出分为两类。如果地方政府的投资产生正的外部性,即不仅让本地区收益,也让其他地区[①]受益,比如用于创新活动的支出、修路等基础设施建设以及在产权保护方面进行投资,可以称之为利人利己型投资;如果地方政府的投资产生负的外部性,即仅让本地区收益,而让其他地区受损,比如重复建设、对本地市场进行封锁或者是生产假冒伪劣产品进行投资,可以称之为损人利己型投资。

---

① 其他地区均指空间上相关联的其他地区,下文同。

假设一个国家有两个地区 A 和 B,这两个地方政府的投资预算都是 M,分别用于利人利己型投资 G 和损人利己型投资 H,根据前文的定义,两个地区的利人利己型投资 G 会使两个地区的收入增加,而损人利己型投资 H 会降低另一个地区的收入。则 A 和 B 两个地区的政府投资收益函数(柯布—道格拉斯形式)为:

$$R_A = (G_A + \gamma G_B)^\alpha (H_A - \theta H_B)^\beta \tag{1}$$

$$R_B = (G_B + \gamma G_A)^\alpha (H_B - \theta H_A)^\beta \tag{2}$$

其中 $0 < \alpha, \beta, \gamma, \theta < 1$, $0 < \alpha + \beta < 1$, γ 为衡量利人利己型投资 M 正外部性大小的参数,γ 越大,正外部性越大。θ 为衡量损人利己型投资 G 负外部性大小的参数,θ 越大,负外部性越大。

地方政府的目标是在满足预算约束的前提下最大化投资收益,则
对于地方政府 A:

$$\begin{aligned} \max R_A &= (G_A + \gamma G_B)^\alpha (H_A - \theta H_B)^\beta, \\ s.t.\ G_A &+ H_A \leqslant M, G_A \geqslant 0, H_A \geqslant 0 \end{aligned} \tag{3}$$

对于地方政府 B:

$$\begin{aligned} \max R_B &= (G_B + \gamma G_A)^\alpha (H_B - \theta H_A)^\beta, \\ s.t.\ G_B &+ H_B \leqslant M, G_B \geqslant 0, H_B \geqslant 0 \end{aligned} \tag{4}$$

求解(3)、(4)式的最优解,可得
地方政府 A 和 B 两类投资的均衡值为:

$$G_A^* = G_B^* = \frac{\alpha - \alpha\theta}{\beta + \beta\gamma + \alpha - \alpha\theta} M \quad H_A^* = H_B^* = \frac{\beta + \beta\gamma}{\beta + \beta\gamma + \alpha - \alpha\theta} M \tag{5}$$

地方政府 A 和 B 的均衡投资收益为:

$$R_A^* = R_B^* = \left[\frac{\alpha - \alpha\theta}{\beta + \beta\gamma + \alpha - \alpha\theta}(1+\gamma)M \right]^\alpha \left[\frac{\beta + \beta\gamma}{\beta + \beta\gamma + \alpha - \alpha\theta}(1-\theta)M \right]^\beta \tag{6}$$

假设中央政府直接接管地方政府 A 和 B 的投资决策权,那么中央政府的目标是追求两地投资收益之和的最大化,则对于中央政府而言:

$$\max R = (G_A + \gamma G_B)^\alpha (H_A - \theta H_B)^\beta + (G_B + \gamma G_A)^\alpha (H_B - \theta H_A)^\beta$$

$$s.t. \ G_A + H_A \leqslant M, G_A \geqslant 0, H_A \geqslant 0 \quad G_B + H_B \leqslant M, G_B \geqslant 0, H_B \geqslant 0 \tag{7}$$

求解(7)式的最优解,可得

地方政府 A 和 B 两类投资的均衡值为:

$$G'_A = G'_B = \frac{\alpha}{\beta + \alpha} M \quad H'_A = H'_B = \frac{\beta}{\beta + \alpha} M \tag{8}$$

地方政府 A 和 B 的均衡投资收益为:

$$R'_A = R'_B = \left[\frac{\alpha}{\beta + \alpha}(1+\gamma)M\right]^\alpha \left[\frac{\beta}{\beta + \alpha}(1-\theta)M\right]^\beta \tag{9}$$

比较(5)、(6)、(8)、(9)的结果可知:

$$R'_A > R^*_A, R'_B > R^*_B \quad G'_A > G^*_A, H'_A < H^*_A$$

上式的含义为:分散决策的投资收益小于集中决策的投资收益,并且分散决策下利人利己型投资的最优值小于集中决策下利人利己型投资的最优值,分散决策下损人利己型投资的最优值大于集中决策下损人利己型投资的最优值。

当然,这只是理想条件下两种极端情况,完全分散决策或者完全集中决策这两种极端情况并不符合实际。现实情况是中央政府与地方政府存在信息不对称,中央政府直接进行投资决策会带来损失或者说需要付出更多的决策成本,所以投资权利会在中央政府与地方政府之间进行分配,这种分配比例可以用财政分权度来表示。所以我们可以用财政分权度对投资的影响系数来判断这项投资的性质,如果影响系数为负,那么说明这项投资的外部性较大,属于利人利己的投资,如果影响系数为正,那么存在两种可能,一种可能是投资属于损人利己的投资,另一种可能则是中央政府在全局上进行了协调。

当地方政府具有投资权利时,在地方政府追求本地收益最大化的情况下,利人利己型投资往往不足,而损人利己型投资则过剩。所以,当财政分权度越高,即地方政府的投资权利越大时,利人利己型投资的实际值会越小于最优值。

在分散决策下,对(6)式的 γ 进行求导,得:

$$\frac{\partial R^*_A}{\partial \gamma} = \frac{\partial R^*_B}{\partial \gamma} = \frac{-\beta(\alpha - \alpha\theta)}{(\beta + \beta\gamma + \alpha - \alpha\theta)^2} M < 0 \tag{10}$$

即当利人利己型投资的外部性越大,利人利己型投资会越小,地方政府越倾向于"搭便车"。

假设中央政府不能直接干涉地方政府的投资决策,但可以对地方政府的某项投资进行补贴。假设中央政府对利人利己型投资存在补贴工具 s,且 $0 < s < 1$。此时,地方政府 A 和 B 的投资收益函数变为:

$$R_A = (G_A + \gamma G_B)^{\alpha+s}(H_A - \theta H_B)^{\beta} \tag{11}$$

$$R_B = (G_B + \gamma G_A)^{\alpha+s}(H_B - \theta H_A)^{\beta} \tag{12}$$

同样求得利人利己型投资的最优解为:

$$I_A^{*\prime} = I_B^{*\prime} = \frac{(\alpha+s)(1-\theta)}{\beta+\beta\gamma+(\alpha+s)(1-\theta)} M \tag{13}$$

此时 $I_A^{*\prime} > I_A^{*}$。

所以,在中央政府无法直接干预地方政府的投资决策的情况下,可以通过补贴,提高地方政府对利人利己型的投资。

政府对企业的研发补贴由于其较大的正外部性,所以属于利人利己型的投资,所以如果仅依靠地方政府进行研发补贴,实际补贴额会小于最优值,需要中央政府进行干预。在中国,中央政府确实依靠专项转移支付干预地方政府研发补贴的决策。

二、地方政府研发补贴的区域竞争模型

基于上一节的分析,地方政府对企业的研发补贴受到中央政府的干预,所以一个地区的企业实际收到的研发补贴即来自地方本级财政支出,也来自中央政府的转移支付。但是,因为信息不对称的存在,中央政府无法对地方政府的财政支出决策进行全面的观测和评价,地方政府的目标也很难与中央政府保持一致,在缺乏强有力约束的情况下地方政府官员存在挪用本应计划用于研发补贴资金的行为,改用于其他满足自身效用最大化的投资渠道,比如短期内能够刺激经济增长的支出,因为本地经济短期内的增长可以使得地方官员的隐性收益和寻租收益快速增加。

假设,地方政府 i 对企业的研发补贴为 Gov_RD_i,主要由地方政府本级支出的一部分 r_i 和中央政府对地方政府的转移支付 tr_i 构成,此处 r_i 反映的是

地方政府自身对企业进行研发补贴的意愿,而 tr_i 反映的是中央政府的意志,完全由中央政府决定。由于实际中只能观测到 Gov_RD_i,无法得到 r_i 与 tr_i 的具体数据,所以本书在理论分析与实证分析中使用 Gov_RD_i 作为核心变量。假设地方政府 i 的挪用的研发补贴资金为 n_i,地方政府 i 对企业研发补贴的支出函数则为:

$$Gov\_RD_i = r_i + tr_i - n_i \qquad (14)$$

假设地方政府主管官员在任期内面临如下的优化问题:

$$U_t^i(n_{it}) = \max_{Gov\_RD_{it}} \{u^i(n_{it}) + \lambda p_i \cdot E[U_{t+1}^i(n_{it+1})]\} \qquad (15)$$

其中,$u(\cdot)$ 表示官员的效应函数,满足 $u^i(n_{it}) = n_{it}$,λ 为折现因子,$E[\cdot]$ 为期望因子,p_i 表示中央政府晋升或留任地方政府 i 的主管官员的概率,又称为声望方程。n_i 与 p_i 呈反比关系,即当期减少研发补贴会降低下一期晋升或连任的概率,所以在晋升连任机制下地方政府主管官员会在"当期挪用研发补贴"以及"下一期获得晋升或连任"之间进行权衡。研发补贴对于地方政府主管官员而言确实是一个两难的选择,一方面,研发补贴对于一个地区经济增长的贡献需要较长的周期才会显现出来,在当期很难获得立竿见影的效果;另一方面,地方政府需要为本地经济的可持续发展负责,如果过度减少研发补贴资金,很可能会影响本地的经济创新度,对创新驱动发展造成损害,从而降低地方政府主管官员在下一任期获得晋升或连任的概率。

随着中国经济的创新转型发展,中央政府考核机制也不再以 GDP 为核心,[①]研发补贴作为衡量地方政府对创新重视程度的显性指标,中央政府通过比较不同地区政府的研发补贴支出决定主管官员的晋升或连任,所以在财政分权体制下,地方主管官员的命运不仅取决于本地区对企业的研发补贴支出,也取决于其他地区的研发补贴支出。基于中国"自上而下"式的政治选拔机制以及横向的政治锦标赛竞争,在创新驱动的背景下,地方政府可能因为对创新的重视程度不同而展开在研发补贴支出上的区域竞争,参考 Beley & Case(1995)、Revelli(2005)、周亚虹等(2013)理论框架,假定地方政府 i 主管官员连任或晋升的概率方程为:

$$p_i = p(Gov\_RD_i, Gov\_RD_{-i}) \qquad (16)$$

---

① 2013年12月9日中共中央组织部印发《关于改进地方党政领导班子和领导干部政绩考核工作的通知》。

其中 Gov_RD_{-i} 为其他地区的研发补贴支出，(16)式即表示在给定其他地区研发补贴支出的条件下，中央政府晋升或留任地方政府 i 主管官员的概率：

$$p(Gov\_RD_i, Gov\_RD_{-i}) = prob(Z'_i\alpha + \beta_1 Gov\_RD_i + \beta_2 Gov\_RD_{-i} > \tilde{\omega}_i$$
$$= \Phi[Z'_i\alpha + \beta_1 Gov\_RD_i + \beta_2 Gov\_RD_{-i}/\sigma_{\tilde{\omega}}] \quad (17)$$

其中，$\Phi[\cdot]$ 为标准正态分布的累积分布函数，$\tilde{\omega}_i$ 满足期望为 0、方差 $\sigma_{\tilde{\omega}}$ 为正态分布，Z'_i 为影响中央政府决策的其他变量。考虑地方政府对企业研发补贴的优化问题。将(14)、(17)式代入(15)式，并求一阶条件，得到：

$$1 = (\beta_1/\sigma_{\tilde{\omega}}) \cdot \phi[Z'_i\alpha + \beta_1 Gov\_RD_i + \beta_2 Gov\_RD_{-i}/\sigma_{\tilde{\omega}}] \cdot \lambda E[U^i_{t+1}(n_{i,t+1})] \quad (18)$$

其中，$\phi[\cdot]$ 为标准正态分布的概率密度函数，进一步求反函数为：

$$\beta_1 Gov\_RD_i = -Z'_i\alpha - \beta_2 Gov\_RD_{-i} + \sigma_{\tilde{\omega}}\phi^{-1}\left(\frac{\sigma_{\tilde{\omega}}}{\beta_1\lambda E[U^i_{t+1}(n_{i,t+1})]}\right) \quad (19)$$

使用线性逼近：

$$-Z'_i\alpha + \sigma_{\tilde{\omega}}\phi^{-1}\left(\frac{\sigma_{\tilde{\omega}}}{\beta_1\lambda E[U^i_{t+1}(n_{i,t+1})]}\right) \cong X'_i\theta + \eta_i \quad (20)$$

则地方政府 i 的研发补贴支出 Gov_RD_i 的最优反应方程为：

$$Gov\_RD_i = R(Gov\_RD_{-i}; X_i; \eta_i) = \delta Gov\_RD_{-i} + X'_i\beta + \varepsilon_i \quad (21)$$

其中，X_i 为地区的特征变量，η_i 和 ε_i 为随机扰动项，$\delta = -(\beta_2/\beta_1)$，$\beta = \theta/\beta_1$，$\varepsilon_i = \eta_i/\beta_1$。

为了判断 β_1、β_2 以及 δ 的正负，从而理解地方政府在对企业研发补贴上的区域竞争，本书对(16)式做进一步的分析。正如(14)式中所指出的那样，地方政府对企业的研发补贴一部分来自本级财政支出，一部分来自中央政府的转移支付，所以将(16)式写为：

$$p_i = p(RGov\_RD_i, TrGov\_RD_i, RGov\_RD_{-i}, TrGov\_RD_{-i}) \quad (22)$$

(22)式中 $RGov\_RD_i$ 表示来自地方政府 i 本级收入的研发补贴支出，$TrGov\_RD_i$ 表示地方政府 i 使用来自中央政府的转移支付对企业进行研发补贴，$RGov\_RD_{-i}$ 表示来自其他地区政府本级收入的研发补贴支出，$TrGov\_RD_{-i}$ 表示其他地区政府使用来自中央政府的转移支付对企业进行研发补贴，(23)式即表示在给定其他地区研发补贴支出的条件下，中央政府晋升或留任地方政府 i 主管官员的概率：

$$\begin{aligned}p(Gov\_RD_i, Gov\_RD_{-i}) &= prob(Z'_i\alpha + \beta_1 Gov\_RD_i + \beta_2 Gov\_RD_{-i} > -\tilde{\omega}_i)\\ &= prob[Z'_i\alpha + \beta_1(RGov\_RD_i + TrGov\_RD_i)\\ &\quad + \beta_2(RGov\_RD_{-i} + TrGov\_RD_{-i}) > -\tilde{\omega}_i]\\ &= \Phi[Z'_i\alpha + \beta_1(RGov\_RD_i + TrGov\_RD_i)\\ &\quad + \beta_2(RGov\_RD_{-i} + TrGov\_RD_{-i})/\sigma_{\tilde{\omega}}]\end{aligned}$$
(23)

假设两种极端情形：

情形 1. 对企业的研发补贴完全来自地方政府本级财政支出

则(23)式变为：

$$\begin{aligned}p(RGov\_RD_i, RGov\_RD_{-i}) &= prob(Z'_i\alpha + \beta_1 RGov\_RD_i + \beta_2 RGov\_RD_{-i} > -\tilde{\omega}_i)\\ &= \Phi[Z'_i\alpha + \beta_1 RGov\_RD_i + \beta_2 RGov\_RD_{-i}/\sigma_{\tilde{\omega}}]\end{aligned}$$
(24)

当给定其他地区的研发补贴支出 $RGov\_RD_{-i}$，地方政府 i 提供的研发补贴 $RGov\_RD_i$ 越多，该地方政府的主管官员的晋升或连任的概率越高，即 $\beta_1 > 0$；给定地方政府 i 的研发补贴支出 Gov_RD_i，其他地区的研发补贴支出 Gov_RD_{-i} 越高，该地方政府的主管官员的晋升或连任的概率越低，即 $\beta_2 < 0$。

同样求得地方政府 i 的研发补贴支出 $RGov\_RD_i$ 的最优反应方程为：

$$RGov\_RD_i = R(RGov\_RD_{-i}; X_i; \eta_i) = \delta RGov\_RD_{-i} + X'_i\beta + \varepsilon_i \quad (25)$$

因为 β_1 和 β_2 符号相反，所以 $\delta > 0$，说明在企业的研发补贴完全来自地方政府本级收入时，地方政府在企业研发补贴上存在正向竞争的互动行为，地方政府在决定研发补贴支出规模时会参考其他地区政府研发补贴的支出水平。

如果关联地区的研发补贴水平较低，那么本地区的研发补贴水平也会维持在较低的水平上，因为这样可以将更多的资金用于短期刺激经济增长的项目并且不会降低自己晋升或连任的概率。如果关联地区的研发补贴水平较高,那么本地区的研发补贴水平也必须维持在较高的水平上,因为如果降低研发补贴的支出,那么自身的声望会降低,从而影响自己晋升或留任的概率。所以,创新驱动下的地方政府竞争会让地方政府官员提高对企业研发补贴的支出水平,让地方政府的短视程度降低。

情形2. 对企业的研发补贴完全来自中央政府的转移支付

如果对各个地区企业的研发补贴完全由中央政府来决定,地方政府无权决定补贴额,那么就不存在地方政府的主管官员,则根据研发补贴设定的晋升或连任概率的方程以及求得的最优反应方程就不存在了。

由于中央政府对地方政府转移支付的总量是一定的,假设对地方政府企业研发补贴的转移支付总量为 M,则 $TrGov\_RD_i$ 和 $TrGov\_RD_{-i}$ 的约束方程为:

$$s.t\ TrGov\_RD_i + TrGov\_RD_{-i} \leqslant M \qquad (26)$$

由于存在(26)式的约束,地方政府 i 对企业的研发补贴支出 $TrGov\_RD_i$ 对其他地区对企业的研发补贴支出 $TrGov\_RD_{-i}$ 的反应方程的形式就变得非常简单:

$$TrGov\_RD_i = M - TrGov\_RD_{-i} \qquad (27)$$

即当其他地区对企业的研发补贴支出 $TrGov\_RD_{-i}$ 增加时,地方政府 i 对企业的研发补贴支出 $TrGov\_RD_i$ 会减少。

现实情况下,地方政府对企业的研发补贴是由地方政府与中央政府共同决定的,综合情形1和情形2的结果,当其他地区对企业的研发补贴支出 Gov_RD_{-i} 增加时,地方政府 i 对企业的研发补贴支出 Gov_RD_i 的变化是不确定的。

根据地方政府的投资性质以及地方政府竞争模型的分析结果,当地方政府对企业的研发补贴产生较大的正外部性时(可能是知识产权保护制度较为薄弱,或者是某项研发项目的自身特点所决定的),并且(或者)对企业的研发补贴主要来自中央政府的转移支付(体现中央政府的意志)且该转移支付总额是一定的情况下,一个地区对企业的研发补贴会随着其他地区对企业的研发补贴的增加而减少。当对企业的研发补贴主要来自地方政府本级收入(体现地方政府的意愿),并且中央政府对地方政府的考核机制中包含了地方政府对企业的研发补贴时,一个地区对企业的研发补贴会随着其他地区对企业的研发补贴的增加而增加。

第三节 实证模型构建与变量说明

一、地方政府研发补贴区域竞争的实证模型

运用空间计量模型探讨地方政府的区域竞争已经较为成熟(沈坤荣、付文林,2006;李永友、沈坤荣,2008;杨海生,2008;李涛、周业安,2009;郭杰、李涛,2009;杨晓丽、许垒,2011;朱平芳等,2011;刘洁、李文,2013;唐鹏等,2014;李善兰等,2014;邓慧慧、桑百川,2015;白俊红、戴玮,2017),依据 Anselin(1988)提出的空间计量模型,如果因变量存在空间相关性,则使用空间自回归模型(Spatial Autoregressive Model, SAR),如果遗漏变量和随机误差项存在空间相关性,则使用空间误差模型(Spatial Error Model, SEM)。基于上一节所推导出的地方政府研发补贴最优反应方程理论模型,本书所构建的空间面板计量模型为:

$$Gov\_RD_{it} = \rho \sum_{j=1}^{31} \omega_{ij} Gov\_RD_{jt} + \beta_1 FD_{it} + \beta_2 PGDP_{it} \\ + \beta_3 (PGDP_{it})^2 + \beta_4 PFDI_{it} + \beta_5 PPA_{it} \\ + \beta_6 Owned_{it} + \beta_7 Size_{it} + \beta_8 Pat_{it} + u_i + \alpha_t + \varepsilon_{it} \quad (28)$$

$$Gov\_RD_{it} = \beta_1 FD_{it} + \beta_2 PGDP_{it} + \beta_3 (PGDP_{it})^2 + \beta_4 PFDI_{it} + \beta_5 PPA_{it} \\ + \beta_6 Owned_{it} + \beta_7 Size_{it} + \beta_8 Pat_{it} + u_i + \alpha_t + \varepsilon_{it} \quad (29)$$

$$\varepsilon_{it} = \lambda \sum_{j=1}^{31} \omega_{ij} \varepsilon_{jt} + \upsilon_{it} \quad (30)$$

其中(28)式为 SAR 模型,(29)、(30)式为 SEM 模型,ρ 为空间自回归系数,λ 为空间误差系数,ω_{ij} 为空间权重矩阵元素,u_i 为个体固定效应项,α_t 为时间固定效应项;ε_{it} 和 υ_{it} 为随机误差项。Gov_RD_{it} 为地区 i 第 t 年政府对企业研发补贴;FD_{it} 为财政分权度;$PGDP_{it}$ 为人均 GDP 的对数,反映经济发展程度,为了考察政府对企业研发补贴是否会随着经济增长呈 U 形发展轨迹,加入平方项 $(PGDP_{it})^2$;$PFDI_{it}$ 为人均外商直接投资的对数,反映对外开放程

度；PPA_{it} 为人均专利申请受理量，反映科技发展程度；$Owned_{it}$ 为国有企业产品销售产值占所有工业企业销售产值的比重，反映国有企业的占比；$Size_{it}$ 为有创新活动企业数的对数，是规模控制变量；Pat_{it} 为企业专利申请数。

采用空间计量模型可以通过空间系数的符号及其显著性判断地方政府区域竞争的具体策略，参考 Brueckner（2003）、Ghosh（2006）、Revelli（2005，2006）等的相关理论综述以及郭杰和李涛（2009）、唐鹏等（2014）等的实证结果，当空间系数显著大于 0 时，为空间模仿效应，即地方政府对企业研发补贴的竞争策略为相互模仿；当空间系数显著小于 0 时，为空间替代效应，即地方政府对企业研发补贴竞争策略为相互替代。

二、变量说明与数据来源

Gov_RD_{it} 作为模型的因变量，数据来源于《中国科技统计年鉴》和《工业企业科技统计年鉴》中关于规模以上工业企业（以下简称企业）R&D 经费内部支出中的政府资金，由于在 2010 年（2009 年数据）针对企业 R&D 经费支出分类的统计口径发生了重大变化，①所以本书所选取的样本区间为 2009 年至 2015 年。

本书使用企业 R&D 经费支出价格指数对 Gov_RD_{it} 的名义值进行了处理，2009 年为基期。《中国科技统计年鉴》将企业的 R&D 经费支出按用途分为日常性支出（Routine Expenses）与资产性支出（Assets Expenditure），日常性支出主要包括人员劳务费，资产性支出主要包括仪器和设备。参考朱平芳和徐伟民（2003）的方法使用消费者价格指数与固定资产价格指数的加权平均值构造企业 R&D 经费支出价格指数，但是由于各地区的科技发展水平差距很大，劳务费与设备支出的比例也有较大差别，不宜使用固定的加权比例。本书使用各地区每年企业 R&D 经费支出中日常性支出与资本性支出的实际占比进行加权，则地区 i 第 t 年企业 R&D 经费支出价格指数② $Price\_RD_{it}$ 为：

$$Price\_RD_{it} = \alpha_{it} CPI_{it} + (1 - \alpha_{it}) PIIFA_{it} \tag{31}$$

α_{it} 为地区 i 第 t 年企业 R&D 经费日常性支出占比，CPI_{it} 为消费者价格

---

① 《2010 中国科技统计年鉴》开始用"R&D 经费"取代"科技活动经费"作为工业企业研发经费支出的核心指标。
② 2009—2015 年中国各地区企业 R&D 经费支出指数详见附录 4。

指数，$PIIFA_{it}$ 为固定资产投资价格指数。

各地区人均 GDP 的对数与人均 FDI 的对数在计算时也分别使用各地区当年的 GDP 平减指数以及美国 GDP 平减指数进行了调整。

各地区财政分权 FD_{it} 的度量是研究地方政府竞争时需要特别注意的问题。参考傅勇等（2007）的方法，本书首先计算各地区分别以"收入"与"支出"两个角度来衡量的财政分权度 $FDrev_{it}$ 和 $FDexp_{it}$[①]：

$$FDrev_{it} = 第\ t\ 年地区\ i\ 人均预算内本级财政收入\ /\ 第\ t\ 年中央人均预算内财政收入 \tag{32}$$

$$FDexp_{it} = 第\ t\ 年地区\ i\ 人均预算内本级财政支出\ /\ 第\ t\ 年中央人均预算内财政支出 \tag{33}$$

研究中国的财政分权问题需要注意两个问题，一个是转移支付的处理，另一个是预算外收支。（Martinez-Vazquez & McNab，2003）因为，有条件的转移支付会扭曲地方政府的支出行为，所以有条件的转移支付应属于上级政府，而无条件的转移支付应属于下级政府（Oates，1972）。预算外收入由地方政府自收自支，一定程度上影响了财政分权，我国 2011 年开始将预算外资金全部纳入预算管理，不再公布预算外收入，所以本书不考虑预算外收入对财政分权的影响。Oates 所提出的无条件和有条件转移支付分别对应我国公共财政体系中的一般性转移支付和专项转移支付（2003 年以后采用）。对于中国各省级行政区来说，发达地区一般性转移支付占比较高，欠发达地区专项转移支付占比较高。例如，2000 年广东省属于一般性转移支付占中央转移支付的比重为89.02%，宁夏则仅为 13.54%（张晏和龚六堂，2005），2015 年江苏省专项转移支付占比为 40.81%。所以理论上而言，对于发达省份，以支出口径来衡量财政分权度更接近真实值，对于欠发达省份，则以财政分权度收入口径来衡量更接近真实值。

在本书所计算的财政分权度 $FDrev_{it}$ 和 $FDexp_{it}$ 中，转移支付在收入口径下划归中央财政收入，在支出口径下划归地方收入，所以以收入口径来衡量的财政分权度要低于以支出口径来衡量的财政分权度。正是因为转移支付在"收入"与"支出"两个口径下分属于中央和地方，所以在已有文献的研究中使用这两个分权指标分别进行回归往往会得到不同的实证结果，甚至会得出对

---

① 2009—2015 年中国各地区"收入"与"支出"角度下财政分权度见附录 5。

所考察的变量"一正一负"的影响结果。白俊红和戴玮(2017)之所以计算发现收入分权抑制了地方政府科技投入,而支出分权则有显著促进作用,正是因为转移支付的归属不同导致收入分权低估了地方政府的财政分权度,而支出分权则高估了地方政府的财政分权度。

理想的财政分权指标应该将一般性转移支付划归为地方政府的财权,而将专项转移支付划归中央政府的财权。本书参考张晏和龚六堂(2005)使用的扣除净转移支付的财政支出指标,令地方政府本级财政支出扣除各地区专项转移支付得到地方本级财政净支出,令中央政府本级收入加上专项转移支付额得到中央本级财政总支出,在此基础上人均处理得到财政分权指标FD_{it}[见(34)—(37)式]。

本书使用全国专项转移支付占比来计算每个地区的专项转移支付的原因有两个。第一,尚未有各地区专项转移支付的统计数据,仅有全国各类转移支付和税收返还总额,以及各地区中央补助收入,中央补助收入主要包括税收返还、一般性转移支付以及专项转移支付三个部分。第二,欠发达地区对专项转移支付的挪用程度非常大,尽管欠发达地区专项转移支付占比很高,但实质上仍然是一般性转移支付,即支出方向完全由地方政府决定,而发达地区挪用专项转移支付的可能性较低,反而会使用一部分一般性转移支付或者地方本级财政收入贯彻执行中央政府制定的一系列先行试点政策,这部分一般性转移支付或地方本级收入实质上就变成了专项转移支付,即执行的是中央的政策决定,欠发达地区和发达地区执行转移专项的不同特点,可以让我们使用全国专项转移支付占比来近似计算各地区专项转移支付。

$$\text{地区 } i \text{ 本级财政净支出} = \text{地区 } i \text{ 本级财政支出} - \text{地区 } i \text{ 中央补助收入} * \delta \tag{34}$$

$$\delta(\text{全国专项转移支付占比}) = \text{各地区专项转移支付总额} / \text{中央补助收入总额} \tag{35}$$

$$\text{中央财政总支出} = \text{中央本级财政支出} + \text{各地区专项转移支付总额} \tag{36}$$

$$FD_{it} = \text{第 } t \text{ 年地区 } i \text{ 人均本级财政净支出} / \text{第 } t \text{ 年中央人均财政总支出}[1] \tag{37}$$

---

[1] 2009—2015年中国各地区净支出角度下的财政分权度见附录5。

第三章中我们分析了政府研发补贴的现状,发现大型企业和国有企业表现出来与全体企业不同的态势,对企业 R&D 问题进行研究的文献也指出企业规模和所有权性质对创新活动有显著影响,所以本书将全体企业按规模分为大型企业(Lar)和中型企业(Med),按所有权性质分为国有及国有控股企业,简称国有企业(SoE);内资企业中的非国有及国有控股企业,简称非国有企业(nSoE);港澳台企业和外资企业,简称外资企业(FoE)。本书具体的变量说明见表5-1。

表5-1　　　　　　　　　　变量说明

变量名称	经济含义
Gov_RD_{it}	第 i 个地区第 t 年政府对企业研发补贴(亿元)
FD_{it}	第 i 个地区第 t 年财政分权度
$PGDP_{it}$	第 i 个地区第 t 年经济发展程度代理变量:人均 GDP 的对数
$PFDI_{it}$	第 i 个地区第 t 年对外开放程度代理变量:人均外商直接投资的对数
PPA_{it}	第 i 个地区第 t 年科技发展程度代理变量:人均专利申请受理量(件/人)
$Owned_{it}$	第 i 个地区第 t 年国有企业产品销售产值占比
$Size_{it}$	第 i 个地区第 t 年有创新活动企业数的对数
Pat_{it}	第 i 个地区第 t 年企业专利申请数(万件)
Lar	前缀:大型企业
Med	前缀:中型企业
SoE	前缀:国有企业
$nSoE$	前缀:非国有企业(限内资企业)
FoE	前缀:外资企业(包括港澳台企业)

本书所考察的样本为中国 2009—2015 年 31 个省市区的省际面板数据,数据来自《中国科技统计年鉴》《工业企业科技统计年鉴》《中国统计年鉴》《中国财政年鉴》以及各省市区统计年鉴。各变量的统计性描述如表5-2所示。

表5-2　　　　　　变量统计性描述(2009—2015)

变量名称	样本数	平均值	标准差	最小值	最大值
Gov_RD_{it}	217	8.49	8.32	0.00	35.14
$LarGov\_RD_{it}$	217	5.24	6.04	0.00	31.89
$MedGov\_RD_{it}$	217	1.92	2.34	0.00	13.56
$SoEGov\_RD_{it}$	217	5.03	5.83	0.00	33.53

续表

变量名称	样本数	平均值	标准差	最小值	最大值
$nSoEGov\_RD_{it}$	217	2.41	3.56	0.00	16.36
$FoEGov\_RD_{it}$	217	0.95	1.64	0.00	9.21
FD_{it}	217	4.17	3.14	0.73	14.23
$FDrev_{it}$	217	1.20	0.90	0.38	4.54
$FDexp_{it}$	217	6.80	3.67	2.68	22.95
$PGDP_{it}$	217	1.32	0.48	0.09	2.38
$PFDI_{it}$	217	4.52	1.25	0.86	7.22
PPA_{it}	217	11.83	14.70	0.04	72.02
$Owned_{it}$	217	0.37	0.18	0.10	0.96
$Size_{it}$	217	6.09	1.66	0.69	9.70
$LarSize_{it}$	217	4.20	1.39	0.00	6.87
$MedSize_{it}$	217	5.12	1.55	0.69	8.32
$SoESize_{it}$	217	4.56	1.13	0.00	6.28
$nSoESize_{it}$	217	5.47	1.88	0.00	9.39
$FoESize_{it}$	217	3.94	2.01	0.00	8.26
Pat_{it}	217	1.46	2.31	0.00	11.99
$SoEPat_{it}$	217	0.34	0.36	0.00	2.24
$nSoEPat_{it}$	217	0.76	1.43	0.00	8.21
$FoEPat_{it}$	217	0.31	0.66	0.00	3.62

第四节 实证分析

一、空间相关性的 Moran I 检验

使用空间计量模型对地方政府竞争的空间效应进行考察必须进行空间相关性检验,我们用地方政府对企业研发补贴对主要影响变量进行回归得到残差向量 e,计算全局 Moran I 指数。

$$Moran\ I = e'We/e'e$$

Moran I 的取值范围是 $[-1,1]$,大于 0 表示正相关,小于表示负相关,越

接近于边界值,表示相关性越大。我们使用标准统计量 $Z(I)$ 对空间相关性的显著性进行检验。$Z(I)$ 的表达式为:

$$Z(I) = [I - E(I)] / \sqrt{Var(I)}$$

由表 5-3 可以看出,地方政府对全体企业研发补贴受到了来自其他地区的影响,空间效应为负且显著,按规模分类,对大型企业和中型企业的研发补贴空间效应不显著,按所有权性质分类,地方政府对国有企业研发补贴的空间效应为负且显著,对非国有企业研发补贴的空间效应为正且显著,对外资企业 R&D 补贴的空间效应不显著。即地方政府不存在按企业规模进行研发补贴的区域竞争,也不存在对外资研发补贴的区域竞争,但存在对全体企业、国有企业以及非国有企业研发补贴的区域竞争。

表 5-3　　　　　　　　　　Moran I 指数检验结果

变量	Moran I 指数	Z_value	p 值
Gov_RD_{it}	-0.135	-2.936	0.002
$LarGov\_RD_{it}$	-0.042	-1.087	0.138
$MedGov\_RD_{it}$	0.035	0.911	0.181
$SoEGov\_RD_{it}$	-0.402	-10.25	0.000
$nSoEGov\_RD_{it}$	0.369	9.482	0.000
$FoEGov\_RD_{it}$	-0.033	-0.545	0.295

二、模型选择的 LM 检验

对于空间计量模型的选择,我们分别计算地方政府对企业研发补贴的 SAR 模型和 SEM 模型的拉格朗日乘子(Lagrange Multiplier,LM)LM-lag 和 LM-Err,并进行 LM 检验,计算结果及显著性水平见表 5-4。结果表明,对于全体企业、国有企业以及非国有企业,LM-lag 的结果显著,而 LM-Err 的结果并不显著。所以,本书对全体企业、国有企业以及非国有企业使用 SAR 模型进行分析。

表 5-4 LM 检验结果

变量	$LM-lag$	$lag\ p$ 值	$LM-Err$	$Err\ p$ 值
Gov_RD_{it}	5.218	0.0142	0.972	0.324
$SoEGov\_RD_{it}$	4.466	0.0334	1.869	0.171
$nSoEGov\_RD_{it}$	4.525	0.0346	0.385	0.538

三、实证结果

由于 SAR 模型中空间滞后因变量的存在,所以需要使用极大似然估计 MLE 的方法进行估计(Lee, 2004; Elhorst, 2010; Lee and Yu, 2010)。本书采用 Belotti(2013, 2017)编写的用于空间面板模型分析的 Stata 工具包 xsmle 对 SAR 模型进行 MLE 估计,使用双向固定效应以及聚类稳健标准。

为了更有效地说明财政分权的影响,并验证本书所使用的财政分权指标的合理性,本书在回归时分别使用收入分权 $FDrev_{it}$ 和支出分权 $FDexp_{it}$ 对财政分权 FD_{it} 进行替代,使用这两个替代指标进行回归也可以看作是对模型的稳健型检验。

(一)全体企业

从表 5-5 模型 1 的回归结果可以看到,空间自回归系数为 -0.227,在 10% 的水平下显著,存在显著的空间替代效应,说明我国地方政府对企业的研发补贴的竞争策略为相互替代,即一个地区增加对企业的研发补贴,其他地区的研发补贴会减少。这种现象需要与财政分权的影响效果结合起来进行解释。

表 5-5 全体企业研发补贴的回归结果

	模型 1	模型 2	模型 3
ρ	-0.227*(-2.07)	-0.172*(-1.63)	-0.225**(-2.08)
FD_{it}	-2.187**(-2.79)		
$FDrev_{it}$		-4.942**(-2.09)	
$FDexp_{it}$			-0.813***(-2.68)
$PGDP_{it}$	-6.936*(-1.81)	-9.491**(-2.44)	-6.260*(-1.68)

续表

	模型 1	模型 2	模型 3
$(PGDP_{it})^2$	6.075*** (2.83)	6.256*** (2.79)	5.403*** (2.71)
$PFDI_{it}$	1.931*** (2.93)	2.275*** (3.00)	2.038*** (3.07)
PPA_{it}	0.0674 (0.79)	0.0607 (0.74)	0.0530 (0.66)
$Owned_{it}$	−5.729 (−1.17)	−8.410 (−1.59)	−1.391 (−0.27)
$Size_{it}$	1.587** (2.09)	1.272* (1.79)	1.810** (2.32)
Pat_{it}	0.451 (1.15)	0.584 (1.58)	0.475 (1.21)
R^2	0.547	0.610	0.595

注：括号内是变量估计系数的 t 统计量值。***、**、* 分别表示在 1%、5%和 10%的显著性水平下通过检验。下同。

模型 1 中财政分权 FD_{it} 的回归系数为 −2.187，在 5%的水平下显著，表明地方政府的财权越大、财政自由度越高，越会降低对企业的研发补贴，体现了以 GDP 为考核指标的"晋升锦标赛"带来的弊端，地方政府仅关心短期内可以提高经济增长率的项目。在财政分权的体制下，地方官员会将有限的财政收入投入周期短、见效快的地方，而忽视周期长、见效慢且风险大的项目（周黎安，2007、2015），研发补贴起码在现阶段来看仍不属于地方官员的优先选择。

尽管已有研究指出政府科技投入所提供的公共物品不仅具有非经济性也有经济性，对企业的研发补贴属于应用型的投入，经济性的属性更强，所以财政分权度的提高会促进政府的科技投入，尤其是应用型投入，即企业的研发补贴（周克清等，2011；白俊红和戴玮，2017），但是他们所使用的财政分权指标均为支出分权指标。而正如前文所述，在计算支出分权时把转移支付划分在地方财政支出中，高估了地方的财政分权度。支出分权部分体现的是中央政府的长期战略意图，而不是地方政府的真正想法。收入分权尽管低估了地方政府的财政分权度，但却体现的是地方政府的真实意图。模型 2 和模型 3 中 $FDrev_{it}$ 和 $FDexp_{it}$ 的回归系数分别为 −4.942 和 −0.813，分别在 5%和 1%的水平下显著，支出分权 $FDexp_{it}$ 的影响明显小于收入分权 $FDrev_{it}$ 的影响，大于财政分权 FD_{it} 的影响，但三者均显著为负，说明无论以何种方式衡量的财政分权度，反映出来的结果均是地方政府并不愿意在财政分权度不断提高的同时增加对企业的研发补贴。

一方面，从实际情况来看，2009 年以来，各省的财政分权度都在增加，对企业研发补贴也在增加,但是财政分权度对研发补贴的影响却显著为负。另一方面,从理论上讲,研发补贴仍属于外部性较大的投入,而具有单独决策权的地方政府对这种类型的投入会少于全社会所需的最优投入量,外部性较大的投入往往需要中央政府进行集中决策(谢晓波,2004)。正因为如此,我们可以合理推断出企业R&D经费支出中的政府资金大部分来自中央政府的专项转移支付以及地方政府的配套资金。但是中央政府的财政科技拨款对企业的研发补贴毕竟是有限的,在这样一个类似于统一的资金池里,当一个地区对企业的研发补贴增加时,必然会相应减少其他地区所能够得到的研发补贴金额。但是这种减少也存在"主动"与"被动"两种可能性。由于研发补贴的外部性,一定会存在"搭便车"的现象,部分地方政府会主动减少对企业的研发补贴,即呈现主动的空间替代效应;但是肯定也有部分地方政府愿意增加研发补贴,但自身财力确实有限,且又无法获得中央的专项转移支付,只能被动减少研发补贴,即呈现被动的空间替代效应。

经济发展程度代理变量 $PGDP_{it}$ 及其平方项 $(PGDP_{it})^2$,回归系数一负一正,且均在1%的水平下显著,说明地方政府对企业的研发补贴确实呈现U形发展态势,人均GDP存在一个临界点,在临界点之前政府对企业的研发补贴会不断减少,但是超过临界点之后则会不断增加。这说明在经济发展的初期,要素驱动与投资驱动是主要发展模式,地方政府会压缩对企业R&D的补贴规模,而当经济发展到一定阶段时,原有的发展模式陷入瓶颈,需要创新驱动发展,地方政府会增加对企业R&D的补贴。由 $PGDP_{it}$ 显著为负的回归系数可以看出,现阶段地方政府对企业研发补贴仍处在临界点之前,一方面是因为我国不同地区发展差距较大,个别地区尚未达到创新驱动的发展阶段,另一方面由于在鼓励企业创新方面已经有很多间接的优惠政策,比如研发费用加计扣除、高新技术企业所得税减免等,这就使得直接的R&D资金支持无论是对地方政府还是对企业都不是优先考虑的对象,所以会产生滞后于创新驱动发展大环境(即仍未跨过临界点)的回归结果。

对外开放程度代理变量 $PFDI_{it}$ 的回归系数为1.931,且在1%的水平下显著。说明对外开放程度越高,政府对R&D的补贴力度越大。外商直接投资不仅提高了生产效率、加快了技术进步(姚树洁等,2006),也提高了本地区的研发投入水平(雷欣和陈继勇,2012)。表5-5中 $pFDI_{it}$ 的回归结果在已有研究的基础上进一步指出外商直接投资显著提高了政府的研发投入,尤其是对企业的研发补贴。规模控制变量 $Size_{it}$ 的回归系数为 1.587,在 5% 的水平下显著,说明地方政府对企业的研发补贴规模与有创新活动的企业数量成正比。

其他变量中,科技发展程度代理变量 PPA_{it} 的系数为正,国有企业占比 $Owned_{it}$ 的系数为负,但均不显著;最为关键的是,企业专利申请数 Pat_{it} 作为政府考察企业创新产出最为重要的指标之一,回归系数也不显著。一般而言,政府对企业的研发补贴可分为事前一次性补助、补贴率以及事后奖励三种方式,事前一次性补助存在寻租空间且监管容易缺位导致政策效果较差,补贴率与事后奖励由于审核机制严格所以效果较好(张兴龙等,2014),Pat_{it} 系数不显著说明地方政府对企业的研发补贴仍以事前一次性补助为主,同时也与专利申请数并不是唯一事后奖励的标准有关(利润以及新产品销售收入的增长率也会作为考核标准)。

(二) 国有企业与非国有企业

正如前文所述,政府对国有企业和非国有企业研发补贴的规模和方式存在很大的不同,本书分别对国有企业与非国有企业进行分析,将空间面板模型中 $Owned_{it}$ 变量去掉,回归结果分别见表 5-6 和表 5-7。

表 5-6 模型 4 中,空间回归系数 ρ 在 1% 的水平下显著为负,且财政分权 FD_{it} 的系数也在 10% 的水平下显著为负,两者的影响与全体企业的结果相同,这是因为本书所考察的样本是以国有企业为主的规模以上工业企业。国有企业更容易获得中央政府的专项研发补贴,当本地区国有企业获得更多的研发补贴时必然会替代或挤占其他地区国有企业的研发补贴份额。尽管表 5-6 中财政分权的各个指标的系数均为负,但这并不意味着地方政府减少了对国有企业的支持力度。相反,地方政府对国有企业的支持是全方位的,相比于国有企业依靠地方政府"背书"获得的银行低息贷款、低价获得的土地划拨等各种现金与实物补贴,研发补贴只是其中占比很小的一部分。从国有企业专利申请数 $SoEPat_{it}$ 的回归结果也可以看出政府对国有企业的研发补贴并没有严格的审核标准。规模控制变量 $SoESize_{it}$ 的结果并不显著,说明存在政府研发补贴向个别国有企业集中的现象。表 5-6 的拟合优度 R^2 相比与表 5-5 有明显的下降,可见地方政府对国有企业研发补贴的决定模型存在许多隐性的因素。

表 5-6　国有企业研发补贴的回归结果

	模型 4	模型 5	模型 6
ρ	$-0.454^{***}(-4.16)$	$-0.438^{***}(-4.26)$	$-0.478^{***}(-4.30)$
FD_{it}	$-1.646^{**}(-2.33)$		
$FDrev_{it}$		$-2.718(-1.42)$	
$FDexp_{it}$			$-0.613^{**}(-2.16)$
$PGDP_{it}$	$-1.111(-0.33)$	$-2.786(-0.84)$	$-0.981(-0.29)$
$(PGDP_{it})^2$	$4.297^{**}(2.14)$	$4.265^{**}(2.09)$	$3.833^{**}(2.03)$
$PFDI_{it}$	$1.608^{**}(2.50)$	$1.783^{**}(2.48)$	$1.648^{***}(2.61)$
PPA_{it}	$0.0333(0.47)$	$0.0371(0.53)$	$0.0253(0.37)$
$SoESize_{it}$	$-0.0545(-0.06)$	$-0.726(-0.94)$	$0.120(0.12)$
$SoEPat_{it}$	$0.476(0.33)$	$1.077(0.77)$	$0.701(0.49)$
R^2	0.303	0.291	0.304

表 5-7 结果显示,地方政府对非国有企业的研发补贴存在显著的空间模仿效应,模型 7 中空间自回归系数 ρ 为 0.153,在 5% 的水平下显著,尽管财政分权 FD_{it} 的影响显著为负,但以收入口径来衡量的财政分权度 $FDrev_{it}$ 的系数并不显著。结合两者的回归结果,可以发现针对非国有企业,地方政府之间的竞争策略是相互模仿,发达地区的地方政府可能并不会随着自身财权的提高降低对非国有企业的研发补贴。相比于国有企业,非国有企业获得中央政府针对研发补贴的专项转移支付较为困难,其所得到的 R&D 补助大都来自地方政府。在市场竞争的环境中,非国有企业对所在地区的各类政策变化非常敏感,尤其是进行研发创新的企业,流动性较大,地方政府为了吸引或留住具有创新能力的非国有企业,会提供一系列优惠政策,R&D 补助也是其中的一部分。非国有企业的专利申请数 $nSoEPat_{it}$ 在 1% 的水平下显著为正,说明地方政府对非国有企业的研发补贴严格以专利申请数作为标准。但是科技发展代理变量人均专利申请受理量 PPA_{it} 的系数显著为负,反映出其他部门专利受理数增多会挤出对非国有企业的研发补贴,(2015 年规模以上工业企业的专利申请数仅占到全国专利申请数的 26% 左右),可见地方政府对规模以上非国有企业研发补贴的优先级并不高。

表 5-7　　　　　　　　　非国有企业研发补贴的回归结果

	模型 7	模型 8	模型 9
ρ	0.153** (2.05)	0.175** (2.26)	0.157** (2.13)
FD_{it}	−0.408*** (−2.69)		
$FDrev_{it}$		−0.786 (−1.17)	
$FDexp_{it}$			−0.141** (−2.49)
$PGDP_{it}$	−2.407** (−2.08)	−2.856** (−2.36)	−2.477** (−2.02)
$(PGDP_{it})^2$	1.676** (1.97)	1.697* (1.96)	1.552* (1.85)
$PFDI_{it}$	0.403* (1.93)	0.462* (1.92)	0.414* (2.01)
PPA_{it}	−0.0565* (−1.80)	−0.0587* (−1.83)	−0.0598* (−1.85)
$nSoESize_{it}$	0.305* (1.68)	0.276 (1.51)	0.340* (1.93)
$nSoEPat_{it}$	1.180*** (3.98)	1.203*** (4.03)	1.203*** (4.04)
R^2	0.667	0.664	0.665

进一步对比国有企业与非国有企业的结果,地方政府对国有企业研发补贴的空间效应为正,对非国有企业的空间效应为负,深层次的原因是两者研发补贴的性质不同。对国有企业的研发补贴,名为"补贴",实际上更多的是一种具有很强外部性的公共品投资。中央政府为了推动某个领域某项技术的革新与应用,往往会以重大专项的形式,组织力量进行攻关突破,而全国具备相应技术水平的国有企业很少,所以对国有企业的 R&D"补贴"其实是一种自上而下的选择和投入,是以中央主导、地方配套的"部省(市、区)联动"机制来实现的,体现的是国家整体的创新导向和趋势,所以这种投入不能简单地以专利数量来衡量,也不会与企业的数量相关。而公共品的投资就避免不了"搭便车"现象的存在,并且只有少数技术储备雄厚的国有企业能够获得中央政府较大份额的 R&D 投入,其他地区"有心无力",主动与被动的替代共同使得地方政府对国有企业研发补贴的空间效应为负。对非国有企业的研发补贴,更多地是一种经济性的补贴,是为了让本地区的企业能够在市场上获得竞争优势,从而提高企业的利税率,地方政府为了促进本地区的经济增长,吸引创新资源的流入,会模仿其他地区对非国有企业研发补贴的政策力度,形成正的空间效应。

四、稳健性检验

本书在对全体企业、国有企业以及非国有企业进行回归时已使用收入分

权 $FDrev_{it}$ 和支出分权 $FDexp_{it}$ 对财政分权 FD_{it} 进行替代,回归结果均未发生实质性的变化,说明实证结果是稳健的。但是鉴于空间计量模型的回归结果对空间权重矩阵的敏感性,本书使用最常用的 0-1 空间权重矩阵进行稳健性检验,结果见表 5-8。全体企业 Gov_RD_{it} 的空间自回归系数仍为负,但是 p 值从 5.4% 增加到 13.2%,变得不太显著,国有企业 $SoEGov\_RD_{it}$ 和非国有企业 $nSoEGov\_RD_{it}$ 空间自回归系数的符号和显著性水平均没有发生太大的变化。由于 Gov_RD_{it} 内存在 $SoEGov\_RD_{it}$ 和 $nSoEGov\_RD_{it}$ 这两种空间效应完全相反的补贴,0-1 空间权重矩阵的设定又过于简单化和理想化,所以会使得 Gov_RD_{it} 的空间自回归系数变得不显著,这同时也说明了本书使用铁路客运数据所构建的空间权重矩阵是有价值的,过于简单理想的空间权重矩阵会使得我们忽视经济发展中所存在的空间效应。其他核心解释变量的符号以及显著性水平均无明显的变化,说明本书空间面板模型的实证结果是稳健可靠的。

表 5-8　使用 0-1 空间权重矩阵的回归结果

	模型 10 Gov_RD_{it}	模型 11 $SoEGov\_RD_{it}$	模型 12 $nSoEGov\_RD_{it}$
ρ	-0.175 (-1.56)	-0.393*** (-3.62)	0.262*** (2.61)
FD_{it}	-2.093*** (-2.70)	-1.541** (-2.21)	-0.368*** (-2.85)
$PGDP_{it}$	-6.876* (-1.77)	-0.965 (-0.28)	-2.496** (-2.03)
$(PGDP_{it})^2$	5.831*** (2.72)	3.842* (1.95)	1.602** (2.03)
$PFDI_{it}$	1.904*** (2.86)	1.558** (2.43)	0.364* (1.89)
PPA_{it}	0.0728 (0.85)	0.0504 (0.68)	-0.0549* (-1.87)
$Owned_{it}$	-6.122 (-1.18)		
$Size_{it}$	1.291* (1.83)	-0.365 (-0.35)	0.328* (1.70)
Pat_{it}	0.504 (1.32)	0.578 (0.39)	1.071*** (3.58)
R^2	0.543	0.294	0.671

注:表 8 对模型 11 和模型 12 的 $Size_{it}$、Pat_{it} 自变量名称进行了统一,实际回归中仍为带前缀的自变量。

第五节　本章小结

本书通过分析中央政府干预下的地方财政支出行为,基于政府研发补贴的支出函数、地方政府主管官员效应函数的优化问题以及中央政府考核机制发生变化下的连任或晋升概率方程,推导出地方政府研发补贴的最优反应方程,并分析了研发补贴支出完全由地方政府或完全由中央政府负责的两种极端情况,判断地方政府研发补贴的区域竞争方式,在此基础上构建地方政府研发补贴区域竞争实证模型,利用空间面板模型考察地方政府对企业研发补贴的区域竞争,根据中央政府转移支付的性质重新计算了各省的财政分权程度。研究发现:第一,总体来看地方政府对企业研发补贴呈现负的空间效应,地方政府采用相互替代的区域竞争策略。研发补贴水平会随着经济发展先下降后上升,地方财政分权度越高越不愿意对企业进行研发补贴。外商直接投资能够显著拉动地方政府对企业的研发补贴。第二,地方政府并不存在基于企业规模的研发补贴区域竞争行为,而是基于企业的所有权性质进行区域竞争,但对外资企业的研发补贴也不存在区域竞争行为。第三,地方政府对国有企业和非国有企业研发补贴的区域竞争效应一正一负,分别采取相互替代和相互模仿的区域竞争策略。原因在于国有企业的研发补贴更多地来自中央政府的专项转移支付,外部性较强,体现的是"自上而下"的国家导向,承担的是社会责任,对国有企业的补贴会向少数企业集中,也同时存在"搭便车"现象。而非国有企业研发补贴与其专利申请数显著正相关,收入角度下财政分权度的提高并不会显著降低对非国有企业的研发补贴。非国有企业的研发补贴更多地来自地方政府,经济性较强,地方政府为了提高本地企业的竞争力、吸引和留住创新要素,竞相提高对非国有企业的研发补贴。

地方政府对非国有企业研发补贴的良性区域竞争说明,地方政府竞争的模式会随着经济发展方式的转变而改变,竞争的对象向创新要素转移,符合改革开放以来市场竞争所一贯发挥的作用。中央政府在国有企业研发补贴上的作用说明,公有制经济在中央政府的引领下适应创新驱动发展的要求,集中力量对基础性、全局性的技术创新进行突破。两者的竞争策略及其内涵,反映了转型期内企业在创新中的主体地位、市场在资源配置中所起到的决定性作用,体现了中央政府主导下的地方政府竞争模式的创新活力。为了更好地促进地方政府在研发补贴上的良性竞争,本书建议,第一,发挥中央政府在国有企业重大技术创新方向上的统筹协调功能,提高对国有企业研发活动扶持的精准度,确保国有企业在创新上的积极性不会被过大的外部性所伤害。第二,改革地方官员考核体制,进一步降低 GDP 增长率的权重,增加地方自主财力在国有企业 R&D 投入上的作用,充分落实 R&D 配套资金,对所有类型企业的研发补贴效果都要建立合理科学的评估机制,使企业的创新链与政策的扶持链相一致。第三,坚持市场在创新资源流动上的决定性作用,加强地方政府专业部门之间的横向沟通,避免重复补贴导致资金浪费以及过度补贴破坏市场竞争的现象发生。

第六章 政府创新政策对企业研发投入的影响

第一节 引言

研发补贴相比于研发费用加计扣除、高新技术企业减免税等政府创新政策,具备更有针对性的政策引导与支持作用,更能体现政府在科技创新领域积极有为的驱动力度,对于推动企业进行研发活动从而提高全社会创新活动效率方面具有重要的指导意义。尤其在我国面临日益严峻的核心技术封锁以及科技创新交流受阻的大背景下,通过更为有效的政府研发补贴突破"卡脖子"技术从而突破封锁壁垒实现自主可控的高质量发展,具有更为重要的现实意义。但是研发创新的高度专业性和复杂性决定了政府部门在制定和执行研发补贴政策时需要更为慎重,不同区域和不同主体之间存在的信息不对称问题会扭曲研发补贴的政策效果。所以通过研究研发补贴对不同规模和所有制企业研发投入[①]影响的异质性,对于新发展格局下政府动态调整和完善研发补贴政策,发挥不同主体的创新优势,实现科技创新自立自强具有重要的现实意义。

Aghion & Howitt(1998)指出关于政府干预研发部门较为普遍的研究大都集中于专利竞争与内生增长方面,聚焦资源的有效配置或最优增长,即定量的来判断总的研发投入需要补贴还是征税。当补贴产生正的外部效应并且自由放任下(laissez-faire)的增长并不是最优时,研发投入需要政府补贴。而当自由放任下的研发带来过大的创造性破坏(creative destruction),或者创新企业可以通过减少管理者控制的自由现金流数量来解决委托代理问题时,需要

---

① 本书的企业研发投入均指不包含政府研发补贴的企业自身研发投入。

对研发投入征税。

竞争性和排他性的程度决定了创新活动的有效配置是更多地依赖于市场力量还是政府干预，创新活动的竞争性和排他性越高，依赖于市场力量进行有效配置的程度也越高。而研发互动的竞争性和排他性往往取决于产权制度的法律安排。当产权明晰并且交易成本为零时，要素市场和产品市场通过完全竞争达到的均衡状态都是有效的，市场的资源配置实现帕累托最优，政府对企业进行研发补贴，会破坏市场的均衡，造成效率的损失。

相反，当产权制度并不完善并且交易成本较高时，要素市场和产品市场并不是完全竞争的，企业创新活动的外部性较大，Romer(2001)指出创新活动主要具有三种外部效应：偷生意效应、消费者剩余效应以及知识溢出效应。其中，偷生意效应是指由于研发带来的新技术和新产品会使得旧技术和旧产品的竞争力降低，带来负的外部性；消费者剩余效应是指研发的新产品不能做到完全价格歧视，因此消费者会获得一定的剩余，带来正的外部性；知识溢出效应是指研发者不能完全限制其他人使用研发投入得到的新知识，带来正的外部性。Romer(2001)认为三种外部性结合的总效应在大部分情况下都为正，而正的外部性使得企业研发投入的回报率低于其他投入，损害了企业研发投入的积极性，导致企业的研发投入低于均衡状态下的最优投入，在这种情况下，政府对企业的研发补贴会弥补全社会研发投入的不足，提高资源配置的效率。

当然，单方面强调产权在研发投入中的作用也是不恰当的。知识产权保护制度也会产生过度激励的问题，比如两个相互竞争企业的研发方向一致，但一个企业正好比另一个企业提前一天取得研发成功并获得发明专利，那么取得专利授权的企业所获得收益就会超过全社会收益。另外，创新活动的排他性在某些情况下往往更依赖于研发产品的特性，而不是产权制度安排，比如，某种材料的配方非常复杂，即使没有专利保护也不会使得研发的社会收益明显高于企业收益，而像影视作品即使有非常完备的法律保护，盗版依旧泛滥。所以，知识产权保护制度并不是解决研发资源有效配置的"灵丹妙药"。所以，简单地从产权制度角度来分析政府对企业研发补贴导致的社会资源配置效率的改变是不够的，并且本书更为关注的是政府研发补贴对企业研发投入，尤其是企业自身的研发投入产生的影响。

第六章 政府创新政策对企业研发投入的影响 / 111

第二节 理论机制

一、价格效应

政府对企业研发补贴最为直接的作用是通过在要素市场中影响研发投入要素的价格产生效应。为了分析这种价格效应,本书借鉴 P. Romer(1990)提出的仅用人力资本投入代表企业研发投入的方法,参考 Romer(2001)设定生产函数模型的思路,假设一个没有资本的生产函数模型:

$$Y = F(l, h) \tag{1}$$

其中 l 为劳动力,h 为专用性人力资本。该生产函数将企业的投入分成两种,一种是劳动力投入,即一般投入,一种是专用性人力资本投入,即研发投入。由于企业的投入是一定的,所以需要在这两种投入之间进行分配,从而实现利润最大化。假设增加一般投入会通过扩大企业简单再生产的规模,提高企业的收入和利润,增加研发投入会通过提高企业的生产效率或降低企业的生产成本,提高企业的利润。企业在两种投入上的分配取决于两种要素的价格,而要素价格由要素市场的供需决定。企业基于两种投入的分配会产生不同的效用水平。

设一般投入要素的价格为 w_l,研发投入要素的价格为 w_h,研发投入要素市场的供给曲线为 S_h,需求曲线为 D_h,企业的投入预算为 V,则企业的预算约束方程为: $w_l l + w_h h = V$,预算约束线为 BC,企业关于两种投入所带来效应的无差异曲线族为 U。

在政府对企业进行研发补贴前,研发投入要素市场的需求曲线为 D_{h_0},企业预算约束线 BC_0,当 $l=0$ 时,$h=h_a$,当 $h=0$ 时,$l=l_a$,无差异曲线 U_0 与预算约束线 BC_0 相切于 T_0,T_0 对应的研发投入为 h_0。在政府对企业进行研发补贴后,设政府的研发补贴为 G,研发投入要素市场的需求曲线向右移动至 D_{h_1},假设企业可以完全决定政府研发补贴资金的使用,所以企业的投入预算变为 $V+G$,企业预算约束线变为 BC_1,当 $l=0$ 时,$h=h_b$,当 $h=0$ 时,$l=l_b$,无差异曲线 U_1 与预算约束线 BC_1 相切于 T_2,预算约束线 BC_1' 平行于 BC_1,与无差异曲线 U_0 相切于 T_1,T_1 对应的研发投入为 h_1,T_2 对应的研发投入

为 h_2。

在古典经济学的假定下,要素市场和产品市场通过完全竞争达到均衡,要素市场出清,均衡值为 h_s,要素市场的供给曲线是垂直的,需求曲线移动的只会改变要素价格,而不会改变要素数量。当政府对企业进行研发补贴后,企业在研发要素市场上的需求曲线由向右移动,研发投入要素价格由 w_{h_0} 上涨到 w_{h_1},研发要素价格变动的大小取决于需求曲线对价格的敏感程度,当价格敏感程度越高,需求曲线越平缓,补贴后研发投入要素价格的变动越小。

当需求曲线对价格的敏感程度较高时,即价格对需求的敏感程度较低时(见图6-1),政府研发补贴对研发投入要素价格的影响较低,价格的上涨幅度不大,政府研发补贴会提高研发投入的临界值水平,$h_b > h_a$,即 $(V+G)/w_{h_1} > V/w_{h_0}$。

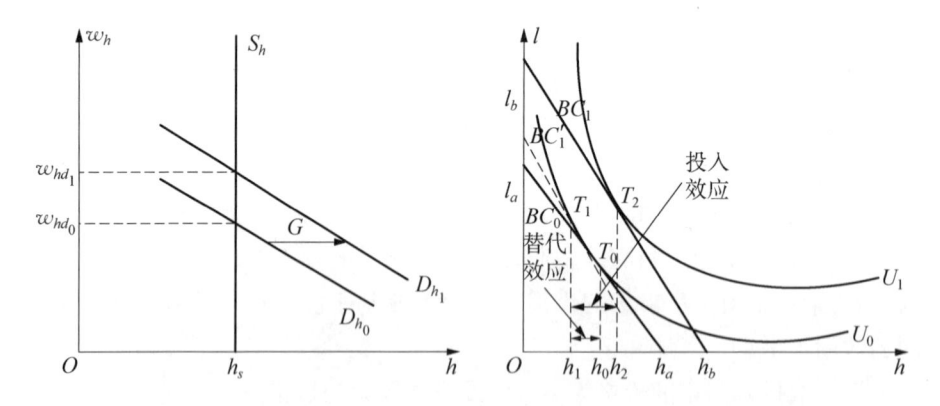

图6-1 价格对需求敏感程度较低时的要素市场均衡和无差异曲线

保持企业效用水平 U_0 不变,预算约束线由 BC_0 变为 BC'_1,企业研发投入由 h_0 降低到 h_1,即由于研发投入要素价格的上涨导致企业用一般投入替代研发投入,产生替代效应 h_0-h_1。而政府的研发补贴使得企业相对(研发投入要素价格)的投入水平上升,研发投入由 h_1 增加到 h_2,产生正的投入效应 h_2-h_1。政府研发补贴产生的总效应为投入效应减去替代效应 h_2-h_0,总效应水平为正。

当需求曲线对价格的敏感程度较低时,即价格对需求的敏感程度较高时(见图6-2),政府研发补贴对研发投入要素价格的影响较高,价格的上涨幅度较大,政府研发补贴反而会降低研发投入的临界值水平,$h_b < h_a$,即 $(V+G)/w_{h_1} < V/w_{h_0}$。

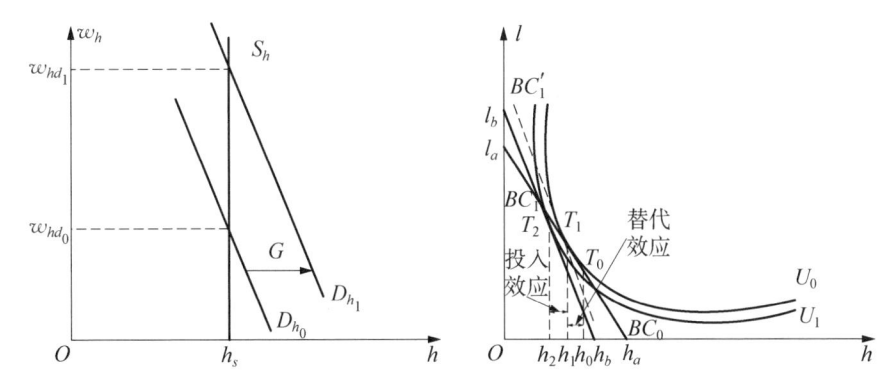

图 6-2 价格对需求敏感程度较高时的要素市场均衡和无差异曲线

替代效应不变仍为 h_0-h_1。而政府的研发补贴使得企业相对（研发投入要素价格）的投入水平下降，研发投入由 h_1 减少到 h_2，产生负的投入效应 h_2-h_1。政府研发补贴产生的总效应为投入效应加上替代效应 h_2-h_0，总效应水平为负。

在凯恩斯经济学的假定下，工资刚性，或者说市场远未达到出清状态，要素供给非常充分，要素市场的供给曲线是水平的，需求曲线的移动只会改变要素数量，而不会改变要素价格（见图 6-3）。当政府对企业进行研发补贴后，企业在研发要素市场上的需求曲线由向右移动，由于两种投入要素的相对价格水平没有发生变化，所以没有替代效应发生（BC_0 与 BC'_1 重合，h_0 与 h_1 重合，T_0 与 T_1 重合）。政府的研发补贴使得企业的投入水平上升，研发投入由 h_0 增加到 h_2，产生正的投入效应 h_2-h_0。政府研发补贴产生的总效应即为投入效应 h_2-h_0，总效应水平为正。

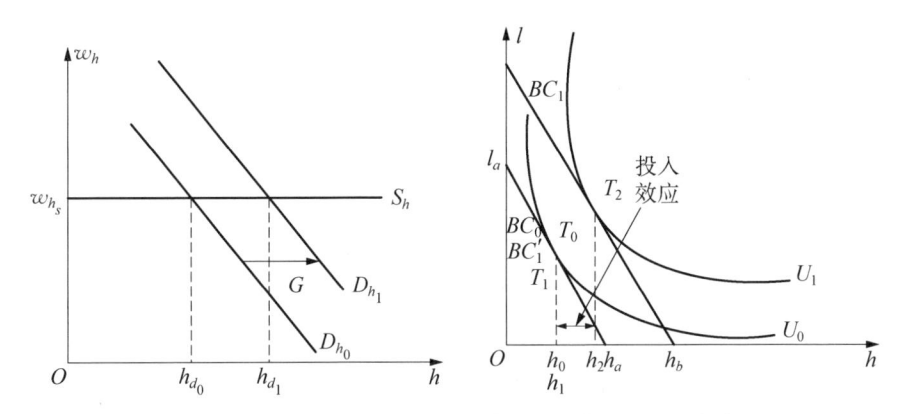

图 6-3 水平供给曲线下的要素市场均衡和无差异曲线

综合分析价格效应的结果，我们看到在古典经济学的假设下，企业研发投入的变化是不确定的，取决于研发投入要素市场的需求价格弹性，而由于政府研发补贴导致的研发投入要素价格上涨，使得企业自身的研发投入下降，政府研发补贴的效果较差。而在凯恩斯经济学的假设下，企业研发投入增加，由于政府研发补贴并没有改变研发投入要素价格，企业自身的研发投入没有改变，政府研发补贴的效果较好。两者的结果符合各自的理论假设，古典经济学认为市场形成的均衡状态是帕累托最优的，政府干预会降低资源配置效率。而凯恩斯主义则认为市场是不完全竞争的，政府干预可以提高资源配置效率。

要素市场中垂直的供给曲线与水平的供给曲线是两种极端情况，真实的供给曲线是向右倾斜的，所以政府研发补贴一定会带来研发投入要素价格的上涨。Goolsbee(1998)认为由于政府额外的研发补贴会增加企业R&D投入的需求，从而相应抬高R&D投入要素的价格水平。David & Hall(2000)也指出政府研发补贴的主要效应就是提高了研究人员的工资水平。由于研发投入要素价格的上涨，企业会自然的降低自身的研发投入，但是一般而言政府研发补贴占企业研发投入的比重较低，推动要素价格上涨幅度一般不会很大，一般投入对研发投入的替代效应往往小于投入效应，所以政府研发补贴仍然会提高企业总体的研发投入。仅从价格效应来看，市场的有效性越低，或者（并且）研发投入要素的需求价格弹性越低，政府研发补贴的效果越好。

但是对于价格效应的研究更多地是从理论上进行说明，较少有实证研究。因为很难将微观的研发投入要素价格与宏观的经济变量放入统一的实证模型框架中，而且价格效应也很难判断政府研发补贴对企业自身研发投入的影响，更多地是从企业研发投入的总量来考虑问题，所以借助价格效应可以对政府研发补贴对企业研发投入影响的理论机制有基本的认识，但是并不具有实证分析的基础。

二、挤出效应和激励效应

"挤出效应"和"激励效应"被学界认为是政府研发补贴对企业自身研发投入最直接的作用。对于"挤出效应"和"激励效应"，我们基于最终产品部门的生产函数以及研发投入取得成功的概率函数来说明。

A. Young(1928)指出经济增长是由日益增长的多样化劳动分工所维持的。Dixit & Stiglitz(1977)在《垄断竞争与最优产品多样化》一文中首次提出了一个能够兼容内部规模经济与垄断竞争市场结构的理论框架,将产品种类的数量引入市场均衡解中。P. Romer(1987)在此基础上提出了一个新的增长模型,经济增长的动力来源于所投入的中间产品种类的增长,中间产品种类的数量反映了技术水平,技术进步体现在中间产品种类的增长上,资本通过中间产品进入生产函数。Aghion & Howitt(1998)对该模型作了进一步阐述,指出中间产品的垄断利润是对技术进步的回报。本书参考上述文献,引入如下最终产品部门的生产函数:

$$Y_t = L_t^{1-\alpha} \int_0^{A_t} x_{it}^{\alpha} \mathrm{d}i \tag{2}$$

x_{it} 为 t 时刻投入的第 i 种中间产品数量,中间产品 x_{it} 是连续的,区间为 $[0, A_t]$,A_t 为中间产品种类的数量,也代表了 t 时刻的技术水平。中间产品市场为垄断竞争市场,中间产品价格等于边际成本,令 p_{it} 为第 i 种中间产品 t 时刻的价格,则:

$$p_{it} = \alpha A_t^{1-\alpha} x_{it}^{\alpha-1} \tag{3}$$

该生产函数模型的中间产品部门通过投入资本进行生产,一单位资本生产一单位中间产品,即 $x_{it} = K_{it}$,令 r_t 为时刻无风险利率水平,即资本的成本,则生产中间产品 x_{it} 的利润 π_{it} 为:

$$\pi_{it} = p_{it} x_{it} - r_t K_{it} = \alpha A_t^{1-\alpha} x_{it}^{\alpha} - r_t x_{it} \tag{4}$$

利润最大化的一阶条件为:

$$\partial \pi_{it} / \partial x_{it} = \alpha^2 A_t^{1-\alpha} x_{it}^{\alpha-1} - r_t \tag{5}$$

则

$$x_{it} = (\alpha^2 / r_t)^{1/(1-\alpha)} A_t \tag{6}$$

则最大利润为 $\pi_{it}^* = (1-\alpha)\alpha^{(1+\alpha)/(1-\alpha)} r_t^{\alpha/(\alpha-1)} A_t$,令 $\beta = (1-\alpha)\alpha^{(1+\alpha)/(1-\alpha)} r_t^{\alpha/(\alpha-1)}$,那么最大利润为:

$$\pi_{it}^* = \beta A_t \tag{7}$$

对于研发部门,研发投入的全部成果表现为技术水平即中间产品种类数量 A 的增加。研发投入取得成功的概率函数为:

$$P = (RD_{it}/A_t)^{\omega} = (RD_{it}/\rho A_{t-1})^{\omega} \tag{8}$$

其中 RD_{it} 为用于中间产品 x_{it} 的研发投入,$A_t = \rho A_{t-1}$ 为研发成功后 t 时

刻的技术水平，A_{t-1} 为研发前 $t-1$ 时刻的技术水平，因此 $\rho>1$，ω 为研发投入的产出弹性，$0<\omega<1$。

(8)式表示研发投入成功的概率随着研发投入 RD_{it} 的增长而增长，随着技术水平 A_t 提高而降低，$0<\omega<1$ 保证了研发投入成功概率的增速随着 $(RD_{it}/\rho A_{t-1})$ 增长而降低。研发部门的期望收益为：

$$E_t = P\pi_{it}^* - RD_{it} = (RD_{it}/\rho A_{t-1})^\omega \beta A_t - RD_{it} \qquad (9)$$

期望收益最大化的一阶条件为：

$$\partial E_t/\partial RD_{it} = (\omega/\rho A_{t-1})(RD_{it}/\rho A_{t-1})^{\omega-1}\beta A_t - 1 \qquad (10)$$

则研发部门期望收益最大化的最优研发投入为：

$$RD_{it}^* = (\omega\beta)^{1/(1-\omega)}\rho A_{t-1} \qquad (11)$$

对于政府部门，假设政府完全掌握企业的研发投入情况，政府根据企业自身研发投入 RD_{it}^e 进行补贴，政府对企业的研发补贴为 $G(RD_{it}^e)$，那么对 $G(RD_{it}^e)$ 求导，所得到 $G'(RD_{it}^e)=dG/dRD_{it}^e$ 表示企业每增加一单位研发投入，政府增加的研发补贴，并且 $0<G'(RD_{it}^e)<1$，即政府对企业的研发补贴随企业自身 R&D 投入的增长而增长，且新增研发补贴小于企业自身新增的 R&D 投入。

当政府对企业的研发补贴 $G(RD_{it}^e)$ 与企业自身研发投入 RD_{it}^e 共同用于研发投入时，研发部门的期望收益变为：

$$E_t = [RD_{it}^e + G(RD_{it}^e)/\rho A_{t-1}]^\omega \beta A_t - RD_{it}^e \qquad (12)$$

此时，研发部门期望收益最大化时企业自身最优研发投入为：

$$RD_{it}^{e*} = [1+G'(RD_{it}^{e*})]^{1/(1-\omega)}(\omega\beta)^{1/(1-\omega)}\rho A_{t-1} - G(RD_{it}^{e*}) \qquad (13)$$

用比值法比较政府研发补贴后 RD_{it}^{e*} 与无补贴情况下 RD_{it}^* 的大小，令两者的比值为 R，当 $R>1$ 时，说明政府研发补贴可以激励企业增加自身的研发投入，存在激励效应，当 $R<1$ 时，说明政府研发补贴会抑制企业自身的研发投入，存在挤出效应。

$$R = RD_{it}^{e*}/RD_{it}^* = [1+G'(RD_{it}^{e*})]^{1/(1-\omega)} - G(RD_{it}^{e*})/RD_{it}^* \qquad (14)$$

(14)式说明政府研发补贴对企业自身研发投入的作用取决于政府掌握企业研发投入的信息，并且与 $G'(RD_{it}^e)$ 有关，即政府对企业的研发补贴随企自身 R&D 投入增长的速度越快,激励效应越显著,但是 $G'(RD_{it}^e)$ 较大会使 $G(RD_{it}^e)$ 快速增加,从而导致政府对企业研发补贴 $G(RD_{it}^e)$ 过大,政府对企业研发补贴的补贴率 $G(RD_{it}^e)/RD_{it}$ 上升,从而产生挤出效应。

具体实践中,补贴率 $G(RD_{it}^e)/RD_{it}$ 可以直接观察到,(14)式说明补贴率对企业自身研发投入存在影响,补贴率 $G(RD_{it}^e)/RD_{it}$ 过高时,R 会变得很小,政府研发补贴会挤出企业自身的研发投入。补贴率 $G(RD_{it}^e)/RD_{it}$ 过低时,$G'(RD_{it}^e)$ 也会很小,R 从右侧会非常接近于1,企业尽管会增加自身的研发投入,但激励效应会非常小。

所以,研发企业所处的市场性质(完全竞争或者不完全竞争)并不是决定政府研发补贴挤出效应或激励效应大小的关键因素。通过(14)式可以进行合理假设,在强有效的市场中,研发投入的外部性较小,企业研发投入的积极性很高,但仍存在一定的外部性,政府以较低的研发补贴率水平可以对企业创新活动进行有效补充,促进不同企业之间进行合作,打消企业基于残留外部性的后顾之忧,激励企业增加自身的研发投入;在弱有效的市场中,研发投入的外部性较大,研发投入带给企业的效应很低,企业研发投入的积极性很低,都希望通过"搭便车"获得外部收益,企业往往只保留最低水平的研发投入,最低水平是指即使没有政府研发补贴企业也会进行的基本创新活动,在这种情况下,政府的研发补贴率会相对很高,直接挤出企业自身的研发投入。

我们也应该注意到市场的有效性是动态变化的,市场有效性对研发投入外部性的影响也并不唯一确定,研发投入的外部性既与产权保护制度等宏观因素相关,也与企业产品的特性、企业的市场地位等微观因素相关。对市场有效性的强弱很难进行非此即彼的判断,而且市场有效性本身也很难进行准确的度量,所以市场有效性是帮助我们理解政府研发补贴对企业自身研发投入影响作用的一种理想化途径,但在实证分析中并不具有非常强的可操作性。(14)式说明,补贴率水平是分析政府研发补贴对企业自身研发投入的作用需要考察的因素之一。

Aghion & Howitt(1998)进一步探讨了政府对企业研发补贴方式的不同对企业自身研发投入产生不同的影响。政府研发补贴与企业自身研发投入共同用于研发投入的方式被称为事前补贴方式,以上探讨的都是事前补贴的作用。接下来讨论事后补贴的作用。

事后补贴意味着政府对企业研发补贴作为企业受益的一部分而不是研发

投入的部分。仍然假设政府完全掌握企业的研发投入情况,政府根据企业自身研发投入 RD_{it}^e 进行事后补贴,政府对企业的研发补贴为 $G_P(RD_{it}^e)$, $G'_P(RD_{it}^e)$ 表示企业每增加一单位研发投入,政府事后增加的研发补贴,并且 $0 < G'_P(RD_{it}^e) < 1$。此时研发企业的预期收益为:

$$E_{Pt} = [RD_{it}^e / \rho A_{t-1}]^\omega \beta A_t - RD_{it}^e + G_P(RD_{it}^e) \tag{15}$$

研发部门期望收益最大化时企业自身最优研发投入为:

$$RD_{it}^{e*} = [1 - G'_P(RD_{it}^e)]^{1/(\omega-1)} (\omega\beta)^{1/(1-\omega)} \rho A_{t-1} \tag{16}$$

政府进行 R&D 事后补贴下的 RD_{it}^{e*} 与无补贴情况下 RD_{it}^* 的比值 R 为:

$$R = RD_{it}^{e*} / RD_{it}^* = [1 - G'_P(RD_{it}^{e*})]^{1/(\omega-1)} \tag{17}$$

因为 $0 < G'_P(RD_{it}^e) < 1$ 并且 $0 < \omega < 1$,所以 $R > 1$。说明当政府掌握企业自身研发投入信息并且采用事后补贴的方式下,政府研发补贴可以激励企业增加自身的研发投入,$G'_P(RD_{it}^e)$ 越大,即政府对企业的 R&D 事后补贴随企业自身 R&D 投入增长的速度越快,诱导效应越显著。

由以上分析可以看出事后补贴比事前补贴更有效,而且事后补贴可以更好地解决道德风险的问题,那么为什么在现实中事前补贴仍然是政府最普遍的选择?Aghion & Howitt (1998) 指出由于研发投入的高风险性,企业很难通过外部融资获得足够的研发资金支持,尤其作为外部融资主体的银行更是风险的厌恶者,企业无法利用不可预知的研发成果获得银行的贷款,并且企业相比于政府本身往往也是风险厌恶者,并不愿意使用自有资金从事无法确定结果的创新活动,最重要的是研发投入产生的创新性成果很难在事后给予准确客观的认证和评价,导致政府很难以研发投入的成功与否来判定是否进行事后补贴,也很难以研发的实际成果与预期成果的差距来制定事后补贴的标准。事后补贴实际上进一步放大了政府与企业信息不对称的问题,对政府的能力也提出了更高的要求。

三、信号效应与信息不对称

对于激励效用和挤出效应产生的原因,可以从"信号效应"(Signal Effect) 的角度进行解读。部分文献将正向的信号效应称为"光环效应"(Halo Effect) 或"认证效应"(Certification Effect)。由于创新活动的高度专业性和不确定性,企业与潜在的外部投资者之间存在严重的信息不对称,需要信息传递的媒介,政府使用研发补贴很好地扮演了向外界传递"企业值得投资"信号的中介角色(Kleer,2010)。Lerner(2002)在研究美国小企业创新研发计划(SBIR)的政策效果时发现,对企业自身研发投入起到关键作用的并不是从政府获得的研发补贴资金,而是政府研发补贴向企业潜在的外部投资人传递了企业值得投资的"信号",使得企业更容易(以较低的成本)通过直接融资或间接融资获得研发资金。Feldman(2006)将政府研发补贴所提供的信息总结为"光环效应",研发补贴"光环"让企业更容易获得市场认可,从而降低企业的外部融资难度。Söderblom(2015)通过对瑞典初创企业的研发补贴效果进行分析发现,政府资金可以有效提高处于早期发展阶段的企业获得资本市场的融资概率,政府研发补贴为企业的发展潜力"背书",等同于向企业颁发"合法性认证证书"(Certification of Legitimacy),简称为"认证效应"。在中国由于政府在市场中的重要主导作用,信号效应可能会被进一步放大,获得政府研发补贴体现了企业与政府的良好关系,而外部投资者响应政府政策给予企业创新活动更多的外部融资也会拉近与政府的关系。陈聪和李纪珍(2013)研究了中关村国家自主创新示范区科技型中小企业创新基金项目的影响效果,发现企业通过获得创新基金项目的支持向市场释放了"企业资质得到政府认可"的信号,有助于解决由于信息不对称导致的融资困难问题。李彰和苏竣(2017)发现国家高技术研究发展计划(863计划)提供的企业资质信号是可信的,显著促进了企业的外部融资。安同良和千慧雄(2021)发现存在一个最优的R&D补贴规模,中国R&D补贴总体有效。基于已有的研究,我们看到政府研发补贴的信号效应主要发生在处于成长期的中小企业,因为中小企业在研发上受到的融资约束要明显大于大型企业,所以分析信号效应所带来的激励作用,企业规模成为影响政府研发补贴作用的关键因素。

但是,政府研发补贴带来的信号效应到底是否起到了激励作用也有一定的争议,不同市场参与主体针对政府研发补贴发出的信号会给出截然不同的反应。李万福等(2017)发现创新补助总体而言并未有效激励企业创新自主投资。陈强远等(2020)发现自由裁量型技术创新激励政策对企业技术创新数量和质量都无影响。严若森等(2020)基于融资约束与企业风险承担中介效应发现研发补贴因企业所属产权性质、行业性质及制度环境的异质性而存在差异,对企业研发投入的促进作用在非国有企业、高科技企业中更大。张杰(2021)发现从混合效应来看,政府创新补贴政策对企业私人性质创新投入造成挤出效应。学界之所以一直关注政府研发补贴对企业研发投入的影响,主要原因在于政府与企业进行创新活动的目的存在区别,政府希望借助于研发补贴提高社会的福利水平,所追求的是全社会收益的最大化,而企业一切经营活动都是以自身利润的最大化为目的,所以政府的研发补贴更倾向于支持共性技术等基础研究方向的项目,这类项目的知识溢出性很强,研发难度较大,而企业的研发投入更倾向于商业化前景非常明朗并且可以完全获取研发收益的项目,政府研发补贴与企业研发投入这两种持有不同投资逻辑的资本相互融合总会带来值得研究的问题。然而正是这种投资逻辑的差异,让学界质疑政府研发补贴给企业外部投资者发出的到底是认可信号还是警示信号。更为关键的是,即使政府研发补贴给企业带来的是光环和认证,但是给其他从事相似创新活动的企业(即接受研发补贴企业的直接竞争者)带来的则是负向信号,一方面这些未受到补贴的企业在面临更加艰难的竞争环境下可能会主动放弃进行相似的研发,另一方面负向信号带来的外部投资减少也可能会迫使企业被动放弃创新活动。如果政府无法发现被市场投资者忽略或轻视的研发项目,那么尽管政府研发补贴会使接受补贴企业的自身研发投入增加,但是仍可能对全社会的研发投入产生挤出效应。

无论是正向信号还是负向的信号,都指向了一个关键问题:政府是否足够了解企业和市场?或者换句话说,政府是否是市场上拥有信息最多的主体。在分析前文分析各类政府研发补贴产生的效应时,总是基于政府与企业不存在信息不对称的假设,但是这个假设是极其脆弱的。这个假设成立的前提,需要政府具有完备的专业知识,企业向政府公开所有的信息,政府相比于其他市场主体在前沿高端技术未来的发展方向上具有前瞻性和洞察力,显然这些条件都过于理想化。更常见的情形是,政府研发补贴经常因为在选择补贴受益人上的主观性和自主性而被批评,毕竟从市场机制的角度而言无论是何种目的的政府干预总会加大寻租和游说的空间,造成资源的浪费。Aghion & Howitt(1998)指出知识外部性(或者知识溢出)与其他依靠市场机制无法解决的问题一样,很难被准确识别并有效度量,政府在这样的条件下"挑选赢家"总是有害的,政府相比于企业在创新活动前景的预测上并不具有明显的优势,政府与企业在研发投入以及研发补贴的影响作用上存在严重的信息不对称。

安同良等(2009)在分析企业与研发补贴制定者之间的动态不对称信息博弈时,将企业分为原始创新企业和二次创新企业,二次创新相比于原始创新所需的研发投入较少,风险性较低,只是对原始创新成果的再次挖掘,体现为将创新要素进行整合优化的集成创新以及引进消化吸收的再创新,政府对这两类企业给予研发补贴的程度肯定是不同的,但是在政府与企业信息不对称时,政府对企业的创新类型并不了解,一个企业既有可能是立志于原始创新的企业,也可能是只满足于二次创新的企业,政府只能利用企业所释放的创新信号来判断企业的创新类型,企业完全有可能释放出来与自身类型不符的虚假信号,来获取更有利的研发补贴,尤其是在发送信号成本很低的情况下,二次创新企业均会向政府发出原始创新的信号,政府的甄别成本会随着企业数量的上升而迅速提高,均衡的结果是政府不得不对所有企业均给予二次创新的补贴,导致原始创新企业的研发投入不足。黎文靖和郑曼妮(2016)在分析宏观产业政策对企业创新影响时指出,企业在预期产业政策会带来更多的补贴时,会显著增加其专利申请数量,利用政府与企业在专利成果上的信息不对称寻求更多的扶持,政府的产业政策如果仅依据企业专利的数量来制定政策扶持的标准,企业会选择策略性创新而不是实质性创新,即只追求专利的数量而不是专利的质量,尤其是国有企业这种现象更为明显,而非国有企业则并不显著。

以上两篇文献说明,无论是事前补贴,还是事后补贴,政府均会面临严重的信息不对称问题,从而降低政府研发补贴的有效性。国有企业是我国国民经济的重要支柱,具有极其特殊的地位,国有企业在政府的直接监管下运行,政府与国有企业的信息交换方式和程度均迥异于与非国有企业的,研发补贴的有效性直接依赖于政府对国有企业和非国有企业信息的掌握程度,解维敏(2019)发现企业所有制对其研发投入有着显著影响,陈红等(2018)从内部控制的角度发现产权、制度对研发补贴绩效产生影响,苗文龙等(2019)指出政府技术创新支出效率取决于企业创新投入情况,赖烽辉等(2021)发现信息不对称程度加大产生更高信息成本,对补贴造成更多"扭曲",以为了有效处理信息不对称在国有企业和非国有企业上的异质性,在分析政府研发补贴的影响作用时需要按属性对企业进行分类。我国企业的所有制属性对政府、企业和市场之间的信息不对称程度有着重要的影响,2020年规上国有工业企业以占全体规上企业不足30%的R&D经费投入获得了接近60%的政府研发补贴,说明国有企业在国民经济的特殊地位以及与政府的特殊关系影响了研发补贴政策的执行。然而无论是研发补贴函数$G(RD_{it}^e)$还是研发补贴发出信号的有效性,都直接依赖于政府对国有企业和非国有企业信息的掌握程度,所以为了有效处理信息不对称在国有企业和非国有企业上的异质性,在分析政府研发补贴的影响作用时需要按所有权性质对企业进行分类。

四、空间溢出效应

已有文献对于政府研发补贴对企业研发投入影响的理论机制进行分析时,大都从价格效应、挤出效应、激励效应以及信号效应进行说明,但是对于不同区域之间的空间溢出效应却少有研究。一方面,第五章的研究结论已经证明政府研发补贴存在显著的区域竞争,而根据不同的所有权性质竞争策略也不同;另一方面,企业研发投入的空间溢出效应已被国内外研究者所广泛证明,可以说溢出效应是创新活动最为显著的特征。对于空间溢出效应的分析,本节也从价格效应出发。假设要素可以在不同地区之间自由流动,即要素市场是统一的,那么地区 i 政府研发补贴对本地研发投入要素价格的影响,必然会对其他地区的要素价格产生同样的影响,同时我们也需要考虑其他地区政府也会根据地区 i 政府的研发补贴做出相应的调整,并反应在要素价格上。

为了简化分析以便更加清晰地说明地方政府研发补贴的区域竞争对企业研发投入带来的空间溢出影响,假设仅有两个地区 A 和 B,要素不能在两个地区之间自由流动,并基于研发要素供给曲线倾斜向上并且要素价格对需求较不敏感的一般假设。当地区 A 政府增加对本地区企业的研发补贴时,地区 B 政府有三种选择,一种是增加对本地区企业的研发补贴,一种是减少对本地区企业的研发补贴,最后一种是不做反应。

当地区 B 政府做出增加研发补贴的决定时(见图 6-4),地区 B 研发投入要素的需求曲线向右移动,研发投入要素价格的上涨幅度不大。

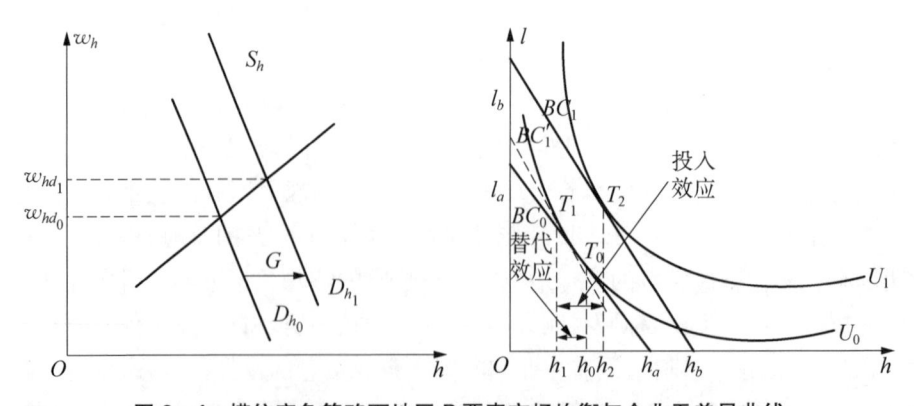

图 6-4 模仿竞争策略下地区 B 要素市场均衡与企业无差异曲线

第六章 政府创新政策对企业研发投入的影响 / 123

保持地区 B 的企业效用水平 U_0 不变，预算约束线由 BC_0 变为 BC_1'，企业研发投入由 h_0 降低到 h_1，即由于研发投入要素价格的上涨导致企业用一般投入替代研发投入，产生替代效应 h_0-h_1。而地区 B 政府增加的研发补贴使得企业相对的研发要素投入水平上升，研发投入由 h_1 增加到 h_2，产生正的投入效应 h_2-h_1。政府研发补贴产生的总效应为投入效应减去替代效应 h_2-h_0，总效应水平为正。

当地区 B 政府做出减少研发补贴的决定时（见图 6-5），地区 B 研发投入要素的需求曲线向左移动，研发投入要素价格的下降幅度不大。

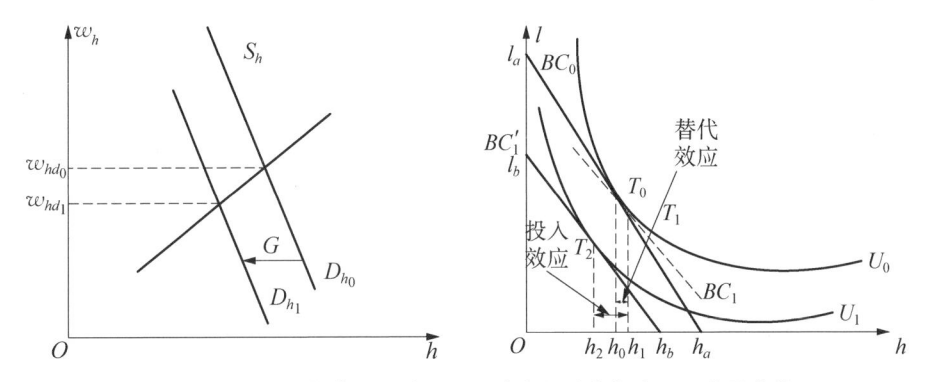

图 6-5 替代竞争策略下地区 B 要素市场均衡与企业无差异曲线

保持地区 B 的企业效用水平 U_0 不变，预算约束线由 BC_0 变为 BC_1'，企业研发投入由 h_0 提高到 h_1，即由于研发投入要素价格的下降导致企业用研发投入替代一般投入，产生替代效应 h_1-h_0。而地区 B 政府减少的研发补贴使得企业相对的研发要素投入水平下降，研发投入由 h_1 减少到 h_2，产生负的投入效应 h_2-h_1。政府研发补贴产生的总效应为投入效应减去替代效应 h_2-h_0，总效应水平为负。

对于挤出效应和激励效应，仍假设仅有两个地区 A 和 B，则地区 B 政府研发补贴的表达式由 $G(RD_{it}^{eB})$ 变为 $G_B(G_A, RD_{it}^{eB})$，即地区 B 政府研发补贴不仅取决于本地区企业自身的研发投入 RD_{it}^{eB}，还取决于地区 A 政府的研发补贴 G_A。

那么(14)式可以进一步写为：

$$R_B = RD_{it}^{eB*}/RD_{it}^{B*} = [1+G_B'(G_A, RD_{it}^{eB*})]^{1/(1-\omega)} - G_B(G_A, RD_{it}^{eB*})/RD_{it}^{B*}$$
(18)

(18)式说明地区 B 政府研发补贴对本地区企业自身研发投入产生激励效

应($R_B>1$)或挤出效应($R_B<1$)与地区 B 政府根据地区 A 政府的研发补贴 G_A 所做出的反应有关。当地区 B 政府采取模仿的区域竞争策略,并且根据 G_A 所做出的反应变化很大时,即 G_A 增加,G_B 增加,并且 G'_B 增加很快时,则可能产生激励效应,如果反应变化不大,即 G'_B 增加很慢时,则可能产生挤出效应。当地区 B 政府采取替代的区域竞争策略,并且根据 G_A 所做出的反应变化很大时,即 G_A 增加,G_B 减少,并且 G'_B 减少很快时,则可能产生挤出效应,如果反应变化不大,即 G'_B 减少很慢时,则可能产生激励效应。

对于信号效应,仍假设仅有两个地区 A 和 B,则地区 A 政府研发补贴不仅对本地区企业产生信号效应,也会对地区 B 同类型的企业产生信号效应。在地区市场分割,要素流动不充分,尤其是本地资本更青睐于投资本地企业的情况下,地区 A 政府研发补贴会对地区 B 释放信号效应。举例来说,比如地区 A 政府对本地的新能源汽车企业进行了研发补贴,说明新能源汽车企业值得投资,但是地区 B 的资本对地区 A 的发展情况并不熟悉,尤其是对地区 A 的新能源企业的情况并不了解,但是地区 B 的资本对本地区的发展情况以及本地区的新能源汽车企业更为熟悉和了解,所以地区 B 资本会根据地区 A 政府释放的信号,投资于地区 B 的新能源汽车企业,从而使得地区 B 新能源汽车企业的研发投入增加。当然,地区 B 资本也会对地区 A 政府释放的信号产生截然不同的反应,一种可能的情况是:地区 B 资本会认为由于地区 A 新能源汽车企业得到了政府研发补贴,在市场上更具有竞争优势,从而不再看好地区 B 新能源汽车企业,减少对地区 B 新能源汽车企业的投资。另一种可能的情况是:地区 B 资本认为地区 A 政府对新能源汽车企业补贴说明这个行业研发难度较大,存在较大的外部性,也会减少对地区 B 新能源汽车企业的投资。两种情况都会降低地区 B 新能源汽车企业的研发投入,即地区 A 政府向地区 B 产生了负向的信号效应。

基于空间溢出分析信号效应,我们发现信息不对称不仅产生于本地的市场主体之间,不同地区之间的市场主体之间也由于地理分割和市场分割而存在信息不对称,也就说空间溢出效应进一步放大了信息不对称的影响,所以忽略空间溢出效应,仅考察本地政府研发补贴对本地企业研发投入的影响会严重低估信息不对称的存在,从而使得测算出来的政府研发补贴政策的影响结果产生严重偏差。

基于以上分析以及企业研发投入的溢出效应,我们发现空间溢出效应主要通过三种途径实现,第一种通过地方政府的区域竞争,第二种通过企业研发投入的溢出效应,第三种通过跨地区的信号效应传递。本节仍以两个地区 A 和 B 之间的空间溢出机制进行说明(见图 6-6)。

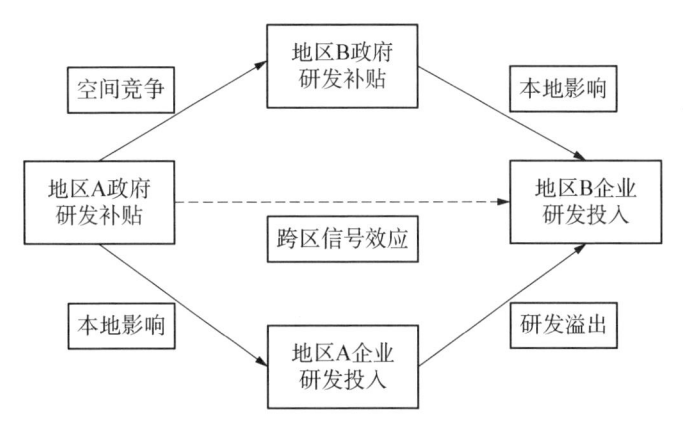

图 6-6 地区 A 政府研发补贴对地区 B 企业研发投入的空间溢出机制

第一种空间溢出机制是:地区 A 政府研发补贴通过区域竞争对地区 B 政府研发补贴产生影响,地区 B 政府研发补贴进一步对地区 B 企业研发投入产生影响。第二种空间溢出机制是:地区 A 政府对地区 A 企业研发投入产生影响,地区 A 企业通过研发溢出进一步对地区 B 企业研发投入产生影响。第三种空间溢出机制是:地区 A 政府研发补贴通过跨区信号效应对地区 B 企业研发投入产生影响。

当然,基于两个地区 A 和 B 的分析只是为了简洁明了地说明理论机制而所做的理想化假设,而现实中空间溢出效应存在于多个地区之间。更为重要的是,空间溢出并不是单向单次的,而是多向多次的,我们更为关注的是空间效应多次反馈下的均衡结果,所以需要借助于第四章中所推导出来的溢出效应公式来计算多次反馈下的溢出影响。

第三节 实证模型构建与说明

一、地方政府研发补贴对企业研发投入影响的实证模型设定

为了对比分析研发费用加急扣除减免税政策以及高新技术企业减免税政

策的影响,根据朱平芳和徐伟民(2003)关于政府研发补贴对企业研发投入影响的模型设定,本书所设定的一般动态面板模型为:

$$En\_RD_{it} = \tau En\_RD_{it-1} + \beta_1 Gov\_RD_{it} + \beta_2 RDtd_{it} + \beta_3 HTtr_{it} \\ + \beta_4 Size_{it} + \beta_5 DeRa_{it} + \beta_6 Profit_{it} + u_i + \alpha_t + \varepsilon_{it} \quad (19)$$

其中 τ 为解释变量时间滞后项 En_RD_{it-1} 的系数,u_i 为个体固定效应项,α_t 为时间固定效应项;ε_{it} 为随机误差项。En_RD_{it} 为地区 i 第 t 年来源于企业自身的 R&D 内部支出(以下简称企业 R&D 支出);Gov_RD_{it} 为政府对企业研发补贴;$RDtd_{it}$ 为企业研发费用加计扣除减免税额;$HTtr_{it}$ 为高新技术企业减免税额;$Size_{it}$ 为企业总资产的对数,是规模控制变量;$DeRa_{it}$ 为企业资产负债率 Pat_{it};$Profit_{it}$ 为企业利润总额。

模型的解释变量中含有时间一阶滞后项 En_RD_{it-1} 的原因是已有主要文献(朱平芳和徐伟民,2003)所指出的企业 R&D 支出会根据上一期的 R&D 支出进行调整,而且加入时间滞后项也可以用于考察政府研发补贴的长期影响,更重要的是影响企业 R&D 支出的因素有很多,而本书所考察的核心变量就已经有 3 个(Gov_RD_{it}、$RDtd_{it}$、$HTtr_{it}$),企业控制变量有 3 个($Size_{it}$、$DeRa_{it}$、$Profit_{it}$),空间面板模型以及不同的扩展模型会再增加 1 到 3 个变量,再加上选取的样本是各个省级行政区,模型需要的地区控制变量就会更多。如果将上述所有变量都纳入进来,模型就会变得非常复杂和臃肿,容易产生多重共线性以及过度拟合的问题,而时间一阶滞后项可以较大程度吸收地区控制变量的解释力度,所以本书在模型中加入时间滞后项 En_RD_{it-1},既遵循了主要文献中指出的原理,也简化了所构建的模型。

基于企业 R&D 支出和政府对企业研发补贴两者的空间溢出效应,将一般动态面板模型进一步扩展为动态空间面板模型:

$$En\_RD_{it} = \tau En\_RD_{it-1} + \delta \sum_{j=1}^{31} w_{ij} En\_RD_{jt} + \rho \sum_{j=1}^{31} w_{ij} Gov\_RD_{jt} + \beta_1 Gov\_RD_{it} \\ + \beta_2 RDtd_{it} + \beta_3 HTtr_{it} + \beta_4 Size_{it} + \beta_5 DeRa_{it} + \beta_6 Profit_{it} + u_i + \alpha_t + \varepsilon_{it} \quad (20)$$

其中 δ 为空间自回归系数,ρ 为被解释变量空间滞后项 Gov_RD_{it} 的系数,w_{ij} 为空间权重矩阵元素。采用空间计量模型可以通过被解释变量空间滞后项系数 ρ 的符号,判断其他地区政府研发补贴对本地区企业 R&D 支出的影响。

二、变量说明与数据来源

En_RD_{it} 作为模型的因变量,Gov_RD_{it}、$RDtd_{it}$、$HTtr_{it}$ 作为模型的自变量,数据分别来源于《中国科技统计年鉴》和《工业企业科技统计年鉴》中关于规模以上工业企业(以下简称企业)R&D经费内部支出中的企业资金、政府资金以及各地区企业政府相关政策落实情况中的研究开发费用加计扣除减免税、高新技术企业减免税。由于在2010年(2009年数据)针对企业R&D经费支出分类的统计口径发生了重大变化,所以本书所选取的样本区间为2009年至2015年。$Size_{it}$、$DeRa_{it}$、$Profit_{it}$ 作为模型的其他控制变量,数据来源于《中国工业统计年鉴》。

本书使用企业R&D经费支出价格指数对 En_RD_{it}、Gov_RD_{it}、$RDtd_{it}$ 和 $HTtr_{it}$ 的名义值进行了处理,2009年为基期。R&D经费支出价格指数的构建思路和方法与第五章相同,使用各地区每年企业R&D经费支出中日常性支出与资本性支出的实际占比进行加权,则地区 i 第 t 年企业R&D经费支出价格指数 $Price\_RD_{it}$ 为:

$$Price\_RD_{it} = \alpha_{it} CPI_{it} + (1 - \alpha_{it}) PIIFA_{it} \tag{21}$$

其中 α_{it} 为地区 i 第 t 年企业R&D经费日常性支出占比,CPI_{it} 为消费者价格指数,$PIIFA_{it}$ 为固定资产投资价格指数。本书使用各地区生产者价格指数对 $Profit_{it}$ 的名义值进行了处理。

已有文献指出政府创新政策可能对不同规模和不同所有制的企业产生不同的作用,本书按规模将企业分为两类:大型企业(Lar)和中型企业(Med),按所有制将企业分为三类:国有及国有控股企业,简称国有企业(SoE);内资企业中的非国有及国有控股企业,简称非国有企业($nSoE$);港澳台企业和外资企业,简称外资企业(FoE)。本书具体的变量说明见表6-1。

表6-1 变量说明

变量名称	经济含义
En_RD_{it}	第 i 个地区第 t 年企业R&D支出(亿元)
Gov_RD_{it}	第 i 个地区第 t 年政府对企业研发补贴(亿元)
$RDtd_{it}$	第 i 个地区第 t 年企业研发费用加计扣除减免税额(亿元)

续表

变量名称	经济含义
$HTtr_{it}$	第 i 个地区第 t 年高新技术企业减免税额(亿元)
$Size_{it}$	第 i 个地区第 t 年企业总资产的对数
$DeRa_{it}$	第 i 个地区第 t 年企业资产负债率
$Profit_{it}$	第 i 个地区第 t 年企业利润总额(亿元)
Lar	前缀:大型企业
Med	前缀:中型企业
SoE	前缀:国有企业
$nSoE$	前缀:非国有企业(限内资企业)
FoE	前缀:外资企业(包括港澳台企业)

本书所考察的样本为中国 2009—2015 年 31 个省市区的省际面板数据,各变量及处理变量中所使用的数据来自《中国科技统计年鉴》《工业企业科技统计年鉴》《中国工业统计年鉴》《中国统计年鉴》以及各省份统计年鉴。各变量的统计性描述如表 6-2 至表 6-7 所示。

表 6-2　变量统计性描述(全体企业:2009—2015)

变量名称	样本数	平均值	标准差	最小值	最大值
En_RD_{it}	217	188.97	256.45	0.11	1 254.00
Gov_RD_{it}	217	8.49	8.32	0.00	35.14
$RDtd_{it}$	217	8.43	11.64	0.00	92.89
$HTtr_{it}$	217	14.81	22.28	0.00	112.27
$Size_{it}$	217	9.69	1.08	5.53	11.58
$DeRa_{it}$	217	0.58	0.07	0.24	0.76
$Profit_{it}$	217	1 993.61	2 582.01	−99.56	21 085.10

表 6-3　变量统计性描述(大型企业:2009—2015)

变量名称	样本数	平均值	标准差	最小值	最大值
$LarEn\_RD_{it}$	217	111.40	146.48	0.00	801.36
$LarGov\_RD_{it}$	217	5.24	6.04	0.00	31.89
$LarRDtd_{it}$	217	4.99	5.96	0.00	33.05
$LarHTtr_{it}$	217	8.27	12.58	0.00	72.81
$LarSize_{it}$	217	8.91	1.12	4.73	10.79

续表

变量名称	样本数	平均值	标准差	最小值	最大值
$LarDeRa_{it}$	217	0.59	0.08	0.15	0.74
$LarProfit_{it}$	217	715.90	771.85	−131.09	3 902.18

表6−4　变量统计性描述(中型企业:2009—2015)

变量名称	样本数	平均值	标准差	最小值	最大值
$MedEn\_RD_{it}$	217	44.97	66.33	0.03	354.09
$MedGov\_RD_{it}$	217	1.92	2.34	0.00	13.56
$MedRDtd_{it}$	217	2.18	3.54	0.00	21.76
$MedHTtr_{it}$	217	4.68	7.86	0.00	62.33
$MedSize_{it}$	217	8.31	1.08	3.60	10.19
$MedDeRa_{it}$	217	0.59	0.07	0.24	0.81
$MedProfit_{it}$	217	517.82	551.42	−57.09	2 868.08

表6−5　变量统计性描述(国有企业:2009—2015)

变量名称	样本数	平均值	标准差	最小值	最大值
$SoEEn\_RD_{it}$	217	63.83	54.16	0.02	241.46
$SoEGov\_RD_{it}$	217	5.03	5.83	0.00	33.53
$SoERDtd_{it}$	217	3.40	4.00	0.00	27.15
$SoEHTtr_{it}$	217	4.44	6.25	0.00	54.71
$SoESize_{it}$	217	8.93	0.93	5.12	10.25
$SoEDeRa_{it}$	217	0.61	0.08	0.18	0.77
$SoEProfit_{it}$	217	1 504.18	3 107.42	−5.06	19 807.70

表6−6　变量统计性描述(非国有企业:2009—2015)

变量名称	样本数	平均值	标准差	最小值	最大值
$nSoEEn\_RD_{it}$	217	78.32	148.60	0.00	724.30
$nSoEGov\_RD_{it}$	217	2.41	3.56	0.00	16.36
$nSoERDtd_{it}$	217	3.35	7.28	0.00	71.34
$nSoEHTtr_{it}$	217	5.45	9.15	0.00	48.07
$nSoESize_{it}$	217	7.79	1.48	3.01	10.39
$nSoEDeRa_{it}$	217	0.54	0.10	0.12	0.78
$nSoEProfit_{it}$	217	897.37	1 257.27	−193.33	6 522.26

表6-7　　　　　　　变量统计性描述（外资企业：2009—2015）

变量名称	样本数	平均值	标准差	最小值	最大值
$FoEEn\_RD_{it}$	217	45.80	82.54	0.00	392.74
$FoEGov\_RD_{it}$	217	0.95	1.64	0.00	9.21
$FoERDtd_{it}$	217	1.93	3.84	0.00	20.99
$FoEHTtr_{it}$	217	4.88	9.66	0.00	62.04
$FoESize_{it}$	217	7.56	1.71	2.06	10.58
$FoEDeRa_{it}$	217	0.57	0.08	0.20	0.74
$FoEProfit_{it}$	217	445.27	702.19	0.00	3388.49

三、实证模型设定的补充与扩展说明

（一）政策工具的影响效果

在动态面板模型中，由于企业R&D投入时间滞后项 En_RD_{it-1} 的存在，使得计算长期影响成为可能，表6-8第二列是三种政策工具短期影响和长期影响的计算公式。对于空间动态杜宾面板模型，由于企业R&D投入空间滞后项 WEn_RD_{it} 的存在，使用系数的估计值作为政策的实际效应是不准确的，忽略了反馈效应的存在，所以参考第四章中表的公式，代入本章中相应的系数，得到三种政策工具短期直接影响、长期直接影响、短期溢出影响以及长期溢出影响。

表6-8　不同政策工具在普通动态面板模型与动态空间杜宾模型中的影响

	Dynamic Panel	Dynamic SDM 直接效应	Dynamic SDM 溢出效应
Gov_RD_{it} 短期影响	β_1	$[(I-\delta W)^{-1}(\beta_1 I + \rho W)]^{\bar{d}}$	$[(I-\delta W)^{-1}(\beta_1 I + \rho W)]^{\overline{csum}}$
$RDtd_{it}$ 短期影响	β_2	$[(I-\delta W)^{-1}(\beta_2 I)]^{\bar{d}}$	$[(I-\delta W)^{-1}(\beta_2 I)]^{\overline{csum}}$
$HTtr_{it}$ 短期影响	β_3	$[(I-\delta W)^{-1}(\beta_3 I)]^{\bar{d}}$	$[(I-\delta W)^{-1}(\beta_3 I)]^{\overline{csum}}$
Gov_RD_{it} 长期影响	$(1-\tau)^{-1}\beta_1$	$\{[(1-\tau)I-\delta W]^{-1}(\beta_1 I + \rho W)\}^{\bar{d}}$	$\{[(1-\tau)I-\delta W]^{-1}(\beta_1 I + \rho W)\}^{\overline{csum}}$
$RDtd_{it}$ 长期影响	$(1-\tau)^{-1}\beta_3$	$\{[(1-\tau)I-\delta W]^{-1}(\beta_2 I)\}^{\bar{d}}$	$\{[(1-\tau)I-\delta W]^{-1}(\beta_2 I)\}^{\overline{csum}}$

续表

	Dynamic Panel	Dynamic SDM	
		直接效应	溢出效应
$HTtr_{it}$ 长期影响	$(1-\tau)^{-1}\beta_3$	$\{[(1-\tau)I-\delta W]^{-1}(\beta_3 I)\}^{\overline{d}}$	$\{[(1-\tau)I-\delta W]^{-1}(\beta_3 I)\}^{\overline{csum}}$

注：$\overline{d}$ 表示计算该矩阵对角线元素均值的运算符，$\overline{csum}$ 表示计算该矩阵非对角线元素列和平均值的运算符。

(二) 对一般动态面板模型的扩展

为了分析补贴率水平、政策工具的稳定性以及交互性，本书对一般动态面板模型做进一步的扩展，所得出的结果可以与朱平芳和徐伟民(2003)的结果做对比分析。

1. 补贴率水平

补贴率水平(SID)为政府对企业研发补贴额占该地区企业 R&D 支出的比例。为了分析政府对企业研发补贴这个政策工具在不同的补贴率水平上是否会产生不同的影响，本书使用 Hanson(1999)提出的门槛回归方法寻找补贴率水平的门槛值。由于这种方法确定的门槛值会随样本的变化而变化，但是本书希望考察在相同的补贴率水平范围内，政府研发补贴对不同规模或性质的企业产生的影响。并且 Hanson(1999)的方法要求解释变量具有外生性，对含有内生变量(时间滞后项)的动态面板模型并不直接适应。所以本书先使用全体样本采用不包括时间滞后项 En_RD_{it-1} 的静态面板模型进行门槛回归，找到统一的门槛值，然后再根据门槛值进行分类，使用虚拟变量的方法考察不同补贴率水平下政府研发补贴对企业 R&D 支出的影响。

从表 6-9 门槛效应检验的结果来看，补贴率水平 SID 具有双重门槛效应，而三重门槛效应并不显著。两个门槛值分别为 0.0542 和 0.0851。

表 6-9　　　　　　　　　门槛效应检验

	F 值	P 值
单一门槛	115.38***	0.000
双重门槛	111.86***	0.000
三重门槛	124.80	0.853

注：***、**、* 分别表示在 1%、5% 和 10% 的显著性水平下通过检验；F 值和 P 值由 300 次的 Bootstrap 自抽样得到；下同。

表 6-10　门槛值及置信区间

	门槛值	95%置信区间
门槛 1	0.054 2***	[0.049 7, 0.056 4]
门槛 2	0.085 1***	[0.083 5, 0.087 1]

根据双重门槛效应确定的门槛值，本书将样本划分成三个子集。根据补贴率水平 SID 的双重门槛值，建立不同的集合：

(a) 如果政府对企业研发补贴额占企业 R&D 支出的比例高于 8.51%，即定义为高补贴率水平 SID_high；

(b) 如果政府对企业研发补贴额占企业 R&D 支出的比例处于 5.42% 至 8.51% 之间，即定义为中补贴率水平 SID_Medium；

(c) 如果政府对企业研发补贴额占企业 R&D 支出的比例低于 5.42%，即定义为低补贴率水平 SID_Low。

表 6-11　2015 年政府对企业研发补贴率水平 SID 分布

补贴率水平	全体企业	大型企业	中型企业	国有企业	非国有企业	外资企业
SID_high	22.58%	22.58%	22.58%	38.71%	0.00%	3.23%
SID_Medium	16.13%	9.68%	16.13%	9.68%	19.35%	9.68%
SID_Low	61.29%	67.74%	61.29%	51.61%	80.65%	87.10%

在没有常数项的模型中，可以设置与分类子集个数相同的虚拟变量（不会产生多重共线性）。本书设置三个虚拟变量 D_H、D_M 和 D_L 分析补贴率水平的作用，定义当 $SID > 0.0851$ 时，$D_H = 1$，否则 $D_H = 0$；当 $0.0542 \leqslant SID \leqslant 0.0851$ 时，$D_M = 1$，否则 $D_M = 0$；当 $SID < 0.0542$ 时，$D_L = 1$，否则 $D_L = 0$。

那么扩展模型为：

$$En\_RD_{it} = \beta_1^H D_H Gov\_RD_{it} + \beta_1^M D_M Gov\_RD_{it} + \beta_1^L D_L Gov\_RD_{it} + Rest + \alpha_i + \varepsilon_{it}$$

其中为简化模型的表达使用 Rest 代表(22)式中剩余的变量。则：

$$En\_RD_{it} = \begin{cases} \beta_1^H Gov\_RD_{it} + Rest + \alpha_i + \varepsilon_{it} & if\ SID > 0.0851 \\ \beta_1^M Gov\_RD_{it} + Rest + \alpha_i + \varepsilon_{it} & if\ 0.0542 \leqslant SID \leqslant 0.0851 \\ \beta_1^L Gov\_RD_{it} + Rest + \alpha_i + \varepsilon_{it} & if\ SID < 0.0542 \end{cases}$$

(22)

2. 政策工具稳定性

为了分析政府对企业研发补贴的稳定性对企业 R&D 支出的影响,在模型中加入政府对企业研发补贴 Gov_RD_{it} 与补贴率水平 SID_{it} 的标准差 SD_i 的交互项。扩展模型为:

$$En\_RD_{it} = \beta_7 Gov\_RD_{it} * SD_i + Rest + \alpha_i + \varepsilon_{it} \tag{23}$$

其中 SID_SD_i 表示第 i 个地区 2009 年至 2015 年补贴率水平的标准差。

3. 政策工具交互性

为了分析政府对企业研发补贴率水平与企业研发费用加计扣除以及高新技术企业减免税这两种政策工具的交互作用,在模型中加入 SID_{it} 与 $RDtd_{it}$、SID_{it} 与 $HTtr_{it}$ 的交互项。扩展模型为:

$$En\_RD_{it} = \beta_8 SID_{it} * RDtd_{it} + \beta_9 SID_{it} * HTtr_{it} + Rest + \alpha_i + \varepsilon_{it} \tag{24}$$

第四节 实证分析

一、动态面板扰动项自相关检验和过度识别检验

使用 GMM 方法对动态面板模型进行估计需要对扰动项的自相关性进行检验,因为 GMM 方法能够成立的前提是扰动项不存在自相关,本书通过 *Arellano-Bond test* 检验扰动项的差分是否存在一阶自相关 $AR(1)$ 和二阶自相关 $AR(2)$ 来判断扰动项是否存在自相关。原假设为:扰动项不存在自相关,即 H_0: *no autocorrelation*。如果接受原假设,则可以使用 GMM 方法。

由于 GMM 方法使用了多个工具变量,所以需要进行过度识别检验。本书通过 *Sargan test* 检验是否存在过度识别。原假设为:对过度识别的约束是有效的,即 H_0: *overidentifiying restrictions are valid*。如果接受原假设,则不存在过度识别。基于实证回归结果的篇幅考虑,本节仅在全体企业的回归结果中报告扰动项自相关检验和过度识别检验的结果,其余样本的检验结果详见附录 6。

二、空间相关性的 *Moran I* 检验

考察政府研发补贴对企业研发支出影响的空间效应必须进行空间相关性

检验，我们用企业研发支出的动态面板模型进行回归得到残差向量 e，计算全局 Moran I 指数。

$$Moran\ I = e'We/e'e$$

Moran I 的取值范围是[-1, 1]，大于 0 表示正相关，小于 0 表示负相关，越接近于边界值，表示相关性越大。我们使用标准统计量 $Z(I)$ 对空间相关性的显著性进行检验。$Z(I)$ 的表达式为：

$$Z(I) = [I - E(I)]/\sqrt{Var(I)}$$

由表 6-12 可以看出，企业 R&D 支出受到了来自其他地区企业 R&D 支出的影响，空间溢出效应为正且显著，分规模来看，大型企业和中型企业 R&D 支出的空间效应均为正且显著，分股权性质来看，国有企业、非国有企业以及外资企业 R&D 支出的空间效应均为正且显著。

表 6-12　　　　　　　　Moran I 指数检验结果

变量	Moran I 指数	Z_value	p 值
En_RD_{it}	0.394	9.857	0.000
$LarEn\_RD_{it}$	0.443	11.130	0.000
$MedEn\_RD_{it}$	0.246	6.351	0.000
$SoEEn\_RD_{it}$	0.509	12.497	0.000
$nSoEEn\_RD_{it}$	0.056	1.735	0.083
$FoEEn\_RD_{it}$	0.193	5.037	0.000

三、模型选择的 LR 检验

SDM 模型是初步判断考察政府研发补贴对企业研发投入影响的直接影响和溢出影响最为合适的模型，所以从 SDM 模型出发，对 $H_{01}:\rho=0$ 和 $H_{02}:\rho=-\delta\beta_1$ 两个原假设进行 LR 检验，从而判断 SAR 与 SEM 是否更为适用。如果两个原假设均遭到拒绝，则 SDM 是合适的模型。如果拒绝了第二个原假设，但无法拒绝第一个原假设，那么 SAR 是合适的模型。如果拒绝了第一个原假设，但无法拒绝第二个原假设，那么 SEM 是合适的模型。同样基于实证回归结果的篇幅考虑，本节仅在全体企业的回归结果中报告 LR 检验的结果，其余样本的 LR 检验结果详见附录 6。

四、实证结果

对于动态面板模型,本书使用系统 GMM 方法估计,因为具有一致性的 GMM 估计相比于 OLS 估计和面板固定效应估计能够提供更多的有效信息,尤其是对包含时间滞后因变量的短面板数据,其他两种估计方法可能会产生与真实情况截然不同的偏差(朱平芳,2005)。对于动态空间面板模型,采用极大似然估计 MLE 的方法进行估计(Lee, 2004; Elhorst, 2010; Lee & Yu, 2010)。本书使用 Stata 官方工具包 xtdpdsys 对动态面板模型进行 sys-GMM 估计,采用 Belotti(2013, 2017)编写的用于空间面板模型分析的 Stata 工具包 xsmle 对动态空间面板模型进行 MLE 估计,使用双向固定效应以及聚类稳健标准。

(一) 全体企业

在全体企业的动态面板模型中,通过判断扰动项差分的一阶自相关 $AR(1)$ 和二阶自相关 $AR(2)$ 检验结果的显著性水平(p 值分别为 0.065 9 和 0.725),接受模型扰动项不存在自相关的假设,可以使用系统 GMM。$Sargan\ test$ 检验结果的 p 值为 0.306,故无法在 10%的显著性水平下拒绝"对过度识别的约束是有效的"原假设,所以所有工具变量都是有效的。

在全体企业的空间动态杜宾面板模型中,通过似然比检验判断 SDM 模型可否降解为 SAR 模型或 SEM 模型。原假设 $\rho=0$ 的 LR 检验结果 p 值的为 0.073 9,故在 10%的显著性水平下拒绝 $\rho=0$,即 SAR 并不是合适的模型。原假设 $\rho=-\delta\beta_1$ 的 LR 检验结果的 p 值为 0.082 2,故在 10%的显著性水平下拒绝 $\rho=-\delta\beta_1$,即 SEM 并不是合适的模型,所以对于全体企业而言,SDM 是最为合适的空间面板模型。

表 6-13 第二列是全体企业动态面板模型的回归结果,政府对企业研发补贴的系数为 1.768,在 10%的水平下显著,即在其他因素不变的情况下(下同),政府研发补贴每增加 1 元,企业 R&D 支出增加 1.768 元,说明政府研发补贴对全体企业自身研发投入有显著的激励作用。高新技术企业减免税的系数为 2.065,在 1%的水平下显著,即高新企业减免的税额每增加 1 元,企业 R&D 支出增加 2.065 元,说明高新技术企业减免税政策对全体企业自身研发投入也有显著的促进作用。但是研发加计扣除减免税政策并没有显著影响全

体企业自身的研发投入。模型的其他变量,企业R&D支出的时间一阶滞后项系数为0.625,在1%的水平下显著,验证了模型设计的合理性,有助于分析政府研发补贴的长期影响;企业利润的系数为0.0324,在1%的水平下显著,说明企业自身研发投入与企业的利润水平紧密相关,企业利润越高,企业研发投入也越多;而企业规模和企业资产负债率在该模型中并没有显著作用。

表6-13 全体企业回归结果

	动态面板模型	R&D补贴率	研发补贴稳定性	研发补贴交互性	空间动态杜宾模型
En_RD_{it-1}	0.625***	0.596***	0.588***	0.538***	0.705***
	(6.51)	(6.76)	(6.41)	(6.40)	(9.36)
Gov_RD_{it}	1.768*		5.073**	5.729**	1.418*
	(1.95)		(6.00)	(6.53)	(1.77)
$RDtd_{it}$	0.359	0.841	1.084	1.161	0.507
	(0.42)	(0.84)	(1.02)	(1.01)	(0.92)
$HTtr_{it}$	2.065***	1.534***	1.587***	3.631***	1.252***
	(4.33)	(3.75)	(3.71)	(5.10)	(2.90)
$Size_{it}$	−1.523	−4.987	1.761	−6.546	−12.61**
	(−0.19)	(−0.66)	(0.24)	(−1.03)	(−2.00)
$DeRa_{it}$	20.41	18.66	8.168	50.76	105.2**
	(0.34)	(0.34)	(0.15)	(0.84)	(2.30)
$Profit_{it}$	0.0324***	0.0266***	0.0263***	0.0256***	0.0299***
	(4.39)	(4.97)	(4.52)	(4.23)	(4.29)
WEn_RD_{it}					0.0719**
					(2.15)
$WGov\_RD_{it}$					1.971*
					(1.67)
$D_H Gov\_RD_{it}$		1.545*			
		(1.94)			
$D_M Gov\_RD_{it}$		2.595**			
		(2.06)			
$D_L Gov\_RD_{it}$		5.511***			
		(2.87)			
$Gov\_RD_{it} * SD_i$			−225.5*		
			(−1.70)		
$SID_{it} * RDtd_{it}$				−32.40	
				(−1.23)	

续表

	动态面板模型	R&D 补贴率	研发补贴稳定性	研发补贴交互性	空间动态杜宾模型
$SID_{it} * HTtr_{it}$				−43.08***	
				(−6.24)	
Arrellano-bond AR(1) test(P_value)	0.0659	0.0510	0.0532	0.0987	
Arrellano-bond AR(2) test(P_value)	0.725	0.957	0.904	0.706	
Sargan test(P_value)	Prob>chi2 =0.3062	Prob>chi2 =0.2749	Prob>chi2 =0.3614	Prob>chi2 =0.3041	
LR test ($\rho=0$) (P_value)					0.0939
LR test ($\rho=-\delta\beta_1$) (P_value)					0.0822

注:括号内是变量估计系数的 t 统计量值。***、**、*分别表示在1%、5%和10%的显著性水平下通过检验。下同。

表6-13第三列给出了高、中、低三种补贴率水平下政府研发补贴对全体企业R&D支出影响的估计结果,高补贴率的系数为1.545,在10%的水平下显著;中补贴率的系数为2.595,在5%的水平下显著;低补贴率的系数为5.511,在1%的水平下显著。结果表明,对于全体企业而言,在不同补贴率水平下,政府研发补贴均对企业自身研发投入有显著的激励作用,但是随着补贴率的提高,激励作用逐渐降低,影响作用的显著性水平也在降低。在2015年,全体企业中处于低补贴率水平的企业占比高达60%以上(见表6-11第二列),而且正是在这个水平下政府研发补贴的激励作用最显著,说明中国各级政府对企业研发补贴的力度整体上已经达到了一个较为合适的水平,少部分企业的补贴率超过了最优的补贴率水平,整体而言中国各级政府对企业研发补贴的支持力度已经很高。这一结果与朱平芳和徐伟民(2003)的研究成果形成了鲜明的对比,朱平芳和徐伟民(2003)在研究上海市1993年至2000年32个工业行业的政府研发补贴作用时指出,上海超过60%的工业企业的补贴率水平低于1.4%,激励作用最明显的补贴率水平为1.4%至5.0%,但处于这个水平的企业占比较少,说明上海市政府对企业研发补贴的力度仍然较低。结合本书与朱平芳和徐伟民(2003)的结果我们看到经过20多年的发展,中国已经从研发补贴严重不足(上海作为中国研发强度最高的地区之一,2000年以前

的研发补贴相对不足)发展成为研发补贴相对过剩的国家。

表6-13第四列给出了政府研发补贴稳定性的估计结果,政府研发补贴与补贴率水平标准差SD_i的交互项的系数为-225.5,在10%的水平下显著,两者之间存在很强的负向关系,这一结果与朱平芳和徐伟民(2003)的研究结果相同,说明无论补贴率的高低如何,政府研发补贴的不稳定性都会抑制企业自身的研发投入,企业自身研发投入的提高需要保证政府研发补贴的稳定。

表6-13第五列给出了补贴率水平与其他两种税收优惠政策工具交互作用的估计结果,政府研发补贴率水平与研发费用加计扣除减免税的交互项的系数为负(-32.40),但并不显著,与高新技术企业减免税的交互项系数为-43.08,在1%的水平下显著,说明政府研发补贴与税收优惠政策呈现相互排挤或替代的作用,这一结果与Guellec & Van Pottlesberghe(2003)的结果一致,与朱平芳和徐伟民(2003)的结果相反,可能的原因是朱平芳和徐伟民(2003)所分析的对象为20世纪90年代上海的研发问题,那时的补贴率水平很低,所以两个政策工具相互促进,而本书的研究样本补贴率水平较高,两个政策工具相互替代。

表6-13第六列是全体企业空间动态杜宾面板模型的回归结果,政府对企业研发补贴的系数为1.418,在10%的水平下显著,小于动态面板模型的估计值,这是因为在没有考虑其他地区政府研发补贴对本地区企业R&D支出影响的情况下,高估了本地区政府研发补贴的作用。政府研发补贴空间滞后项的系数为1.971,在10%的水平下显著,即其他地区政府研发补贴每增加1元,本地区企业R&D支出增加1.971元,说明其他地区政府研发补贴显著激励了本地区企业自身的研发投入。企业R&D支出的空间自回归系数为0.0719,在5%的水平下显著,即全体企业研发投入的溢出效应显著,其他地区企业R&D支出的增加会促进本地区企业R&D支出的增加。

结合上一章中地方政府对全体企业研发补贴显著为负的空间效应结果(系数为-0.204,见第五章表5-5),其他地区政府增加1元的研发补贴,当地企业会增加1.418元的R&D支出,与此同时本地区政府会减少0.204元的研发补贴,受其他地区企业和本地区政府的共同作用,相应的本地区企业R&D支出会分别增加0.102元和减少0.289元,其他地区政府通过这两种途径对本地区企业R&D支出的总影响为减少0.187元,但实际的结果为增加1.971元,可能的原因是其他地区政府研发补贴传递的信号,使得本地区具有相似性质的企业获得更多的外部研发融资,这个猜测需要从企业规模和企业所有权性质来做进一步验证,因为信号效应主要体现在具有较大融资约束的较小规模私营企业上,而地方政府对全体企业研发补贴的空间效应显著为负的原因主要是国有企业显著为负。

其他两种税收优惠政策估计结果的显著性水平与动态面板模型一致,研发加计扣除减免税政策并没有显著影响全体企业自身的研发投入,而高新技术企业减免税政策则显著促进了全体企业自身的研发投入,但是促进作用的系数明显小于动态面板模型,再次说明了加入空间效应的作用。上一期企业R&D支出与企业利润的也均有显著为正的影响,但是企业规模和资产负债率的系数变得非常显著。企业规模的系数为-12.61,在5%的水平下显著,即企业规模越大,企业自身研发投入的规模会越少,说明中国的工业企业整体而言并没有利用自身的规模优势增加研发投入,反而在企业规模增加后变得懒惰,这个问题也需要从规模和所有制上进一步分析。资产负债率的系数为105.2,在10%的水平下显著,说明整体而言中国工业企业现有的负债率水平仍然可以继续支撑研发投入的增加,企业处在负债扩张型研发投入的阶段。

(二) 大型企业

表6-14第二列是大型企业动态面板模型的回归结果,政府对大型企业研发补贴的系数为-0.477,在5%的水平下显著,即政府研发补贴每增加1元,大型企业R&D支出减少0.877元,说明政府研发补贴对大型企业自身研发投入有显著的抑制作用。与全体企业的结果一致,高新技术企业减免税政策有显著的促进作用,而研发加计扣除减免税政策并无显著的影响。模型的其他变量,大型企业R&D支出的时间一阶滞后项系数为0.517,在1%的水平下显著;大型企业利润的系数为0.0605,在1%的水平下显著,说明大型企业自身研发投入受到企业利润水平的影响更大;企业规模和企业资产负债率同样没有显著作用。

表6-14　　　　　　　　　大型企业回归结果

	动态面板模型	R&D补贴率	研发补贴稳定性	研发补贴交互性	空间动态杜宾模型
$LarEn\_RD_{it-1}$	0.517***	0.446***	0.490***	0.411***	0.692***
	(6.02)	(5.68)	(5.96)	(4.60)	(17.45)
$LarGov\_RD_{it}$	-0.877**		3.476***	3.216***	-0.709*
	(-2.05)		(5.89)	(3.44)	(-1.89)

续表

	动态面板模型	R&D补贴率	研发补贴稳定性	研发补贴交互性	空间动态杜宾模型
$LarRDtd_{it}$	0.436	0.104	0.288	0.295	0.281
	(1.52)	(0.48)	(0.68)	(0.39)	(0.65)
$LarHTtr_{it}$	2.683***	2.745***	2.734***	3.659***	1.720***
	(4.50)	(4.89)	(5.35)	(3.87)	(4.63)
$LarSize_{it}$	17.16	13.75	15.28	15.12	9.894*
	(1.49)	(1.17)	(1.60)	(1.48)	(1.90)
$LarDeRa_{it}$	−20.14	−16.66	−15.72	9.639	−6.268
	(−0.31)	(−0.29)	(−0.28)	(0.13)	(−0.15)
$LarProfit_{it}$	0.0605***	0.0540***	0.0513***	0.0524***	0.0247***
	(4.84)	(4.43)	(4.36)	(3.91)	(3.31)
$WLarEn\_RD_{it}$					0.0826**
					(2.29)
$WLarGov\_RD_{it}$					−1.285*
					(−1.83)
$D_H LarGov\_RD_{it}$		−0.896			
		(1.46)			
$D_M LarGov\_RD_{it}$		1.823**			
		(2.34)			
$D_L LarGov\_RD_{it}$		4.481***			
		(2.97)			
$Lar(Gov\_RD_{it} * SD_i)$			−130.6*		
			(−1.88)		
$Lar(SID_{it} * RDtd_{it})$				−12.84	
				(−1.28)	
$Lar(SID_{it} * HTtr_{it})$				−44.56***	
				(−3.34)	

表6-14第三列给出了高、中、低三种补贴率水平下政府研发补贴对大型企业R&D支出影响的估计结果，高补贴率的系数为−0.896，并不显著；中补贴率的系数为1.823，在5%的水平下显著；低补贴率的系数为4.481，在1%的水平下显著。对于大型企业而言，高补贴率水平已经开始抑制企业增加自身研发投入，这也解释了政府对大型企业研发补贴的系数为负的原因。只有在中、低水平下，政府研发补贴才对大型企业自身研发投入有显著的激励作用，并且中、低水平下的系数均小于全体企业的系数值，说明政府对于大型企

业的研发补贴已经超过了最优补贴率水平,存在较为严重的补贴过剩问题。表6-14第四列给出了政府研发补贴稳定性的估计结果,政府研发补贴与补贴率水平标准差SD_i的交互项的系数为-130.6,在10%的水平下显著,说明对于大型企业尽管存在补贴过剩,补贴的稳定性仍然非常重要。表6-14第五列给出了补贴率水平与其他两种税收优惠政策工具交互作用的估计结果,政府研发补贴率水平与研发费用加计扣除减免税的交互项的系数为负(-12.84),但并不显著,与高新技术企业减免税的交互项系数为-44.56,在1%的水平下显著,说明大型企业的政府研发补贴与税收优惠政策呈现相互替代的作用,再次验证了大型企业补贴过剩的问题。

表6-14第六列是大型企业空间动态杜宾面板模型的回归结果,政府对大型企业研发补贴的系数为-0.709,在10%的水平下显著,大于动态面板模型的结果,说明动态面板模型由于没有考虑空间效应高估了对大型企业的抑制作用。政府研发补贴空间滞后项的系数为-1.285,在10%的水平下显著,即其他地区政府研发补贴每增加1元,本地区企业R&D支出减少1.285元,说明其他地区政府对大型企业的研发补贴不仅显著抑制了本地区大型企业自身的研发投入,甚至降低了企业总体的研发投入。大型企业R&D支出的空间自回归系数为0.0826,在5%的水平下显著,尽管大型企业研发溢效应也比较显著,但溢出效应较小。上一章中地方政府对大型企业的研发补贴呈现并不显著为负的空间效应,其他地区政府通过影响当地大型企业R&D支出从而间接影响本地大型企业的R&D支出的系数(-0.709 * 0.0826)明显小于-1.285,所以存在其他因素使得本地区大型企业降低自身研发投入,可能是因为国有企业在大型企业中占据了主导地位,所以需要按所有权性质分类进行分析。企业规模的系数变得显著,系数为9.894,在10%的水平下显著,即企业规模越大,企业自身研发投入的规模会越多,说明中国的大型工业企业会基于自身的规模优势进一步扩大自身研发投入的规模。

(三) 中型企业

表6-15第二列是中型企业动态面板模型的回归结果,政府对中型企业研发补贴的系数为2.269,在10%的水平下显著,相比于全体企业和大型企业,政府研发补贴对中型企业自身研发投入激励作用最为明显。研发加计扣除减免税的系数为4.469,在5%的水平下显著,即研发加计扣除减免的税额每增加1元,中型企业R&D支出增加4.469元,不同于全体企业和大型企业,

研发加计扣除政策对中型企业自身研发投入有显著的促进作用。而高新技术企业减免税的系数为－1.218,在1%的水平下显著,高新技术企业减免税政策对中型企业自身研发投入有显著的抑制作用,说明对于中型企业,在获得高新技术企业认证后,企业就失去了增加自身研发投入的兴趣,企业并没有因为成为高新技术企业而增加自身研发投入。模型的其他变量,中型企业R&D支出的时间一阶滞后项系数为0.491,在1%的水平下显著;中型企业利润的系数为0.0225,在10%的水平下显著,说明中型企业自身研发投入受到企业利润水平的影响小于大型企业;企业规模有显著的促进作用,而企业资产负债率并没有显著作用。

表6-15　　　　　　　　　　中型企业回归结果

	动态面板模型	R&D补贴率	研发补贴稳定性	研发补贴交互性	空间动态杜宾模型
$MedEn\_RD_{it-1}$	0.491***	0.381***	0.401***	0.233*	0.780***
	(3.53)	(2.70)	(3.06)	(1.81)	(9.94)
$MedGov\_RD_{it}$	2.269*		8.021**	14.55***	1.847*
	(1.72)		(2.55)	(4.51)	(1.65)
$MedRDtd_{it}$	4.649**	5.302**	5.501**	6.184***	2.165*
	(2.35)	(2.52)	(2.34)	(2.64)	(1.89)
$MedHTtr_{it}$	−1.218***	−1.329***	−1.330***	2.613***	−0.824***
	(−6.97)	(−6.72)	(−6.11)	(3.87)	(−2.91)
$MedSize_{it}$	14.21***	9.467***	11.80***	5.980	5.686
	(3.60)	(3.24)	(3.43)	(1.53)	(1.20)
$MedDeRa_{it}$	−19.33	−4.081	−20.23	−1.212	−16.06
	(−1.17)	(−0.28)	(−0.81)	(−0.05)	(−0.80)
$MedProfit_{it}$	0.0225*	0.0230**	0.0206*	0.00971	0.0133
	(1.66)	(2.26)	(1.67)	(1.25)	(1.50)
$WMedEn\_RD_{it}$					0.0509**
					(1.97)
$WMedGov\_RD_{it}$					2.845*
					(1.91)
$D_H MedGov\_RD_{it}$		1.658**			
		(2.29)			
$D_M MedGov\_RD_{it}$		5.405***			
		(2.75)			
$D_L MedGov\_RD_{it}$		9.273***			
		(2.95)			

续表

	动态面板模型	R&D补贴率	研发补贴稳定性	研发补贴交互性	空间动态杜宾模型
$Med(Gov\_RD_{it} * SD_i)$			−151.8** (−1.98)		
$Med(SID_{it} * RDtd_{it})$				−102.0 (−1.33)	
$Med(SID_{it} * HTtr_{it})$				−64.88*** (−5.22)	

表6-15第三列给出了高、中、低三种补贴率水平下政府研发补贴对中型企业 R&D 支出影响的估计结果,高补贴率的系数为1.658,在5%的水平下显著;中补贴率的系数为5.405,在1%的水平下显著;低补贴率的系数为9.273,在1%的水平下显著。对于中型企业而言,在三种补贴率水平下,政府研发补贴对企业自身研发投入的激励作用均大于全体企业和大型企业,说明在相同补贴率水平下,企业规模越小,政府研发补贴的激励作用越显著。表6-15第四列给出了政府研发补贴稳定性的估计结果,政府研发补贴与补贴率水平标准差 SD_i 的交互项的系数为−151.8,在5%的水平下显著,说明对于中型企业,补贴的稳定性更加重要。表6-15第五列给出了补贴率水平与其他两种税收优惠政策工具交互作用的估计结果,政府研发补贴率水平与研发费用加计扣除减免税的交互项的系数为负(−102.0),但并不显著,与高新技术企业减免税的交互项系数为−64.88,在1%的水平下显著,两个政策工具的相互替代作用明显大于大型企业,主要是由高新技术减免税对中型企业自身研发投入较大的负面效应所致。

表6-15第六列是中型企业空间动态杜宾面板模型的回归结果,政府对企业研发补贴的系数为1.847,在10%的水平下显著,小于动态面板模型的结果,说明动态面板模型由于没有考虑空间效应高估了对中型企业的激励作用。政府研发补贴空间滞后项的系数为2.845,在10%的水平下显著,即其他地区政府对中型企业的研发补贴显著激励了本地区中型企业自身的研发投入。中型企业 R&D 支出的空间自回归系数为0.0509,在5%的水平下显著,相比于大型企业,中型企业自身研发投入的溢出效应较小。上一章中地方政府对中型企业的研发补贴的空间效应并不显著,其他地区政府通过影响当地中型企业 R&D 支出从而间接影响本地中型企业的 R&D 支出的系数(1.847 *

0.109)明显小于 2.845,所以存在其他因素使得本地区中型企业降低自身研发投入,可能与非国有企业在中型企业中占据较大比例有关,使得政府发出的研发补贴信号不仅对本地区的中型企业有促进作用,对其他地区的中型企业也有较大的促进作用。企业规模的系数变得不显著,说明中国的中型工业企业并没有显著利用规模优势提高自身研发投入的水平。

(四) 国有企业

表 6-16 第二列是国有企业动态面板模型的回归结果,政府对国有企业研发补贴的系数为 -0.977,在 1% 的水平下显著,即政府研发补贴每增加 1元,国有企业 R&D 支出减少 0.977 元,政府研发补贴对国有企业自身研发投入的抑制作用比大型企业还要明显。研发加计扣除减免税政策和高新技术企业减免税政策对国有企业 R&D 支出均无显著的激励作用。模型的其他变量,国有企业 R&D 支出的时间一阶滞后项系数为 0.764,在 1% 的水平下显著;国有企业需要重点关注的是企业规模、资产负债率以及利润三个变量的估计系数,其中国有企业规模的系数在 5% 的水平下显著为正,资产负债率的系数在 10% 的水平下显著为负,利润的系数在 1% 的水平下显著为负,这三者的系数将在下文结合空间面板模型的结果进行深入分析。

表 6-16　　　　　　　　国有企业回归结果

	动态面板模型	R&D 补贴率	研发补贴稳定性	研发补贴交互性	空间动态杜宾模型
$SoEEn\_RD_{it-1}$	0.764***	0.692***	0.748***	0.735***	0.708***
	(8.84)	(7.56)	(8.53)	(10.79)	(10.99)
$SoEGov\_RD_{it}$	-0.997***		-0.948	0.482	-0.597**
	(-3.13)		(-0.93)	(1.01)	(-2.09)
$SoERDtd_{it}$	0.0147	0.0267	0.0142	0.526	0.290
	(0.06)	(0.12)	(0.08)	(0.52)	(1.44)
$SoEHTtr_{it}$	0.800	0.630	0.819*	2.004*	0.252***
	(1.58)	(1.39)	(1.71)	(1.93)	(2.66)
$SoESize_{it}$	19.81**	21.24**	19.79**	15.91**	20.15**
	(2.05)	(2.19)	(2.21)	(2.01)	(2.39)
$SoEDeRa_{it}$	-115.8*	-143.5**	-114.5*	-94.56	-104.9**
	(-1.84)	(-1.99)	(-1.77)	(-1.54)	(-2.48)
$SoEProfit_{it}$	-0.000821***	-0.000900***	-0.000767***	-0.00101***	-0.000620*
	(-3.00)	(-2.79)	(-3.47)	(-4.50)	(-1.66)

续表

	动态面板模型	R&D补贴率	研发补贴稳定性	研发补贴交互性	空间动态杜宾模型
$WSoEEn\_RD_{it}$					0.0905*
					(1.91)
$WSoEGov\_RD_{it}$					−1.327***
					(−3.12)
$D_H SoEGov\_RD_{it}$		−1.524			
		(−1.14)			
$D_M SoEGov\_RD_{it}$		0.125			
		(0.27)			
$D_L SoEGov\_RD_{it}$		1.443			
		(1.36)			
$SoE(Gov\_RD_{it} * SD_i)$			2.156		
			(0.08)		
$SoE(SID_{it} * RDtd_{it})$				−9.028	
				(−0.92)	
$SoE(SID_{it} * HTtr_{it})$				−21.31**	
				(−2.13)	

表6-16第三列给出了高、中、低三种补贴率水平下政府研发补贴对国有企业R&D支出影响的估计结果,高补贴率的系数为−1.524,中补贴率的系数为0.125,低补贴率的系数为1.443,均不显著。尽管并不显著,但高补贴率的系数也说明存在政府研发补贴降低国有企业研发总投入水平的可能性,这种抑制作用已经超过了完全挤出效应,说明在高补贴率水平下国有企业对政府研发补贴产生了过度的依赖,大幅降低自身的研发投入,而在中、低水平下,政府研发补贴也无法显著促进国有企业自身研发投入的增加,反映出政府对于国有企业的研发补贴已经远远超过了最优补贴率水平,存在非常严重的补贴过剩问题。

表6-16第四列给出了政府研发补贴稳定性的估计结果,政府研发补贴与补贴率水平标准差SD_i的交互项的系数为2.156,尽管并不显著,但正的系数也说明对于国有企业过度的补贴,使得补贴的稳定性对国有企业自身研发投入产生了抑制的作用。表6-16第五列给出了补贴率水平与其他两种税收优惠政策工具交互作用的估计结果,政府研发补贴率水平与研发费用加计扣除减免税的交互项的系数为负(−9.028),但并不显著,与高新技术企业减免

税的交互项系数为－21.31,在5%的水平下显著,说明国有企业的政府研发补贴与税收优惠政策呈现相互替代的作用,再次反映了国有企业补贴过剩的问题。

表6-16第六列是国有企业空间动态杜宾面板模型的回归结果,政府对国有企业研发补贴的系数为－0.597,在5%的水平下显著,大于动态面板模型的结果,说明动态面板模型由于没有考虑空间效应高估了对国有企业的抑制作用。政府研发补贴空间滞后项的系数为－1.327,在1%的水平下显著,即其他地区政府研发补贴每增加1元,本地区企业R&D支出减少1.327元,说明其他地区政府对当地国有企业的研发补贴不仅显著抑制了本地区国有企业自身的研发投入,而且降低了国有企业研发的总投入。国有企业R&D支出的空间自回归系数为0.0905,在10%的水平下显著,说明国有企业自身的研发溢出效应还是非常明显的。

结合上一章中地方政府对国有企业研发补贴显著为负的空间效应(系数为－0.454,见第五章表5-6),当其他地区政府增加1元的研发补贴,当地国有企业会减少0.597元的R&D支出,与此同时本地区政府会减少0.454元的研发补贴,受其他地区国有企业和本地区政府的共同作用,相应的本地区国有企业R&D支出会分别减少0.0540元和增加0.271元,其他地区政府通过这两种途径对本地区国有企业R&D支出的总影响为增加0.217元,但实际的结果却为减少1.327元,产生这种现象的原因有两个:第一,由于过度依赖性的存在,使得国有企业自身研发投入对政府研发补贴产生了"棘轮效应",政府增加对国有企业的补贴,企业会降低自身研发投入,而当政府减少对国有企业的补贴时,企业并不会增加自身研发投入,反而会习惯性的继续减少研发投入,即国有企业已经习惯了政府过度的研发补贴,在此背景下国有企业自身研发投入只会减少而不会增加。第二,由于国有企业研发的主动性并不强,其研发投入较少依赖社会资金,主要来源于自有资金,当其他地区政府增加对本地国有企业的补贴时,其实是向本地区国有企业发出了负向信号,即其他地区国有企业已经在政府支持下进行某项研发项目,那么本地的国有企业就更不愿意再从事相似的创新活动,当然这背后也可能是中央政府协调地方政府统一安排部署特定的国有企业进行专项研发项目,为了避免资金的浪费,而不再允许或鼓励其他同类型的国有企业在相同的研发方向投入资金。

企业规模的系数依然非常显著,系数为20.15,在5%的水平下显著,说明中国的国有企业会利用规模优势扩大自身研发投入的规模。空间模型中的资产负债率和利润的系数结果与动态面板相似，依旧显著为负。资产负债率的系数为负，说明当负债增加时，国有企业会减少自身研发投入。这背后的原因是中国国有企业的资产负债率近年来一直维持在较高的水平上，2015年中国工业企业整体的资产负债率为56.6%，而国有企业则高达61.9%，高于非国有企业的51.8%和外资企业的54.5%，供给侧结构性改革中的"去杠杆"就是主要降低国有企业的杠杆，国有企业如此之高的负债率已经无法再通过债务融资提高自身的研发投入水平，也就是说过高的负债率严重阻碍了国有企业增加研发投入。利润的系数为负，说明当利润增加时，国有企业反而会减少自身研发投入，这种现象与国有企业现有的以"利润"为核心的考核机制密切相关，国有企业在看到短期内利润增加的情况时，会满足于现状，而忽视有利于长期发展的研发投入。综上可以看出，国有企业自身的研发投入在政府研发补贴影响下的变化与全体企业的情况出现了较大的差异（政府研发补贴的系数为负、政府研发补贴空间滞后项的系数为负，资产负债率的系数为负、利润的系数为负），而出现差异的原因在于过度的研发补贴、过高的负债率以及短视的考核机制，本书将这种差异称为国有企业研发投入的异化现象。

（五）非国有企业

表6-17第二列是非国有企业动态面板模型的回归结果，政府对非国有企业研发补贴的系数为6.601，在1%的水平下显著，政府研发补贴对非国有企业自身研发投入的激励作用在所有类型的企业中是最高的。研发加计扣除减免税的系数为1.625，在1%的水平下显著，不同于国有企业，研发加计扣除政策对非国有企业自身研发投入有显著的促进作用。而高新技术企业减免税的系数为-0.0171，尽管并不显著，但也存在非国有企业在获得高新技术企业认证后，就失去了增加自身研发投入兴趣的可能性，意味着高新技术企业减免税对非国有企业而言只是合理避税的工具。模型的其他变量，非国有企业R&D支出的时间—阶滞后项系数为0.698，在1%的水平下显著；非国有企业利润的系数为0.0178，在1%的水平下显著，说明非国有企业在利润增加时会提高自身研发投入的水平；企业规模和企业资产负债率在此模型中均未见显著作用。

表 6-17　非国有企业回归结果

	动态面板模型	R&D补贴率	研发补贴稳定性	研发补贴交互性	空间动态杜宾模型
$nSoEEn\_RD_{it-1}$	0.698***	0.688***	0.648***	0.526***	0.835***
	(13.59)	(13.37)	(11.12)	(4.02)	(17.08)
$nSoEGov\_RD_{it}$	6.601***		13.11***	15.04**	3.145*
	(2.91)		(3.66)	(2.20)	(1.90)
$nSoERDtd_{it}$	1.625***	1.708***	1.938***	6.615	1.207***
	(2.80)	(2.83)	(2.89)	(1.64)	(5.24)
$nSoEHTtr_{it}$	−0.0171	−0.0433	−0.0813	0.552	−0.271
	(−0.04)	(−0.09)	(−0.16)	(0.78)	(−0.83)
$nSoESize_{it}$	8.975	6.859	8.708	7.086	−5.177*
	(1.32)	(1.10)	(1.51)	(1.53)	(−1.83)
$nSoEDeRa_{it}$	9.868	2.116	−7.883	−2.365	26.92*
	(0.26)	(0.07)	(−0.50)	(−0.06)	(1.66)
$nSoEProfit_{it}$	0.0178***	0.0161***	0.0161***	0.0128***	0.0151***
	(3.46)	(2.86)	(3.58)	(3.01)	(4.66)
$WnSoEEn\_RD_{it}$					0.0322**
					(1.99)
$WnSoEGov\_RD_{it}$					2.623**
					(2.73)
$D_H nSoEGov\_RD_{it}$		7.567**			
		(2.32)			
$D_M nSoEGov\_RD_{it}$		3.418			
		(1.00)			
$D_L nSoEGov\_RD_{it}$		7.899***			
		(3.13)			
$nSoE(Gov\_RD_{it} * SD_i)$			−1043.3***		
			(−2.97)		
$nSoE(SID_{it} * RDtd_{it})$				−254.7	
				(−1.24)	
$nSoE(SID_{it} * HTtr_{it})$				−9.728	
				(−0.68)	

表 6-17 第三列给出了高、中、低三种补贴率水平下政府研发补贴对非国有企业 R&D 支出影响的估计结果，高补贴率的系数为 7.567，在 1% 的水平下显著；中补贴率的系数为 3.418，并不显著；低补贴率的系数为 7.899，在 1% 的水平下显著。对于非国有企业而言，高、低两种补贴率水平下，政府研发补贴

第六章 政府创新政策对企业研发投入的影响 / 149

对企业自身研发投入的激励作用最大,而中补贴率水平并无显著作用,直接反映了政府对非国有企业的补贴仍然非常不足。

为了深入研究这种"两端大,中间小"的现象,本书进一步分析非国有企业补贴率水平与企业规模之间的关系,并做如下简单的回归:

$$nSoESID_{it} = \beta nSoESize_{it} + u_i + \alpha_t + \varepsilon_{it}$$

双向固定效应面板模型回归下,β 估计结果为 -0.0629,在5%的水平下显著,说明政府对非国有企业的补贴率水平随着非国有企业规模的提高而降低,而企业规模往往也反映了企业所处的发展阶段与市场中的地位,即政府更愿意支持处于成长初期的非国有企业,而对发展成熟或者说是处于龙头地位的非国有企业的补贴力度较小。所以高、低两种补贴率水平分别对应的是成长初期和成熟期的非国有企业,这两种处在非国有企业金字塔最底层和最上层的企业对政府研发补贴的反应最为强烈,补贴的效果最好。

表6-17第四列给出了政府研发补贴稳定性的估计结果,政府研发补贴与补贴率水平标准差 SD_i 的交互项的系数为 -1043.3,在1%的水平下显著,远远大于其他类别企业对应的系数,说明补贴的稳定性对于非国有企业自身研发投入相比于其他类别的企业更加重要。表6-17第五列给出了补贴率水平与其他两种税收优惠政策工具交互作用的估计结果,政府研发补贴率水平与研发费用加计扣除减免税的交互项的系数,以及与高新技术企业减免税的交互项系数尽管为负,但均不显著,并且也主要是由高新技术减免税的负面效应所致,再次说明对于非国有企业并不存在补贴过剩的问题。

表6-17第六列是非国有企业空间动态杜宾面板模型的回归结果,政府对非国有企业研发补贴的系数为3.145,在10%的水平下显著,小于动态面板模型的结果,说明动态面板模型由于没有考虑空间效应高估了对非国有企业的激励作用。政府研发补贴空间滞后项的系数为2.623,在5%的水平下显著,说明其他地区政府对非国有企业的研发补贴显著激励了本地区非国有企业自身的研发投入。非国有企业 R&D 支出的空间自回归系数为0.0322,在5%的水平下显著,相比于国有企业,非国有企业自身研发投入的溢出效应较大。

结合上一章中地方政府对非国有企业研发补贴显著为正的空间效应(系数为0.166,见第五章表5-7),当其他地区政府增加1元的研发补贴,当地非国有企业会增加3.145元的R&D支出,与此同时本地区政府会增加0.166元的研发补贴,受其他地区非国有企业和本地区政府的共同作用,相应地本地区非国有企业R&D支出会分别增加0.101元和0.522元,其他地区政府通过这两种途径对本地区国有企业R&D支出的总影响为增加0.623元,实际的结果为增加2.623元,说明除了上述两种传导机制,其他地区政府发出的信号也对本地区非国有企业的研发投入有促进作用,信号效应使得本地区同类型的非国有企业更容易获得外部研发融资。企业利润的系数仍然显著为正,说明尽管模型加入了空间效应,利润依旧是驱动非国有企业提高研发投入提高的因素。企业资产负债率的系数变得显著为正,这是因为非国有企业的负债率较低,可以通过债务融资提高研发投入水平。但是企业规模的系数变得显著为负,说明非国有企业在发展成为较大规模的企业后会降低自身研发投入的水平,反映出非国有企业在激烈的市场竞争中脱颖而出后研发创新的动力弱化问题。

(六) 外资企业

表6-18第二列是外资企业动态面板模型的回归结果,政府对外资企业研发补贴的系数为5.117,在1%的水平下显著,政府研发补贴对外资企业自身研发投入的激励作用仅次于非国有企业。研发加计扣除政策并没有显著影响。而高新技术企业减免税的系数为-1.152,尽管并不显著,但也存在与非国有企业一样的问题,即外资企业仅将高新技术企业减免税政策作为合理避税的工具。模型的其他变量,外资企业R&D支出的时间一阶滞后项系数为0.716,在1%的水平下显著;外资企业利润的系数为0.05,在1%的水平下显著,相比于非国有企业,外资企业自身研发投入受到利润驱动的作用较大。

表6-18　　　　　　　　　外资企业回归结果

	动态面板模型	R&D补贴率	研发补贴稳定性	研发补贴交互性	空间动态杜宾模型
$FoEEn\_RD_{it-1}$	0.716***	0.646***	0.654***	0.287***	0.733***
	(4.76)	(5.73)	(4.89)	(5.62)	(12.24)
$FoEGov\_RD_{it}$	5.117*		16.32***	39.21***	3.675*
	(1.68)		(4.77)	(7.89)	(1.38)
$FoERDtd_{it}$	0.835	1.066	0.799	0.640	1.027***
	(0.73)	(1.09)	(0.80)	(0.73)	(2.95)

续表

	动态面板模型	R&D补贴率	研发补贴稳定性	研发补贴交互性	空间动态杜宾模型
$FoEHTtr_{it}$	−1.152	−0.616	−0.673	4.567***	−1.026
	(−1.17)	(−0.94)	(−0.87)	(8.09)	(−1.18)
$FoESize_{it}$	1.731	1.702	1.503	1.364	−1.869
	(0.84)	(0.69)	(0.81)	(0.59)	(−0.79)
$FoEDeRa_{it}$	31.56	9.626	6.160	5.086	33.89*
	(1.07)	(0.54)	(0.37)	(0.32)	(1.56)
$FoEProfit_{it}$	0.0500***	0.0393***	0.0354***	0.0230***	0.0195*
	(4.89)	(3.86)	(4.18)	(5.06)	(1.94)
$WFoEEn\_RD_{it}$					0.0761*
					(1.90)
$WFoEGov\_RD_{it}$					1.642*
					(1.81)
$D_H FoEGov\_RD_{it}$		3.221***			
		(5.18)			
$D_M FoEGov\_RD_{it}$		2.996*			
		(1.88)			
$D_L FoEGov\_RD_{it}$		10.43***			
		(5.25)			
$FoE(Gov\_RD_{it} * SD_i)$			−506.3***		
			(−4.04)		
$FoE(SID_{it} * RDtd_{it})$				−98.17**	
				(−2.27)	
$FoE(SID_{it} * HTtr_{it})$				−332.2***	
				(−7.71)	

表6-18第三列给出了高、中、低三种补贴率水平下政府研发补贴对中型企业R&D支出影响的估计结果,高补贴率的系数为3.221,在1%的水平下显著;中补贴率的系数为2.996,在10%的水平下显著;低补贴率的系数为10.43,在1%的水平下显著。对于外资企业,任何补贴率水平均对企业自身研发投入有激励作用,但低补贴率系数远远大于中、高补贴率系数,说明对外资企业的补贴存在过剩的问题。表6-18第四列给出了政府研发补贴稳定性的估计结果,政府研发补贴与补贴率水平标准差SD_i的交互项的系数为−506.3,在1%的水平下显著,说明对于外资企业,补贴的稳定性也非常重要。表6-18第五列给出了补贴率水平与其他两种税收优惠政策工具交互作用的估计结

果,政府研发补贴率水平与研发费用加计扣除减免税的交互项的系数显著为负,说明政府研发补贴与研发加急扣除政策在外资企业上存在替代的关系,也反映出补贴过剩的问题,而与高新技术企业减免税的交互项系数尽管也显著为负,但是由于高新技术减免税本身存在负面影响的可能,很难断言两种政策工具存在替代关系。

表6-18第六列是外资企业空间动态杜宾面板模型的回归结果,政府对企业研发补贴的系数为3.675,在10%的水平下显著,小于动态面板模型的结果,说明动态面板模型由于没有考虑空间效应高估了对外资企业的激励作用。政府研发补贴空间滞后项的系数为1.642,在10%的水平下显著,说明其他地区政府对外资企业的研发补贴显著激励了本地区外资企业自身的研发投入。外资企业R&D支出的空间自回归系数为0.0761,在10%的水平下显著,相比于非国有企业,外资企业自身研发投入的溢出效应较大。上一章中地方政府对外资企业的研发补贴的空间效应并不显著,其他地区政府通过影响当地外资企业R&D支出从而间接影响本地外资企业的R&D支出的系数(3.675*0.0761=0.280)小于1.642,所以除了上述这种间接影响,本地政府发出的研发补贴信号也对其他地区的外资企业有显著的促进作用。研发加计扣除政策的影响变得显著,系数为1.027,在1%的水平下显著,所以与非国有企业相同,无论是直接的研发补贴还是间接的税收抵扣,均对外资企业自身研发投入有较好的效果。外资企业规模的系数依旧不显著,但资产负债率系数变得显著为正,与非国有企业相似,由于外资企业的负债率也相对低,可以通过债务融资提高研发投入水平。

五、政策工具的短期影响和长期影响

本节的重点在于分析三种政策工具,尤其是政府研发补贴政策在动态空间面板模型下对不同类型企业R&D支出的短期直接影响、长期直接影响、短期溢出影响、长期溢出影响、短期总体影响以及长期总体影响(具体结果见表6-19)。因为空间杜宾模型的优势在于可以较好的将反馈效应纳入结果中,使得政策效果的估计更加准确。

表6-19 三种政策工具对不同类型企业R&D支出的短期影响和长期影响

全体企业

	动态面板	空间动态面板 直接	空间动态面板 溢出	空间动态面板 总体
Gov_RD_{it} 短期影响	1.768*	1.381**	1.930*	3.311*
$RDtd_{it}$ 短期影响	0.359	0.529	0.0239	0.553
$HTtr_{it}$ 短期影响	2.065***	1.229**	0.0511*	1.280***
Gov_RD_{it} 长期影响	4.715**	4.769**	7.932**	12.70**
$RDtd_{it}$ 长期影响	0.957	1.806	0.0925	1.896
$HTtr_{it}$ 长期影响	5.567***	4.191***	0.199*	4.390***

大型企业

	动态面板	直接	溢出	总体
Gov_RD_{it} 短期影响	−0.877**	−0.693**	−1.264***	−1.957**
$RDtd_{it}$ 短期影响	0.436	0.326	0.00347	0.329
$HTtr_{it}$ 短期影响	2.683**	1.704**	0.0287*	1.733***
Gov_RD_{it} 长期影响	−1.815**	−2.346**	−4.360***	−6.706**
$RDtd_{it}$ 长期影响	0.904	1.059	0.0173	1.076
$HTtr_{it}$ 长期影响	5.554***	5.547**	0.118*	5.665***

中型企业

	动态面板	直接	溢出	总体
Gov_RD_{it} 短期影响	2.269**	1.868**	3.415**	5.283**
$RDtd_{it}$ 短期影响	4.649**	2.172**	0.278*	2.450**
$HTtr_{it}$ 短期影响	−1.218**	−0.822**	−0.0979*	−0.920**
Gov_RD_{it} 长期影响	4.458**	8.676**	15.748**	24.424**
$RDtd_{it}$ 长期影响	9.134**	10.302*	1.374**	11.676**
$HTtr_{it}$ 长期影响	−2.393***	−3.856***	−0.463**	−4.319***

国有企业

	动态面板	直接	溢出	总体
Gov_RD_{it} 短期影响	−0.997***	−0.627**	−1.478***	−2.104***
$RDtd_{it}$ 短期影响	0.0147	0.314	0.0284	0.342
$HTtr_{it}$ 短期影响	0.800**	0.252**	0.0145*	0.267**
Gov_RD_{it} 长期影响	−4.225**	−2.443**	−5.361***	−7.804**
$RDtd_{it}$ 长期影响	0.0623	1.131	0.116	1.247
$HTtr_{it}$ 长期影响	3.390***	0.895***	0.0638*	0.959*

非国有企业

	动态面板	直接	溢出	总体
Gov_RD_{it} 短期影响	6.601***	3.053***	2.506***	5.559***
$RDtd_{it}$ 短期影响	1.625**	1.209**	0.361*	1.570**
$HTtr_{it}$ 短期影响	−0.0171	−0.279	−0.009	−0.288
Gov_RD_{it} 长期影响	21.86***	18.55**	15.48**	34.03**
$RDtd_{it}$ 长期影响	5.381**	7.392**	1.172**	8.564***
$HTtr_{it}$ 长期影响	−0.0566	−1.710	−0.0562	−1.766

外资企业

	动态面板	直接	溢出	总体
Gov_RD_{it} 短期影响	5.117*	3.613*	1.614*	5.227*
$RDtd_{it}$ 短期影响	0.835	1.054**	0.0866*	1.141***
$HTtr_{it}$ 短期影响	−1.152	−1.048	−0.960	−1.144
Gov_RD_{it} 长期影响	18.02**	13.72**	6.319**	20.04**
$RDtd_{it}$ 长期影响	2.941	4.028**	0.379*	4.407**
$HTtr_{it}$ 长期影响	−4.056	−4.022	−1.982	−6.004

整体而言,中国各地方政府研发补贴政策效果较好,显著激励了企业提高自身研发投入的水平。对于全体工业企业,政府研发补贴政策的短期总体乘数为3.311,在10%的水平下显著(本节所报告系数均在10%、5%或1%的水平下显著),即各个地方政府研发补贴每增加1元,各地企业自身研发投入增加3.311元(下同),其中短期直接乘数为1.381,短期溢出乘数为1.930,在短期影响中,来自本地政府的直接影响占比为41.71%,而来自其他地区政府的溢出影响占比为58.29%;政府研发补贴政策的长期总体乘数为12.70,其中长期直接乘数为4.769,占比37.55%,长期溢出乘数为7.932,占比62.45%。从长期来看,其他地区政府研发补贴溢出影响的占比逐渐加大,尽管整体而言地方政府研发补贴之间相互替代,但是它们对其他地区企业R&D支出的正向溢出作用显著提高了我国企业自身研发投入的水平,其中既有直接激励带来的各地企业之间研发溢出的贡献,也有信号效应溢出的贡献。而使用动态面板测算的政府研发补贴政策的长短期影响,均大于空间动态面板的直接影响,而小于总体影响,在忽略空间溢出效应以及其中的反馈效应的情形下,高估了28.02%的本地政府研发补贴的短期直接影响,而低估了1.13%的长期直接影响、46.60%的总体短期影响以及62.87%的总体长期影响,说明在评估政府研发补贴政策时,忽视空间效应会带来政策评价结果上的偏差。

对于不同规模的企业,政府研发补贴政策的效果有明显的区别,政府研发补贴抑制了大型企业的R&D支出,但却大幅激励了中型企业的R&D支出。从具体影响的乘数来看,对于大型企业,政府研发补贴政策的短期总体乘数为-1.957,其中短期直接乘数为-0.693,占比35.41%,短期溢出乘数为-1.264,占比64.59%;政府研发补贴政策的长期总体乘数为-6.706,其中长期直接乘数为-2.346,占比34.98%,长期溢出乘数为-4.360,占比65.02%,可见无论短期还是长期,其他地区政府研发补贴的溢出影响都是抑制本地大型企业自身研发支出的主要原因。对于中型企业,政府研发补贴政策的短期总体乘数为5.283,其中短期直接乘数为1.868,占比35.36%,短期溢出乘数为3.415,占比64.64%;政府研发补贴政策的长期总体乘数为24.424,其中长期直接乘数为5.676,占比35.52%,长期溢出乘数为15.748,占比64.48%,其他地区政府研发补贴对本地区中型企业自身研发支出的激励作用大于本地政府的作用。同样地,使用动态面板测算的政府研发补贴对大型、中型企业的长短期影响也高估了直接影响,而低估了总体影响。

对于不同所有制的企业,政府研发补贴政策的效果也存在显著的差异,政府研发补贴抑制了国有企业的 R&D 支出,却激励了非国有企业和外资企业的 R&D 支出。从具体影响的乘数来看,对于国有企业,政府研发补贴政策的短期总体乘数为-2.104,其中短期直接乘数为-0.627,占比29.80%,短期溢出乘数为-1.478,占比70.20%;政府研发补贴政策的长期总体乘数为-7.804,其中长期直接乘数为-2.443,占比31.30%,长期溢出乘数为-5.361,占比68.70%,从长期来看本地政府研发补贴的直接影响作用在加大,但仍然没有超过其他地区政府的溢出影响,地方政府在国有企业研发补贴上的相互替代作用以及国有企业对政府研发补贴的过度依赖,共同形成了这种显著的抑制作用。对于非国有企业,政府研发补贴政策的短期总体乘数为5.559,其中短期直接乘数为3.053,占比54.92%,短期溢出乘数为2.506,占比45.08%;政府研发补贴政策的长期总体乘数为34.03,其中长期直接乘数为18.55,占比54.51%,长期溢出乘数为15.48,占比45.49%,地方政府在非国有企业研发补贴上的正向竞争、较低的研发补贴率、研发补贴信号效应的直接影响和溢出影响以及非国有企业自身研发投入的相互溢出,使得各个地区政府对非国有企业每增加1元的研发补贴,当期各地非国有企业就会增加5元以上的自身研发投入,而长期更是会增加34元以上的自身研发投入,政府对非国有企业的研发补贴取得了极其优异的政策效果。对于外资企业,政府研发补贴政策的短期总体乘数为5.227,其中短期直接乘数为3.613,占比69.12%,短期溢出乘数为1.614,占比30.88%;政府研发补贴政策的长期总体乘数为20.04,其中长期直接乘数为13.72,占比68.47%,长期溢出乘数为6.319,占比31.53%,可以看出外资企业受到政府研发补贴溢出影响的作用在各种类型企业中都是最低的,有限的溢出影响也主要来源于信号效应以及外资企业自身研发投入的溢出,地方政府在对外资企业的研发补贴上并不存在竞争。同样使用动态面板测算的政府研发补贴对国有企业和非国有企业的长短期影响也高估了直接影响,而低估了总体影响,但是对于外资企业的总体影响也存在高估。

研发费用加计扣除减免税政策的整体效果并不显著,政策失灵的主要原因是对大型企业以及国有企业的政策效果不显著,这与国有企业研发补贴的过剩有一定的关系,但最根本的原因在于利润,尤其是当期的利润对于国有企业的极端重要性,国有企业作为各级政府直接管理的企业,研发费用加计扣除所减免的税赋对于国有企业相对来说并不特别重要,反而因为研发费用加计扣除会直接减少当期利润从而影响国有企业的业绩考评,所以国有企业并不会因为这个政策增加自身的研发投入。

但是研发费用加扣除减免税政策显著激励了中型企业、非国有企业以及外资企业自身研发投入。对于中型企业,研发费用加扣除的短期总体乘数为2.450,其中短期直接乘数为2.172,占比88.65%,短期溢出乘数为0.278,占比11.34%,长期总体乘数为11.676,其中长期直接乘数为10.302,占比88.23%,长期溢出乘数为1.374,占比11.77%。对于非国有企业,研发费用加扣除的短期总体乘数为1.570,其中短期直接乘数为1.209,占比77.01%,短期溢出乘数为0.361,占比22.99%,长期总体乘数为8.564,其中长期直接乘数为7.392,占比86.31%,长期溢出乘数为1.172,占比13.68%。对于外资企业,研发费用加扣除的短期总体乘数为1.141,其中短期直接乘数为1.054,占比92.38%,短期溢出乘数为0.866,占比7.59%,长期总体乘数为4.407,其中长期直接乘数为4.028,占比91.40%,长期溢出乘数为0.379,占比8.60%。上述三类企业,研发费用加计扣除减免税政策溢出影响的作用都不大,长短期溢出影响的占比均小于15%,可见税收这种间接的优惠政策,其对企业自身研发投入的溢出影响明显小于研发补贴这种直接的优惠政策。

不同于研发费用加计扣除减免税政策,高新技术企业减免税政策的整体效果较为显著,主要是该政策显著激励了大型企业和国有企业自身研发投入的增加。对于全体企业,高新技术企业减免税的短期总体乘数为1.280,其中短期直接乘数为1.229,占比96.02%,短期溢出乘数为0.0511,占比3.98%,长期总体乘数为4.390,其中长期直接乘数为4.191,占比95.47%,长期溢出乘数为0.199,占比4.53%。对于大型企业,高新技术企业减免税的短期总体乘数为1.733,其中短期直接乘数为1.704,占比98.32%,短期溢出乘数为0.0287,占比1.67%,长期总体乘数为5.665,其中长期直接乘数为5.547,占比97.92%,长期溢出乘数为0.118,占比2.08%。对于国有企业,高新技术企业减免税的短期总体乘数为0.267,其中短期直接乘数为0.252,占比94.56%,短期溢出乘数为0.0145,占比5.44%,长期总体乘数为0.956,其中长期直接乘数为0.895,占比93.35%,长期溢出乘数为0.0638,占比6.65%。可见,高新技术企业减免税政策溢出影响的长短期作用均很小,再次说明间接的研发优惠政策溢出影响较小。

但是高新技术企业减免税政策对中型企业自身研发投入的影响显著为负,短期总体乘数为-0.92,长期总体乘数为-4.319,意味着当中型企业是高新技术企业时每减免1元税额,中型企业当期的自身研发投入减少0.92元,长期减少4.319元,其中短期直接乘数为－0.822,占比89.36%,短期溢出乘数为－0.0979,占比10.64%,长期直接乘数为－3.856,占比89.28%,长期溢出乘数为－0.463,占比10.72%。尽管高新技术企业减免税政策对非国有企业和外资企业自身研发投入的抑制作用并不显著,但也存在负向影响的可能性。高新技术企业减免税政策对中型企业、非国有企业以及外资企业存在失灵的可能,违背了政策制定的初衷。

高新技术企业减免税之所以会产生与研发加计扣除完全相反的政策效果,是因为两种税收优惠政策对于企业自身研发投入而言存在事前与事后的区别。获得高新技术企业认证最为核心的要求之一是企业的研发费用连续3年达到销售收入的一定比例即可(最新的标准为按企业销售收入的规模,2亿元以上不低于3%,5千万元到2亿元不低于4%,5千万元以下不低于5%),也就是说企业在满足其他条件下研发投入只要达到最低比例,就可以享受15%的所得税税率,在原来25%的基础上减少了四成。非国有企业和外资企业在成为高新技术企业后,只要保持研发投入占销售收入的比例,就可以一直享受所得税优惠,既没有外界的强制要求,也没有内在的动力去增加研发投入,高新技术企业减免税事实上就变成了一种事前的优惠政策,并且政府很难掌握非国有企业和外资企业真实的研发投入和销售收入,企业可以通过会计上的处理方法降低自身的销售收入,从而让研发投入达到最低的比例要求。而研发费用加计扣除政策是在每个会计年度核算企业自身研发投入后进行的抵扣,抵扣的多少直接与企业自身研发投入挂钩,多投入多抵扣,少投入少抵扣,是一种事后的优惠政策。高新技术企业减免税在国有企业上有良好的效果,可能的原因是政府与国有企业之间的信息不对称程度较低,政府能够掌握国有企业真实的会计报表,而且国有企业没有动机去做低销售收入(反而为了政绩有做大销售收入的可能),国有企业为了保证利润水平,销售收入要保持一定的增速,那么作为高新技术企业的国有企业就必须相应地提高研发投入水平以满足最低比例要求。

六、稳健性检验

鉴于空间计量模型的回归结果对空间权重矩阵的敏感性,本书使用最常用的0-1空间权重矩阵进行稳健性检验,结果见表6-20。全体企业政府研发补贴空间滞后项的系数仍为正,但是显著性大幅降低。由于按规模分类,政府研发补贴对大型企业和中型企业R&D支出影响的空间效应相反,而按所有权性质分类,对国有企业和非国有企业、外资企业R&D支出影响的空间效应也相反,相反的效应在全体企业内部相互抵消,而0-1空间权重矩阵的设定又过于简单化和理想化,所以政府研发补贴对全体企业的空间效应完全无法识别,而且政府研发补贴对大型企业、中型企业、国有企业以及外资企业的R&D支出的空间效应在0-1空间权重矩阵下也变得不显著,说明本书使用铁路客运数据所构建的空间权重矩阵对于全面评价政府研发补贴政策具有极高的应用价值,在进行政策评价时,使用过于简单理想的空间权重矩阵会忽视政策的空间效应,导致无法全面衡量政策的真实效果。其他核心解释变量的符号以及显著性水平均无明显的变化,说明本书空间动态面板杜宾模型的实证结果是稳健可靠的。

表6-20　　　　　　使用0-1空间权重矩阵的回归结果

	全体企业	大型企业	中型企业	国有企业	非国有企业	外资企业
En_RD_{it-1}	0.698***	0.682***	0.741***	0.676***	0.839***	0.730***
	(8.89)	(18.06)	(8.87)	(10.53)	(17.52)	(11.73)
Gov_RD_{it}	1.386*	-0.852*	1.962*	-0.626*	3.147**	4.623*
	(1.71)	(-2.12)	(1.82)	(-1.68)	(1.99)	(1.71)
$RDtd_{it}$	0.552	0.267	2.171**	0.272	1.187***	0.831***
	(0.97)	(0.61)	(1.99)	(1.27)	(5.23)	(2.61)
$HTtr_{it}$	1.245***	0.404	-0.858***	0.257***	-0.275	-0.993
	(2.86)	(1.10)	(-3.21)	(2.62)	(-0.86)	(-1.14)
$Size_{it}$	-27.65**	7.054**	6.501	15.29**	-6.025**	-1.425
	(-2.14)	(1.99)	(1.56)	(2.47)	(-1.99)	(-0.73)
$DeRa_{it}$	200.9**	-1.122	-13.12	-98.25***	22.07	32.78
	(2.20)	(-0.03)	(-0.66)	(-2.64)	(1.38)	(1.54)
$Profit_{it}$	0.0295***	0.0260***	0.0127	-0.000713*	0.0150***	0.0180*
	(4.42)	(3.47)	(1.46)	(-1.72)	(4.71)	(1.72)
WEn_RD_{it}	0.0650*	0.0556	0.0498**	0.0575	0.0433**	0.121***
	(1.68)	(1.03)	(1.93)	(0.46)	(2.09)	(2.92)
$WGov\_RD_{it}$	1.418	-0.279	0.868	-0.183	2.530*	0.849
	(1.43)	(-0.52)	(0.62)	(-0.23)	(1.67)	(1.08)

第六章 政府创新政策对企业研发投入的影响

第五节 本章小结

本章从最直接的价格效应分析政府研发补贴对企业研发投入影响的理论机制，政府研发补贴会直接影响研发投入的要素价格，但对价格的影响程度取决于企业所在的市场性质，在古典经济学和凯恩斯经济学的两种假定下，政府研发补贴对要素价格的影响效果截然不同，而研发投入要素价格对需求的敏感程度也对影响效果有直接的作用，从而使得企业在一般要素和研发投入要素的投入比例发生不同的变化，要素价格变动所产生的投入效应和替代效应的变动大小也会不同，另外很难将微观的研发要素价格与宏观经济变量放入统一的实证模型框架中，所以价格效应可以帮助我们理解政府研发补贴的作用机制，但是很难进行具体的实证研究。

本章进一步分析已有文献实证结果中最常见的两种效应：激励效应和挤出效应。通过引入研发投入取得成功的概率函数以及按中间产品数量来衡量产出水平的最终产品部门的生产函数，推导影响政府研发补贴对企业研发投入的激励效应和挤出效应的因素。我们发现政府对企业自身研发投入的了解程度以及根据企业自身研发投入变化所做出的反应是决定政府研发补贴产生激励效应还是挤出效应的关键。从补贴方式上来讲，尽管从理论公式的推导结果看事后补贴比事前补贴的效果更好，但是由于研发产出成果很难在事后给予准确评价，事后补贴并不是政府的优先选择。

激励效应和挤出效应的分析结果说明政府对企业与市场的了解程度非常重要，所以可以从"信号效应"的角度来解释激励效应或挤出效应的产生。如果政府对企业与市场足够了解，鉴于企业与外部投资者之间的信息不对称，政府研发补贴可以作为传递企业值得投资信号的中介，为企业带来更多的外部融资，从而增加企业自身的研发投入。但是，政府与企业目的的不同，很可能让市场反向理解政府研发补贴所传递的信号，而且未获得研发补贴的企业可能会主动放弃研发投入，从而使得研发补贴产生挤出效应。正向或负向的信号效应，都依赖于政府是否足够了解企业与市场，如果政府并不具有先见之明，企业释放虚假的信息，那么严重的信息不对称问题会对研发补贴的实际效果产生影响。

空间溢出效应是本章分析的重点。将 R&D 问题的研究对象拓展到空间上的多个区域时,空间溢出是不能忽视的作用。通过分析两个地区之间的价格效应、激励效应、挤出效应和信号效应,我们发现政府研发补贴的空间溢出影响主要来源于三个途径:地方政府的区域竞争、企业研发投入的溢出效应、跨地区信号效应的传递。由于空间溢出影响会在不同地区之间多次反馈,所以需要计算多次反馈下的溢出影响。

本章在一般动态面板模型的基础上构建动态空间面板模型,在模型中加入研发费用加计扣除减免税和高新技术企业减免税变量,与政府研发补贴做对比分析。根据模型的设定推导出三种政策工具对企业 R&D 支出短期直接影响、长期直接影响、短期溢出影响以及长期溢出影响的公式,并对一般动态面板模型进行了扩展,以考察补贴率水平、政策工具稳定性和交互性的影响,利用门槛回归方法确定了高、中、低三种补贴率水平。

研究发现,地方政府研发补贴对本地和空间上相关联的其他地区企业(全体)的自身研发投入均具有显著的激励效应,忽视区域竞争和研发溢出效应会高估政府研发补贴对本地企业自身研发投入的激励效应,但研发费用加计扣除减免税并没有显著影响,而高新技术企业减免税有显著的促进作用。企业资产规模的增加会显著降低企业自身研发投入,而资产负债率的提升以及利润的增加则显著提高了企业自身研发投入水平。随着补贴率的提升,政府研发补贴的激励效应在下降,而且研发补贴稳定性的上升会提高企业自身研发投入,政府研发补贴与高新技术企业减免税两者之间相互替代,说明存在政策激励过度的可能。

从企业规模来看,地方政府研发补贴对本地和其他地区大型企业自身研发投入具有显著的挤出效应,而对中型企业有显著的激励效应。研发费用加计扣除减免税对大型企业自身研发投入无显著影响,但对中型企业有显著的促进作用。高新技术企业减免税对大型企业自身研发投入有显著的激励作用,而对中型企业则有显著的挤出作用。由于地方政府研发补贴并没有基于企业规模进行区域竞争,对大型企业和中型企业研发补贴的溢出影响仅从企业研发投入的溢出效应以及信号效应进行了解读。但产生这种政策效果巨大反差的原因则更多地可能来自企业所有制的差异。

从企业所有制来看,政府研发补贴对本地和其他地区国有企业自身研发投入具有显著的挤出效应,而对非国有企业和外资企业则有显著的激励效应。尽管国有企业研发投入的溢出效应为正,但是由于相互替代的区域竞争策略以及负向的信号效应,政府对本地国有企业的研发补贴会降低其他地区国有

第六章　政府创新政策对企业研发投入的影响 / 161

企业自身研发投入水平,说明国有企业的研发积极性并不高,对政府研发补贴过度依赖,而由于地方政府对非国有企业研发补贴采取相互模仿的区域竞争策略以及正向的研发投入溢出效应和信号效应,政府对本地非国有企业的研发补贴会提高其他地区的非国有企业自身研发投入水平。研发费用加计扣除减免税对国有企业自身研发投入无显著影响,但对非国有企业和外资企业有显著的促进作用,以"利润"为核心的考核机制使得国有企业并没有意愿去利用加计扣除政策,而非国有企业和外资企业则会充分利用加计扣除政策提高研发投入水平,降低纳税额。高新技术企业减免税对国有企业自身研发投入有显著的激励作用,而对非国有企业和外资企业则有挤出作用的可能,由于高新技术企业的认证标准是以研发投入占销售收入的比例来确定的,非国有企业和外资企业为了能够获得税率优惠,可能存在为了达到标准做低销售收入的可能,研发投入并没有对应的增加,仅仅将高新技术企业认证作为合理避税的工具。而国有企业由于以"利润"为核心的考核机制并不会主动做低销售收入,因为做低销售收入会影响利润水平,而且为了获得高新技术企业认证从而作为政绩体现,也会相应地增加研发投入。另外,国有企业还存在着严重的过度补贴问题,在任何补贴率水平下,政府研发补贴均没有激励国有企业增加自身研发投入;而非国有企业的研发补贴则相对不足,高、低补贴率水平有显著的激励作用,通过分析非国有企业规模和补贴率水平的关系,我们发现补贴率水平随着企业规模的增加而降低,政府更愿意补贴成长初期规模较小的非国有企业,对这部分企业自身研发投入的激励效应最高,规模较大处于龙头地位的非国有企业激励效应也较高,但龙头企业的补贴率水平却最低。对于外资企业也存在一定的过度补贴问题,中、低补贴率水平有显著的激励作用,而高补贴率水平下没有显著正向影响。同时,国有企业的资产负债率和利润的系数均显著为负,再加上政府研发补贴及其空间滞后项显著为负的系数,与全体企业、非国有企业和外资企业的结果完全相反,这种异化现象背后的原因是国有企业过度的研发补贴、过高的负债率水平以及短视的考核机制。非国有企业也存在随着企业规模的提高自身研发投入水平下降的问题,说明非国有企业在经过激烈的市场竞争确立了在行业中的重要地位后会出现创新动力弱化的问题。

通过计算研发补贴、研发费用加计扣除减免税以及高新技术企业减免税对不同企业自身研发投入的长短期直接影响、溢出影响和总体影响,我们发现政府研发补贴对中型企业非国有企业以及外资企业的补贴均会产生显著正向的长短期直接影响和溢出影响,而对大型企业和国有企业产生显著负向的长短期直接影响和溢出影响。总体影响的结果显示,相比于国有企业和外资企业,政府研发补贴对非国有企业自身研发投入的激励效应无论是短期还是长期均是最高的。研发费用加计扣除减免税仅对中型企业和非国有企业自身研发投入有显著正向的长短期直接影响和溢出影响,而高新技术企业减免税则仅对大型企业和国有企业有显著正向的长短期直接影响和溢出影响,说明两种税收优惠政策在政策设计上的差异,导致了截然不同的结果。

第七章 政府创新政策对企业研发产出的影响

第一节 引言

政府创新政策对于鼓励企业进行研发活动、提高全社会创新活动效率方面具有重要的作用。相比于税收优惠政策,研发补贴作为一种更为灵活的创新政策,直接影响企业的创新投入与产出水平。我国政府历来重视研发补贴政策的运用,随着创新投入的加大,我国各个区域的创新活力不断提升,从事研发创新活动的既有大型的跨国公司,也有初创的中小微企业,既有国有企业,也有民营和外资企业,我国已经基本形成了跨区域联动、多主体参与的创新格局。

随着我国经济从高速增长转向高质量发展,各地政府越来越重视创新在经济发展中的作用,采用包括研发补贴在内的各种创新政策支持本地企业的创新活动。在我国面临越来越严峻的核心技术制约与封锁的背景下,通过研发补贴政策的引导作用提高企业的自主创新能力、形成具有国际竞争力的专利技术、提升企业的创新成果产业化水平具有极高的战略价值。但是研发创新的高度专业性和复杂性决定了政府部门在制定和执行研发补贴政策时需要更为慎重,不同区域和不同主体之间存在的信息不对称问题会扭曲研发补贴的政策效果。所以通过基于空间溢出视角研究研发补贴对不同类型企业研发产出的影响,对于新时代下政府动态调整和完善研发补贴政策,发挥不同主体的创新优势,实现区域创新协调发展具有重要的现实意义。

第二节　理论文献

国内外大部分文献研究研发产出问题均使用柯布-道格拉斯形势的生产函数,尤其是经典的 Griliches-Jaffe 知识生产函数更是被广泛使用。Griliches(1979)首次提出了知识生产函数的概念,将研发投入纳入生产函数的框架中,为度量研发投入与研发产出之间的关系奠定了基础。Griliches(1979、1984、1986)基于该框架对美国企业 R&D 投入与产出进行了研究。Jaffe(1989)在研究大学的创新活动对企业研发产出的溢出影响时进一步将研发经费投入和研发人力投入纳入分析框架中,得到了 Griliches-Jaffe 知识生产函数的一般形式:

$$I = AK^{\alpha}H^{\beta}e^{\varepsilon} \tag{1}$$

其中,I 为研发产出,K 为历年研发资本投入形成的研发资本存量,H 为研发人力投入,A 为影响研发产出的其他变量,ε 表示误差项。Hall & Mairesse(1995)以及 Griffith et al.(2006)分别利用该函数研究了法国和英国制造业企业的研发投入产出关系。Griffith et al.(2006)也基于此探讨了美国的研发溢出对英国企业研发产出的影响。

国内利用知识生产函数分析中国企业研发投入与产出的文献也有许多,吴延兵(2006)在测算了中国各工业行业 R&D 资本存量的基础上,利用知识生产函数分析了研发资本投入、研发人力投入对企业研发产出的影响。周亚虹等(2012)利用中国工业企业的微观数据基于知识生产函数的模型分析了影响企业自主创新绩效的多项因素。朱平芳等(2016)基于研发投入的溢出效应对知识生产函数进行了扩展,测算了中国工业行业 R&D 物质资本投入和人力资本投入对 R&D 产出的溢出影响。

上述研究为本书分析政府研发补贴对企业研发产出的溢出影响奠定了理论基础,研发资本投入和研发人力投入是分析研发产出不可忽视的因素,但是有关研发资本存量的测算也为本书分析政府研发补贴的影响带来了困难。首先,研发资本存量的测算都是基于永续盘存法,其中核心的折旧率指标都是根据过往文献 Griliches(1990)关于专利更新的比例为 10% 的结论设置为 10%(周亚虹等,2012;朱平芳等,2016)或根据经验设置为 15%(吴延兵,2006),但是假设中国各个地区的研发资本折旧率处于相同的水平又显得过于主观,所以很难准确测算各地区工业企业研发资本存量。其次,政府研发补贴也是企业研发资本投入的一部分,但是政府研发补贴不仅仅用于企业研发资本的形成,也用于企业研发人力投入的支出,根据现有数据无法测算出到底有多少政府研发补贴形成了企业研发资本存量。最后,即使能够将企业研发资本存量分为企业自有研发投入形成的存量以及政府研发补贴形成的存量,但是却与本书的研究目的相距甚远,因为评估政府研发补贴政策的作用,最主要的目的还是聚焦于单位补贴对企业单位研发产出的影响,而不是单位补贴形成的单位资本存量的影响。

朱平芳和徐伟民(2003)根据研发投入与产出的时滞机制,通过逐个确认企业各类研发资金来源的时滞,使用滞后5期的政府研发补贴对上海大中型工业企业专利产出的影响进行了估计,依据的理论基础是新经济增长理论中指出的"研发经费投入对研发产出会产生显著的促进作用",这种显著的作用为确定最佳滞后期提供了标准,即在回归中处于最佳滞后期的研发经费投入的作用应该最为显著。朱平芳和徐伟民(2005)进一步研究了1994—2004年上海大中型工业企业专利产出的滞后机制,指出企业研发投入对专利授权数最大的贡献发生在投入后的第四年,而根据一年左右的专利授权时间,研发投入对专利申请数的最大贡献则发生在投入后的第三年。朱平芳和徐伟民(2003,2005)的贡献在于根据知识生产函数的理论思想,从研发投入与产出时滞关系入手分析政府研发补贴对企业研发产出的影响,符合政策评价的目的,另辟蹊径解决了研发存量的"测不准"问题。符淼(2009)在测算1990—2006年中国省际区域的地理距离与技术溢出效应时采用滞后2期的研发投入。项歌德等(2011)在分析1998—2008年中国31个省级行政区工业企业R&D经费投入对R&D产出的溢出影响时,测算出企业R&D经费投入对专利申请数的最佳滞后期为2年。白俊红(2011)在利用1998—2007年中国大中型工业企业分行业数据分析政府研发补贴对专利产出的有效性时,直接使用当期的政府研发补贴也得到了有益的结论。杨洋等(2015)使用2003—2007年的中国工业企业数据从微观角度分析政府研发补贴对不同所有制企业创新绩效的影响时,使用的是当期的政府研发补贴。毛其淋和许家云(2015)也从企业微观视角使用1998—2007年的中国工业企业数据分析政府补贴对新产品创新的影响,也使用的当期政府研发补贴。郑延冰(2016)使用2013年北京中小型民营科技企业调查数据在测算政府补贴对企业研发效率的影响时同样使用的是当期的补贴。

由以上文献可以看出,在使用流量而不是存量测算研发投入对产出的影响时,滞后期是关键的因素。但是随着时代的发展和数据的更新,企业研发投入的最佳滞后期也在缩短。这背后的原因在于随着信息技术革命的深化以及知识经济时代的到来,企业的研发周期显著缩短,以智能手机为例,从外观设计到芯片研发,从硬件到软件,每隔 3 到 6 个月就有新的产品面世,而网络技术公司甚至在以"天"为单位做研发计划,人们经常使用的社交软件通常每隔几天就会有新的版本更新,在互联网时代,生产模式和经营模式的不断创新使得整个工业产业链上的企业都在加速创新,消费者对新产品新体验的追求倒逼生产者不断加快研发的速度,企业新产品的研发周期从以年度为单位变为以季度或月度为单位,这就使得研发投入对研发产出的最优滞后期在缩短。

但是,我们也发现现有文献在评价政府研发补贴对企业研发产出的影响时仍存在诸多不足。第一,微观企业数据一般来源于中国工业企业数据库,聂辉华等(2012)指出了该数据库存在诸如样本匹配、异常变量、字段定义模糊的问题,尤其是 2008 年以后该数据库不在提供关于企业研发投入的字段数据,使得基于此数据库的企业创新活动研究全部是在 2007 年以前,尽管数据的时限不影响研究成果的价值,但是近十年来随着政府对创新的重视程度不断提升,科技政策不断调整,对企业补贴的力度和思路也在发生变化,需要使用对应的数据来评估这种政策变化,而且有些微观数据仅来源于某一年份某一地区的调查数据,不具有代表性。第二,在使用宏观数据来分析企业研发投入与产出的关系时,已有文献已经明确指出企业研发投入对产出溢出效应的存在,所以在评估政府研发补贴政策时,也不能忽视这种溢出效应,尽管项歌德等(2011)将企业研发经费投入按照资金来源分为私人部门投入和公共部门投入,但是却忽略了研发经费中存在着劳务费等用于人力投入的支出,吴延兵(2006)指出因为知识生产函数中已经包含了 R&D 资本投入和 R&D 人力投入,如果在 R&D 资本投入中仍包含劳务费就会产生重复计算的问题导,所以尚未有文献基于知识生产函数的理论构想和空间溢出效应研究中国政府研发补贴对研发产出的影响。第三,尽管近年来大多数文献采用当期的政府研发补贴去测算对产出的影响,但是却缺乏相关的实证结果支撑,直接认为当期的研发投入对产出具有最显著的贡献是没有根据的。

第三节　实证模型构建与变量说明

一、地方政府研发补贴对企业研发产出影响的实证模型设定

本书根据 Griliches-Jaffe 知识生产函数提供的理论基础以及朱平芳和徐伟民(2003)、项歌德等(2011)通过确定最优滞后期，使用研发资本投入而不是研发资本存量，测算研发投入对产出影响的方法，构建如下基本模型：

$$RD\_Output_{it} = \beta_1 En\_RDA_{it-j} + \beta_2 Gov\_RD_{it-j} + \beta_3 H_{it} \\ + \beta_4 Size_{it} + u_i + \alpha_t + \varepsilon_{it} \quad (2)$$

其中 RD_Output_{it} 为地区 i 第 t 年来源于企业的 R&D 产出，本书使用企业专利申请数 Pat_{it} 和新产品销售收入 NP_{it} 作为代表企业 R&D 产出的变量，专利申请数是衡量企业 R&D 产出最常用的指标，但是使用专利数量来度量 R&D 产出也存在一定的缺陷(Griliches，1990)，特别是在中国这种缺陷会被放大(钱锡红等，2010)。第一，发明专利申请的要求较高，很多改良性的生产流程创新、管理模式创新以及经营模式创新很难申请专利或者体现在专利数量上。第二，企业基于商业机密以及战略布局的考虑不会将核心技术申请专利，而在核心技术的周边申请辅助性专利，建立一道篱笆墙，保护核心技术不被抄袭，所以很多专利是防御性专利而不是核心专利，在中国知识产权保护还不是很完善的情况下这种现象更为普遍。第三，企业存在为了获得更多的政府补贴做大专利数量的动机，尤其是实用新型和外观专利，申请的难度较低，所需的时间较短，所以专利数量很难准确反映企业的 R&D 产出，而新产品销售收入可以较为全面地反映包括流程、管理、经营创新的各类创新活动的产出水平，相对专利申请数而言数据的质量更高；En_RDA_{it-j} 为地区 i 第 $t-j$ 年企业 R&D 经费支出中的非劳务性投入[①]，使用非劳务性投入而不是企业 R&D 经费支出 En_RD_{it}，是为了避免 En_RD_{it} 中的劳务费支出与研发人力投入产生重复计算问题，j 为研发经费投入的最优滞后期。Gov_RD_{it-j} 为政府对企业研发补贴；H_{it} 为企业研发人力投入，本书使用企业的研究人员数作

---

① 非劳务性投入指企业 R&D 经费支出中扣除劳务费的部分，以下均简称为研发经费投入。

为代表人力投入的变量,研究人员作为企业 R&D 人员中实际进行创新活动的人员数量,数据质量较高,因为在统计企业 R&D 人员数时,很多企业研发部门中的非研究人员也被统计作为 R&D 人员,直接使用 R&D 人员数存在高估企业研发人力投入的问题;$Size_{it}$ 为企业总资产的对数,是规模控制变量;u_i 为个体固定效应项,α_t 为时间固定效应项,ε_{it} 为随机误差项。

本书的目的是基于空间溢出效应衡量政府研发补贴对企业研发产出的影响,所以需要在模型中加入空间效应项。研发产出的空间溢出效应已经被众多文献所证实,通过经济产业链的传递不同行业不同地区之间研发产出会相互影响,当然我们也不能排除误差项和遗漏变量存在的空间相关性。最重要的是,如果本地政府研发补贴对当地企业的研发产出有显著的影响,那么通过政府研发补贴自身的空间溢出效应以及企业研发产出的溢出效应的传导,会对其他地区企业的研发产出产生溢出影响,基于这三种空间溢出效应,本书构建三类空间面板模型,当然实证中选择哪个模型需要进一步验证。

$$RD\_Output_{it} = \delta \sum_{i=1}^{31} w_{ij} RD\_Output_{it} + \beta_1 En\_RDA_{it-j} + \beta_2 Gov\_RD_{it-j} \\ + \beta_3 H_{it} + \beta_4 Size_{it} + u_i + \alpha_t + \varepsilon_{it} \quad (3)$$

$$RD\_Output_{it} = \beta_1 En\_RDA_{it-j} + \beta_2 Gov\_RD_{it-j} + \beta_3 H_{it} \\ + \beta_4 Size_{it} + u_i + \alpha_t + \varepsilon_{it} \quad (4)$$

$$\varepsilon_{it} = \lambda \sum_{i=1}^{31} w_{ij} \varepsilon_{it} + \upsilon_{it}$$

$$RD\_Output_{it} = \delta \sum_{i=1}^{31} w_{ij} RD\_Output_{it} + \rho \sum_{i=1}^{31} w_{ij} Gov\_RD_{it-j} + \beta_1 En\_RDA_{it-j} \\ + \beta_2 Gov\_RD_{it-j} + \beta_3 H_{it} + \beta_4 Size_{it} + u_i + \alpha_t + \varepsilon_{it} \quad (5)$$

(3)式为 SAR 模型,(4)式为 SEM 模型,(5)式为 SDM 模型。本书之所以不考虑企业研发资本性投入 En_RDA_{it-j} 和研发人力投入 H_{it} 的空间效应,是因为研发产出的溢出效应主要来自研发投入的溢出效应,如果在 SDM 模型中加入 WEn_RDA_{it-j} 和 WH_{it},会重复计算企业创新活动的溢出效应,研发投入和研发产出的溢出效应两者只能取其一(项歌德等,2011;朱平芳等,2016),由于上一章中已经对研发投入的溢出效应作了分析,所以本章将重点放在研发产出的溢出效应上。而政府研发补贴所占的研发投入比例较小,所以并不会显著影响企业研发产出溢出效应的结果。

二、变量说明与数据来源

Pat_{it} 和 NP_{it} 作为模型的因变量，En_RDA_{it}、Gov_RD_{it}、H_{it} 作为模型的自变量，数据分别来源于《中国科技统计年鉴》和《工业企业科技统计年鉴》中关于规模以上工业企业（以下简称企业）自主知识产权及相关情况中的专利申请数、企业新产品开发及销售情况中的新产品销售收入、企业 R&D 经费内部支出情况中的非劳务性支出、政府资金以及企业 R&D 人员情况中的研究人员。由于在 2010 年（2009 年数据）针对企业 R&D 经费支出分类的统计口径发生了重大变化，所以本书所选取的样本区间为 2009 年至 2015 年。$Size_{it}$ 作为模型的其他控制变量，数据来源于《中国工业统计年鉴》。

本书使用各地区生产者价格指数对 NP_{it} 的名义值进行了处理，使用固定资产投资价格指数对 En_RDA_{it} 的名义值进行了处理，使用企业 R&D 经费支出价格指数对 Gov_RD_{it} 的名义值进行了处理，2009 年为基期，R&D 经费支出价格指数的构建思路和方法与第五章、第六章相同。

政府研发补贴可能对不同规模和不同所有制企业的研发产出产生不同的作用，与第六章相同，本书按规模将企业分为两类：大型企业（Lar）和中型企业（Med），按所有制将企业分为三类：国有及国有控股企业，简称国有企业（SoE）；内资企业中的非国有及国有控股企业，简称非国有企业（$nSoE$）；港澳台企业和外资企业，简称外资企业（FoE）。本书具体的变量说明见表 7-1。

表 7-1　　　　　　　　　　　变量说明

变量名称	经济含义
Pat_{it}	第 i 个地区第 t 年企业专利申请数（万件）
NP_{it}	第 i 个地区第 t 年企业新产品销售收入（亿元）
En_RDA_{it}	第 i 个地区第 t 年企业研发经费投入（亿元）
Gov_RD_{it}	第 i 个地区第 t 年政府对企业研发补贴（亿元）
En_RDA_{it-j}	第 i 个地区第 $t-j$ 年企业研发经费投入（亿元）
Gov_RD_{it-j}	第 i 个地区第 $t-j$ 年政府对企业研发补贴（亿元）

续表

变量名称	经济含义
H_{it}	第 i 个地区第 t 年企业研究人员数（万人）
$Size_{it}$	第 i 个地区第 t 年企业总资产的对数
Lar	前缀：大型企业
Med	前缀：中型企业
SoE	前缀：国有企业
$nSoE$	前缀：非国有企业（限内资企业）
FoE	前缀：外资企业（包括港澳台企业）

本书所考察的样本为中国 2009—2015 年 31 个省市区的省际面板数据，数据来自《中国科技统计年鉴》《工业企业科技统计年鉴》《中国工业统计年鉴》《中国统计年鉴》以及各省市区统计年鉴。各变量的统计性描述如表 7－2 所示。

表 7－2　变量统计性描述（全体企业：2009—2015）

变量名称	样本数	平均值	标准差	最小值	最大值
Pat_{it}	217	1.46	2.31	0.00	11.99
NP_{it}	217	0.34	0.46	0.00	2.41
En_RDA_{it}	217	24.81	33.52	0.01	177.15
Gov_RD_{it}	217	8.49	8.32	0.00	35.14
H_{it}	217	3.11	3.50	0.00	17.56
$Size_{it}$	217	9.69	1.08	5.53	11.58

表 7－3　变量统计性描述（大型企业：2009—2015）

变量名称	样本数	平均值	标准差	最小值	最大值
$LarPat_{it}$	217	0.57	0.93	0.00	6.19
$LarNP_{it}$	217	0.23	0.31	0.00	1.70
$LarEn\_RDA_{it}$	217	12.87	16.15	0.00	78.59
$LarGov\_RD_{it}$	217	5.24	6.04	0.00	31.89
$LarH_{it}$	217	1.82	2.07	0.00	11.66
$LarSize_{it}$	217	8.91	1.12	4.73	10.79

表 7-4　　　　　变量统计性描述(中型企业:2009—2015)

变量名称	样本数	平均值	标准差	最小值	最大值
$MedPat_{it}$	217	0.40	0.64	0.00	3.30
$MedNP_{it}$	217	0.07	0.11	0.00	0.62
$MedEn\_RDA_{it}$	217	6.62	9.53	0.00	52.57
$MedGov\_RD_{it}$	217	1.92	2.34	0.00	13.56
$MedH_{it}$	217	0.79	0.95	0.00	5.19
$MedSize_{it}$	217	8.31	1.08	3.60	10.19

表 7-5　　　　　变量统计性描述(国有企业:2009—2015)

变量名称	样本数	平均值	标准差	最小值	最大值
$SoEPat_{it}$	217	0.34	0.36	0.00	2.24
$SoENP_{it}$	217	0.09	0.10	0.00	0.56
$SoEEn\_RDA_{it}$	217	7.22	6.02	0.00	27.71
$SoEGov\_RD_{it}$	217	5.03	5.83	0.00	33.53
$SoEH_{it}$	217	1.36	0.97	0.00	3.90
$SoESize_{it}$	217	8.93	0.93	5.12	10.25

表 7-6　　　　　变量统计性描述(非国有企业:2009—2015)

变量名称	样本数	平均值	标准差	最小值	最大值
$nSoEPat_{it}$	217	0.76	1.43	0.00	8.21
$nSoENP_{it}$	217	0.14	0.25	0.00	1.38
$nSoEEn\_RDA_{it}$	217	11.73	21.33	0.00	135.83
$nSoEGov\_RD_{it}$	217	2.41	3.56	0.00	16.36
$nSoEH_{it}$	217	1.21	2.03	0.00	10.05
$nSoESize_{it}$	217	7.79	1.48	3.01	10.39

表 7-7　　　　　变量统计性描述(外资企业:2009—2015)

变量名称	样本数	平均值	标准差	最小值	最大值
$FoEPat_{it}$	217	0.31	0.66	0.00	3.62
$FoENP_{it}$	217	0.10	0.19	0.00	0.98
$FoEEn\_RDA_{it}$	217	5.63	10.36	0.00	52.39
$FoEGov\_RD_{it}$	217	0.95	1.64	0.00	9.21
$FoEH_{it}$	217	0.54	0.96	0.00	5.37
$FoESize_{it}$	217	7.56	1.71	2.06	10.58

第四节 实证分析

一、最优滞后期的确认

研发经费投入对研发产出会产生显著促进作用,所以为选择最优滞后期提供了标准,本书使用不包括政府研发补贴以及空间效应的基本模型估计不同滞后期的企业 R&D 经费投入系数,通过该系数的 t 统计量的大小选择影响最为显著的滞后期作为空间面板模型中企业 R&D 经费投入和政府研发补贴的滞后期。朱平芳和徐伟民(2003,2005)确定的研发经费投入对专利申请数的最优滞后期为 4 期,项歌德等(2011)确认的最优滞后期为 2 期,而随着技术的进步最优滞后期在不断缩短,由于本书将专利申请数和新产品销售收入共同作为研发产出,两者的最优滞后期可能存在差别,所以本书以滞后 3 期作为考察的最大滞后期。

表 7-8 不同类型企业 R&D 经费投入的 t 统计量

变量	当期	滞后1期	滞后2期	滞后3期	变量	当期	滞后1期	滞后2期	滞后3期
Pat_{it}	1.67	3.24	0.98	0.03	NP_{it}	1.32	2.09	4.18	1.08
$LarPat_{it}$	2.76	3.68	1.07	0.15	$LarNP_{it}$	1.28	3.45	6.73	1.56
$MedPat_{it}$	2.94	4.16	1.46	0.29	$MedNP_{it}$	2.48	3.36	0.89	0.07
$SoEPat_{it}$	3.73	5.74	1.59	0.42	$SoENP_{it}$	0.83	2.55	3.86	0.72
$nSoEPat_{it}$	0.13	1.23	3.30	2.71	$nSoENP_{it}$	3.13	6.04	1.30	0.26
$FoEPat_{it}$	4.44	4.12	1.37	0.24	$FoENP_{it}$	6.26	4.56	1.25	0.17

通过比较当期到滞后 3 期不同类型企业 R&D 经费投入系数的 t 统计量的大小,我们发现如果仅就全体企业而言,当把专利申请数作为企业的研发产出时,滞后 1 期的 t 统计量最大,所以滞后 1 期是中国规模以上工业企业研发经费投入对专利申请数的最优滞后期,而当把新产品销售收入作为企业的研发产出时,滞后 2 期的 t 统计量最大,所以滞后 2 期是中国规模以上工业企业研发经费投入对新产品销售收入的最优滞后期。专利和新产品的滞后期之所以不同,是因为新产品销售收入是企业创新成果产业化后的结果,所需要的周

期可能比专利要长。

但是,在将全体企业按照规模和所有权进行分类后,最优滞后期出现了明显的差别。从规模分类看,大型企业与全体企业所呈现出来的专利和新产品的最优滞后期相同,但中型企业新产品的最优滞后期则为滞后1期,即中型企业研发经费投入形成专利和新产品的时间周期是一致的。从所有权性质来看,国有企业主导了全体企业研发产出的最优滞后期,专利为滞后1期,新产品为滞后2期。而非国有企业则出现了倒置的情况,专利为滞后2期,新产品为滞后1期。

国有企业和非国有企业两者最优滞后期完全相反的原因主要有四点,第一,国有企业比非国有企业的研发力量更强,人才和技术储备更完善,从研发投入到形成专利的时间更短;第二,国有企业以自主创新为主,新产品与所申请的专利有直接的关系,而非国有企业以技术引进和仿制为主,新产品并不主要来源于所申请的专利;第三,国有企业比非国有企业在专利申请所需要的审批时间上具有明显的优势,更容易受到政府的照顾;第四,国有企业由于其市场支配和行业垄断的地位,一般不会采取前文所提到的"为保护商业机密不申请核心技术专利或申请防御性专利"的措施,而出于显示国家创新实力以及参与国际市场竞争的考虑,一般有了技术突破就会申请专利,但是非国有企业所面临的国内市场的竞争极大,通过法律手段去维护知识产权的成本又过高,如果申请专利不能减少反而会增加外部性收益时,非国有企业更倾向于不申请专利而直接将核心技术产业化和商业化。上述四点原因,使得所观察到非国有企业新产品和专利的形成周期出现倒置的现象。

特别需要注意的是外资企业专利和新产品的最优滞后期均为当期,这突出体现了外资企业相比于国内企业在创新上的优势,一方面技术优势使得外资企业所需要的研发投入周期更短,另一方面通过全球资源配置直接将国外已经成型的技术直接拿到中国进行应用,只需要较短的时间和较少的研发投入适应中国本土化的市场需求。当然近年来中国企业综合创新实力的进步有目共睹,但是很多境内以新技术、新模式、新业态创立的企业,出于避税或资金流通的考虑,将公司注册地设立在海外或者香港,从统计角度这些企业属于外资企业和港澳台企业。

从国有企业、非国有企业以及外资企业所呈现研发投入产出的滞后特征可以发现大型企业的最优滞后期主要受到了国有企业的影响,而中型企业则受到非国有企业和外资企业的综合影响,所以尽管大型企业和中型企业专利的最优滞后期均为滞后 1 期,但背后的原因是不同的。

二、空间相关性的 Moran I 检验

考察政府研发补贴对企业研发产出影响的空间效应必须首先对企业研发产出的空间效应进行空间相关性检验,我们采用测算出来的最优滞后期对企业研发产出的基本模型进行回归得到残差向量 e,计算全局 Moran I 指数。Moran I 指数的计算方法及检验结果的判定详见第五章第四节。

由表 7-9 可以看出,企业专利数量、新产品销售收入受到了来自其他地区企业专利数量、新产品销售收入的影响,空间溢出效应为正且显著,分规模来看,大型企业和中型企业专利数量、新产品销售收入的空间效应均为正且显著,分股权性质来看,国有企业、非国有企业以及外资企业专利数量、新产品销售收入的空间效应均为正且显著。

表 7-9   不同类型企业 Moran I 指数检验结果

变量	Moran I 指数	Z_value	p 值	变量	Moran I 指数	Z_value	p 值
Pat_{it}	0.586	14.352	0.000	NP_{it}	0.438	10.816	0.000
$LarPat_{it}$	0.475	11.734	0.000	$LarNP_{it}$	0.378	9.410	0.000
$MedPat_{it}$	0.541	13.285	0.000	$MedNP_{it}$	0.472	11.622	0.000
$SoEPat_{it}$	0.338	8.394	0.000	$SoENP_{it}$	0.302	7.534	0.000
$nSoEPat_{it}$	0.602	15.354	0.000	$nSoENP_{it}$	0.618	15.686	0.000
$FoEPat_{it}$	0.443	10.942	0.000	$FoENP_{it}$	0.187	4.797	0.000

三、模型选择的 LR 检验

本书从 SDM 模型出发,对 $H_{01}:\rho=0$ 和 $H_{02}:\rho=-\delta\beta_2$ 两个原假设进行 LR 检验,从而判断 SAR 与 SEM 是否更为适用。如果两个原假设均遭到拒绝,则 SDM 是合适的模型。如果拒绝了第一个原假设,但无法拒绝第二个原假设,那么 SEM 是合适的模型。如果拒绝了第二个原假设,但无法拒绝第一个原假设,那么 SAR 是合适的模型。

表 7-10　　　　　　　　　　　　LR 检验结果

	全体企业	大型企业	中型企业	国有企业	非国有企业	外资企业
	Pat_{it}	$LarPat_{it}$	$MedPat_{it}$	$SoEPat_{it}$	$nSoEPat_{it}$	$FoEPat_{it}$
LR test($\rho=0$)	0.2727	0.3506	0.2309	0.3102	0.1664	0.1871
LR test($\rho=-\delta\beta_2$)	0.0521	0.0833	0.0296	0.0617	0.0484	0.0367
	NP_{it}	$LarNP_{it}$	$MedNP_{it}$	$SoENP_{it}$	$nSoENP_{it}$	$FoENP_{it}$
LR test($\rho=0$)	0.2619	0.4506	0.1790	0.3813	0.2580	0.2821
LR test($\rho=-\delta\beta_2$)	0.0554	0.0767	0.0410	0.0756	0.0531	0.0350

注：表中均为 LR 检验的 p 值。

由表 7-10 LR 检验的结果可以看出，无论是专利申请数还是新产品销售收入，不同类型企业使用 SDM 模型的回归结果，都显著拒绝第二个原假设 $H_{02}:\rho=-\delta\beta_2$，但无法拒绝第一个原假设 $H_{01}:\rho=0$，所以全体企业以及按规模和按所有制分类的企业样本都应该使用 SAR 模型。

四、实证结果

本书采用极大似然估计 MLE 的方法对空间面板模型进行估计，使用双向固定效应以及聚类稳健标准。

（一）专利申请数作为研发产出

从表 7-11 第一列全体企业专利申请数的回归结果可以看出，政府研发补贴对专利产出并没有显著的直接影响，研发经费投入 En_RDA_{it} 和研发人力投入 H_{it} 的影响非常显著，由于政府研发补贴对全体企业研发经费投入有显著的激励作用，政府研发补贴对专利产出有间接的促进作用。

表 7-11　　　　　　　不同类型企业空间面板模型回归结果

	全体企业 Pat_{it}	大型企业 $LarPat_{it}$	中型企业 $MedPat_{it}$	国有企业 $SoEPat_{it}$	非国有企业 $nSoEPat_{it}$	外资企业 $FoEPat_{it}$
En_RDA_{it-j}	0.0248***	0.0254***	0.0229***	0.0275***	0.0129***	0.0302***
	(2.62)	(2.58)	(2.78)	(5.13)	(2.76)	(4.18)
Gov_RD_{it-j}	0.00858	0.0166*	0.00408	0.0103*	0.00477	0.0190
	(0.32)	(1.83)	(0.34)	(1.74)	(0.59)	(0.52)

续表

	全体企业 Pat_{it}	大型企业 $LarPat_{it}$	中型企业 $MedPat_{it}$	国有企业 $SoEPat_{it}$	非国有企业 $nSoEPat_{it}$	外资企业 $FoEPat_{it}$
H_{it}	0.153***	0.156*	0.130*	0.128***	0.117**	0.255***
	(3.29)	(4.72)	(1.69)	(2.90)	(2.10)	(3.55)
$Size_{it}$	−0.198	0.179*	−0.0219	0.156*	−0.056	−0.339
	(−1.23)	(1.85)	(−0.87)	(1.72)	(−0.72)	(−1.47)
$WPat_{it}$	0.237***	0.135*	0.320***	0.214*	0.365***	0.146**
	(2.89)	(1.71)	(3.50)	(1.79)	(3.03)	(2.20)
j	1	1	1	1	2	0
R^2	0.794	0.739	0.857	0.746	0.809	0.861

注1：括号内是变量估计系数的 t 统计量值。***、**、*分别表示在1%、5%和10%的显著性水平下通过检验，下同。

注2：表7-10对自变量名称进行了统一，实际回归中仍为带前缀的自变量，下同。

政府研发补贴对国有企业的专利申请数有显著的直接影响，系数为0.0103，在10%的水平下显著。但是这种显著的直接促进作用是建立在过度补贴的基础上的，是以研发补贴通过直接影响和溢出影响完全挤出并降低国企业自身研发投入为代价的。如果所有地方政府对国有企业的研发补贴提高1万元，对于第 i 个地区国有企业的专利申请数直接增加0.0103件，但是短期内国有企业自身R&D投入减少2.104万元，国有企业研发总投入减少1.104万元，假设减少的研发投入全部为研发经费投入，国有企业研发经费投入的系数为0.0275，那么专利申请数减少0.0275件，也就是说增加1万元的国有企业研发补贴对专利申请数的短期总体影响为减少0.0172件，而长期国有企业自身R&D投入减少7.804万元，对专利申请数的长期总体影响为减少0.177件。尽管政府研发补贴对非国有企业和外资企业专利申请数没有直接的影响，但是通过激励企业自身研发投入的增加，专利申请数会有明显的增长，同样是增加1万元的研发补贴，对非国有企业专利申请数短期和长期的总体影响分别为增加0.0846件和0.452件，对外资企业分别为增加0.188件和0.635件。研发补贴对大型企业专利申请数的影响与国有企业相同，也有显著的促进作用，但同样由于研发补贴对大型企业自身研发投入的抑制作用，总体对专利产出仍为负向影响。中型企业的情况与非国有企业和外资企业相同，研发补贴尽管没有直接促进中型企业增加专利申请数，但它直接激励了中型企业自身研发投入的增加，所以产生了间接的促进作用。

通过比较不同类型研发经费投入和研发人力投入的系数,我们发现大型企业两者的系数均大于中型企业,外资企业大于国有企业,而非国有企业两者的系数最小。该系数反映了在现有条件下增加单位投入,研发产出的增量,反映的是边际产出的大小,可见在专利上,大型企业研发经费投入和研发人力投入的边际产出大于中型企业的边际产出,而外资企业在所有类型的企业中边际产出最大,非国有企业两种投入的专利边际产出小于国有企业。

但是,研究者往往更为关注的是产出弹性的大小,而不是边际产出的大小。边际产出代表的是绝对变化,而弹性代表的是相对变化,产出弹性是产出对投入变化反应的强烈程度,在生产函数中代表了投入的对产出的贡献率,在柯布道格拉斯生产函数中所有投入的产出弹性之和等于1。当然由于本书使用的是资本流量而不是存量,所以计算结果并不能完全等同于知识生产函数中的研发资本与研发人力投入的产出弹性,但可以借助产出弹性的概念来比较分析不同类型企业研发要素投入对研发产出的贡献率。研发产出弹性的计算公式为:

$$E_i = \frac{\Delta R\&D\_output}{R\&D\_output} \bigg/ \frac{\Delta R\&D\_input_i}{R\&D\_input_i} = \beta_i \cdot \frac{R\&D\_input_i}{R\&D\_output}$$

E_i 为第 i 种研发投入的研发产出弹性,β_i 为边际产出,即模型估计的系数值,$R\&D\_output$ 和 $R\&D\_input_i$ 使用平均值,所以在经济学中弹性又被当作是边际函数与平均函数之比。研发产出弹性反映的是当研发投入变动1%时,研发产出的变动率,可以用来评价研发投入的转化效果。

表7-12 不同类型企业专利产出弹性

	全体企业	大型企业	中型企业	国有企业	非国有企业	外资企业
研发经费投入	0.421	0.573	0.379	0.584	0.361	0.548
人力投入	0.327	0.497	0.257	0.512	0.186	0.443

全体企业研发经费投入和研发人力投入的专利产出弹性分别为0.386和0.327,R. Moreno(2005)指出研发产出弹性的取值一般在0.2至0.8之间,符淼(2009)计算的两者专利产出弹性分别为0.530和0.131,项歌德等(2011)计算的结果为0.314和0.214。符淼(2009)并没有将专利的溢出效应纳入模型中,所以研发资本投入的产出弹性被高估,而采用的研发人力投入指标为"科技活动人员数",比本书采用的"研究人员数"范围更广,存在高估研发人力投

入的可能,从而低估了研发人力投入的产出弹性。本书的结果与项歌德等(2011)较为接近,因为项歌德等(2011)引入了空间效应,但其使用的是1998—2008年的数据,所以本书所计算出来的产出弹性的增加,实质上反映了十年来中国企业研发投入对产出直接贡献的提升。

通过比较两种研发投入专利产出弹性的大小,我们发现不同类型企业的研发经费投入的产出弹性均要大于研发人力投入的产出弹性,这一结果与项歌德等(2011)、符淼(2009)的结果一致,说明企业的专利产出主要是资本驱动的,这与中国普通产品的生产也类似。但需要注意的是,近十年来研发人力投入的贡献已经有了长足的增长,特别是国有企业的研发人力投入的专利产出弹性高达0.512,说明中国研发人员数量高而产出低的问题(邓明、钱争鸣,2009)已经得到了一定程度的解决,特别是国有研发人员的激励机制在不断优化,人均科研经费不断增加,研发人员的积极性不断提高。但是我们发现非国有企业人力投入对专利产出的贡献极低,已有许多研究指出非国有企业对研发人员的激励机制比国有企业更为灵活和完善,研发人员的积极性也会更高,对专利贡献过低的可能原因是非国有企业研究人员的重点并没有放在专利产出上。所以,仅仅使用专利作为研发产出会严重低估非国有企业研发人力投入的贡献。

大型企业两种研发投入的产出弹性均高于中型企业,主要原因是国有企业的产出弹性高于非国有企业。与边际产出的结果不同,外资企业两者的产出弹性略低于国有企业。可见,在考虑了不同类型企业现有研发投入和产出的平均水平后,外资企业专利的研发投入转化效果低于国有企业。而且,国有企业研发经费投入和研发人力投入的产出弹性之和大于1,也就说在现有基础上增加研发投入,带来的是专利产出的规模报酬递增,而非国有企业和外资企业则是规模报酬递减,全体企业整体呈现规模报酬递减,这一结果与吴延兵(2006)的结果基本一致。专利产出规模报酬递减产生的原因主要还是受到稀缺生产要素资源配置的限制,尤其是非国有企业的自主研发能力不强,很多关键技术仍然只能从国外购买,掌握核心技术的高水平研发人才仍然相对匮乏,这就导致研发要素的投入不能按比例增加,从而使得专利产出的规模报酬递减,毕竟专利的生成过程要远远比普通产品的生产过程复杂,知识生产函数所描述的投入与产出关系只是一种随机概率,不能保证投入多少研发资源就必定带来多少知识创新产出。国有企业之所以在专利产出上规模报酬递增,主要还是因为拥有丰富的研发资源,无论是研发资金还是人员都得到政府的大力支持,研发要素投入可以按比例增加,几乎不会受到资源配置的约束。国有企业规模控制变量显著为正的系数也验证了国有企业专利产出规模报酬递增现象的存在。

不同类型企业专利的空间溢出效应均十分显著,这说明一个地区企业的专利产出不仅与本地的研发投入有关,也与其他地区的专利产出相关,其他地区企业专利申请数的增长对本地区企业专利申请数有显著的促进作用。本书估计出来的中国工业企业专利产出的地区空间溢出系数为0.237,符淼(2009)的结果为0.189,邓明、钱争鸣(2009)的结果为0.247,项歌德等(2011)的结果为0.241,溢出效应的估算结果均非常接近。非国有企业专利产出溢出效应的大小及其显著性水平均要高于国有企业和外资企业,中型企业也要高于大型企业,说明非国有企业在专利上的相互借鉴与合作有可能更为密切,知识生产较大的外部性带来了更为显著的空间溢出效应。

(二)新产品销售收入作为研发产出

从表7-13第一列全体企业新产品销售收入的回归结果可以看出,政府研发补贴对企业新产品销售收入并没有显著的直接影响,研发经费投入En_RDA_{it}和研发人力投入H_{it}的影响非常显著,由于政府研发补贴对全体企业研发经费投入有显著的激励作用,所以政府研发补贴对新产品销售收入有间接的促进作用。

表7-13 不同类型企业空间面板模型回归结果

	全体企业 NP_{it}	大型企业 $LarNP_{it}$	中型企业 $MedNP_{it}$	国有企业 $SoENP_{it}$	非国有企业 $nSoENP_{it}$	外资企业 $FoENP_{it}$
En_RDA_{it-j}	0.00428***	0.00419***	0.00435***	0.00357***	0.00386*	0.00673***
	(3.57)	(6.41)	(3.28)	(2.77)	(5.49)	(5.89)
Gov_RD_{it-j}	0.00251	0.00699**	0.00221	0.0100**	0.00291	0.00169
	(0.93)	(2.11)	(1.16)	(1.99)	(0.35)	(0.11)
H_{it}	0.0389***	0.0379***	0.0403***	0.0249***	0.0471***	0.0883***
	(3.05)	(4.59)	(3.90)	(2.63)	(4.34)	(5.34)
$Size_{it}$	0.0298	−0.0476**	0.0420	−0.057*	0.0134	0.0191
	(1.06)	(−2.46)	(0.67)	(−1.95)	(0.41)	(0.80)
WNP_{it}	0.112*	0.127*	0.217**	0.146*	0.252***	0.326***
	(1.93)	(1.80)	(2.14)	(1.88)	(2.77)	(3.37)

续表

	全体企业 NP_{it}	大型企业 $LarNP_{it}$	中型企业 $MedNP_{it}$	国有企业 $SoENP_{it}$	非国有企业 $nSoENP_{it}$	外资企业 $FoENP_{it}$
j	2	2	1	2	1	0
R^2	0.781	0.654	0.839	0.693	0.867	0.842

与专利产出的结果相似,政府研发补贴对国有企业的新产品销售收入有显著的直接影响,系数为0.01,在5%的水平下显著。但是这种显著的直接促进作用是建立在过度补贴挤出国有企业自身研发投入的背景下。如果考虑企业总体研发水平的变化,政府研发补贴对国有企业新产品销售收入仍然是负向的影响,但会间接促进非国有企业和外资企业的新产品销售收入的增加。不同类型企业新产品销售收入的空间溢出效应均十分显著,其他地区企业新产品销售收入的增长会带动本地区企业新产品销售收入的增长,说明新产品销售收入作为一种研发产出也具有较大的外部性。非国有企业新产品溢出效应的大小及其显著性水平仍然高于国有企业,中型企业也仍高于大型企业。

与专利产出的结果不同,在新产品销售收入上,大型企业研发经费投入和研发人力投入的边际产出均小于中型企业的边际产出,非国有企业两种投入的边际产出大于国有企业,而外资企业在所有类型的企业中边际产出仍然最大。

表7-14 不同类型企业新产品产出弹性

	全体企业	大型企业	中型企业	国有企业	非国有企业	外资企业
研发经费投入	0.312	0.234	0.412	0.286	0.587	0.379
人力投入	0.356	0.300	0.455	0.377	0.407	0.477

不同类型企业新产品销售收入回归结果与专利回归结果的不同也体现在两种研发投入的产出弹性上。第一,全体企业的研发经费投入的新产品产出弹性小于研发人力投入的新产品产出弹性,说明中国工业企业整体的新产品产出主要由研发人力投入所驱动,研发资本投入的相对贡献较低。第二,国有企业两种研发投入的新产品产出弹性均明显小于两者的专利产出弹性,即研发投入增长相同的比例,国有企业专利申请数的增速要比新产品的增速更快,说明国有企业从专利到新产品的商业化能力仍然较为薄弱,或者说国有企业

更为重视专利产出而对新产品并不重视,这一现象与国有企业面临的市场以及考核机制有关,国有企业利用自身的垄断地位可以通过销售普通产品获得利润,生产新产品可能会面临一定的市场风险,如不能有效地控制生产成本或者市场接受度不高,都会导致利润受损,以"利润"为核心的考核机制让国有企业更为保守,对新产品商业化的积极性不高,新产品投入市场的过程较慢,而专利申请数作为上级主管部门考核国有企业研发绩效的主要指标会让国有企业投入必要的优质资源。第三,非国有企业两种投入的新产品产出弹性明显高于专利产出弹性,而且两者均高于国有企业的新产品产出弹性,与两种企业专利产出弹性的比较结果完全相反,尤其是非国有企业研发人力投入的新产品产出弹性相比于专利的产出弹性有了极大的增长,说明国有企业将主要的研发资源都投入到了新产品的生产上,相比于专利国有企业更为重视新产品的生产,非国有企业面临着极大的市场竞争压力,如果不能不断地推陈出新,就会被市场所淘汰,所以必须提高新产品商业化的速度,由于很多非国有企业并不具备核心技术能力,只能通过购买专利的方式研发制造新产品,可能处于相互竞争状态的多家企业购买的是同一家的专利技术,那么只能通过加快新产品的上市速度打败竞争对手获得收益,这也解释了为什么非国有企业新产品的最优滞后期仅为滞后1期而专利为滞后2期。第四,不同类型研发经费投入和研发人力投入的产出弹性之和均小于1,也就说在现有基础上增加研发投入,带来的是新产品的规模报酬递减,尤其是大型企业和国有企业的产出弹性之和最小,研发投入对新产品产出的转化效果最低,这两种企业的规模控制变量显著为负的系数也说明了规模报酬递减现象的存在,这也再次说明国有企业对新产品的重视程度不够,相关研发要素的投入无法按比例增长,而非国有企业新产品生产与专利一样,都面临研发资源配置的约束,高效率研发资金与高水平研发人才的稀缺是制约非国有企业扩大研发规模的主要因素。

五、稳健性检验

鉴于空间计量模型的回归结果对空间权重矩阵的敏感性,本书使用最常用的0-1空间权重矩阵进行稳健性检验,结果见表7-15。政府研发补贴对大型企业和国有企业的专利申请数和新产品销售收入仍然有显著的促进作用,对其他类型企业的两种研发产出无显著影响,其他核心解释变量的符号以及显著性水平均无明显的变化,说明本书空间面板模型的实证结果是稳健可靠的。

表7-15　　　　专利——使用0-1空间权重矩阵的回归结果

	全体企业 Pat_{it}	大型企业 $LarPat_{it}$	中型企业 $MedPat_{it}$	国有企业 $SoEPat_{it}$	非国有企业 $nSoEPat_{it}$	外资企业 $FoEPat_{it}$
En_RDA_{it-j}	0.0259**	0.0271**	0.0247***	0.0298***	0.0114***	0.0281**
	(2.41)	(2.65)	(2.97)	(5.72)	(2.47)	(3.90)
Gov_RD_{it-j}	0.0109	0.0177*	0.00425	0.0107*	0.00533	0.0194
	(0.39)	(1.91)	(0.33)	(1.84)	(0.66)	(0.53)
H_{it}	0.165***	0.188*	0.146**	0.163***	0.112**	0.224***
	(3.41)	(5.40)	(2.23)	(3.72)	(1.98)	(3.10)
$Size_{it}$	−0.0541	0.0330*	−0.0236	0.179**	−0.098	−0.0136
	(−0.37)	(1.70)	(−0.85)	(2.02)	(1.19)	(−0.47)
$WPat_{it}$	0.189*	0.108*	0.305***	0.155*	0.399***	0.152*
	(1.92)	(1.73)	(3.00)	(1.82)	(3.93)	(1.86)
j	1	1	1	1	2	0
R^2	0.637	0.442	0.666	0.454	0.662	0.759

表7-16　新产品销售收入——使用0-1空间权重矩阵的回归结果

	全体企业 NP_{it}	大型企业 $LarNP_{it}$	中型企业 $MedNP_{it}$	国有企业 $SoENP_{it}$	非国有企业 $nSoENP_{it}$	外资企业 $FoENP_{it}$
En_RDA_{it-j}	0.00475***	0.00452***	0.00493***	0.00375***	0.00381***	0.00641***
	(3.43)	(6.67)	(3.99)	(3.39)	(4.84)	(5.64)
Gov_RD_{it-j}	0.00294	0.00768**	0.00247	0.0137**	0.00379	0.00310
	(1.09)	(2.33)	(1.24)	(2.26)	(0.42)	(0.19)
H_{it}	0.0401***	0.0392***	0.0439***	0.0272***	0.0416***	0.0713***
	(3.34)	(5.50)	(4.92)	(3.00)	(3.71)	(4.16)
$Size_{it}$	0.0167	−0.0377**	0.0541	−0.0327*	0.0314	0.00820
	(0.73)	(−2.16)	(0.90)	(−1.89)	(1.02)	(0.36)
WNP_{it}	0.0823*	0.0741*	0.139*	0.0992*	0.290***	0.379***
	(1.79)	(1.76)	(1.76)	(1.75)	(2.87)	(4.10)
j	2	2	1	2	1	0
R^2	0.617	0.533	0.618	0.541	0.724	0.756

第五节 本章小结

由于专利申请数量在反映企业研发产出上的部分缺陷以及第三章中新产品销售收入和专利申请数在区域分布的巨大差异,本书将两者分别作为研发产出的代表性变量进行研究。在测算各项研发投入对产出的贡献时,尤其是为了准确衡量政府研发补贴的影响作用,不能忽略研发溢出效应的存在,所以在模型中加入研发产出的空间滞后项。在知识生产函数的理论框架下,使用研发经费投入的流量而不是存量需要对研发经费投入的最优滞后期进行测算。全体企业、大型企业和国有企业专利的最优滞后期为滞后 1 期,新产品销售收入为滞后 2 期,而非国有企业专利为滞后 2 期,新产品为滞后 1 期,外资企业两者的最优滞后期均为当期。最优滞后期的差异反映出国有企业、非国有企业以及外资企业自主创新能力以及科技成果转化能力上的区别,外资企业的创新和转化能力最强,国有企业转化能力较弱,而非国有企业维护知识产权的成本过高,申请专利所需要的时间也比国有企业要更长,而过快申请专利容易泄露核心技术,更倾向于直接将核心技术产业化和商业化,所以出现两者最优滞后期倒置的现象。

不同类型企业专利和新产品的空间溢出效应均显著为正,说明一个地区的研发产出受到了其他地区研发溢出的影响。政府研发补贴仅对大型企业和国有企业的专利和新产品有显著的促进,对其他类型企业的两种研发产出均无显著直接影响,但是考虑政府研发补贴显著挤出了大型企业和国有企业研发投入,而激励了其他类型企业自身研发投入,那么综合来看,政府研发补贴仍然间接地降低了大型企业和国有企业的研发产出水平,而间接地提高了其他类型企业的研发产出水平。通过计算研发经费投入和人力投入的两种研发产出的弹性,我们发现不同类型企业研发经费投入的专利产出弹性均要高于研发人力投入的专利产出弹性,但是除去非国有企业,其他类型企业研发经费投入的新产品产出弹性均要高于研发人力投入的新产品产出弹性,反映出我国企业的专利产出主要由资本驱动,而新产品产出主要有研发人力驱动。同时,国有企业专利产出呈现规模报酬递增的特征,而新产品销售收入则呈现规模报酬递减,国有企业规模变量的系数也验证了上述结果,结合国有企业两种研发产出的最优滞后期,反映出国有企业自主创新能力较强,集中利用大量的研发资源进行专利攻关，取得了一定的成绩，但将专利成果转化为新产品销售收入的能力仍然不强。而非国有企业研发人力投入的专利产出和新产品产出弹性的计算结果说明，相比于专利，非国有企业更为重视新产品销售收入，将主要的研发人力资源投入到新产品产出上，因为非国有企业自主创新能力不强，在激烈的市场竞争下需要通过购买专利，利用现有研发人才在产品上不断的推陈出新才能不被市场淘汰，研发资金和人才的稀缺仍然是非国有企业进行大规模创新的主要制约因素。

根据以上结论，得到如下政策启示：第一，在制定创新政策时需要考虑不同区域之间在创新产出上的溢出效应，政府的研发补贴需要考虑跨区域企业在创新链上的协同效应，避免区域间的恶性竞争。第二，根据企业的规模和所有权性质的不同，有针对性地适时调整研发补贴的后期评估方法，提高研发补贴对非国有企业和外资企业的政策效果，避免过度补贴和重复补贴，巩固国有企业集中利用研发资源进行专利攻关的优势地位，避免在关键技术上受制于人，重点提升国有企业的科技成果转化能力。第三，构建公平竞争的创新环境是提高企业创新能力的关键，对于不同所有制的企业均一视同仁，尤其要降低非国有企业维护知识产权的成本，鼓励非国有企业进行具有基础性的前端创新，形成具有核心竞争力的专利技术。第四，鼓励创新要素在不同企业、不同创新环节上的自由流动，对于国有企业的优秀创新型人才要"留得住""出得去""回得来"，打造多层次资本市场，利用科创板给予非国有企业更多的研发资金支持，通过研发补贴引导社会资本在企业创新成果产业化的过程中发挥更大的作用。

第八章 结论、建议与展望

第一节 主要结论

本书通过分析中国地方政府竞争的理论基础,中国各地区经济创新度、政府研发补贴规模、企业研发投入与产出规模快速增长的现实基础以及空间面板模型的方法基础,对地方政府研发补贴区域竞争策略作了实证研究,在区域竞争和研发溢出的基础上进一步分析了地方政府研发补贴对企业创新活动影响的理论机制,将不同规模和不同所有制类型的企业放在统一的实证分析框架下,本书得到的主要结论归纳如下:

第一,中央政府与地方政府的财政分权对政府研发补贴的区域竞争策略具有显著影响。总体来看,财政分权度的提高会减少地方政府对企业的研发补贴,地方政府的财政支出模式仍然是偏向生产建设型,创新驱动的力度和深度还有待提高。地方政府主要根据企业所有权性质而不是企业规模进行研发补贴的区域竞争。中央政府在干预协调各地政府研发补贴上,尤其是在国有企业的研发补贴上发挥了重要作用,但也正由于国有企业研发补贴主要来自中央政府的专项转移支付,地方政府并没有发挥主导作用,导致地方政府对国有企业的研发补贴呈现相互替代的区域竞争策略,这种竞争策略反映出地方政府对外部性过大的创新活动缺乏兴趣,因为国有企业主要承担了对国家创新战略具有基础性和全局性的技术攻关任务,所以对国有企业的研发补贴实质上是中央政府一种"自上而下"的外部性较强的公共品投资,如果缺乏中央政府的干预引导,地方政府也无意愿对国有企业所承担的重大研发项目进行补贴,地域分割下地方政府仅对本地发展负责的天然角色,使得地方政府在国有企业研发补贴上所呈现的相互替代竞争策略是一种权宜的选择,并不能完全否认其合理性,但也存在改善的空间。可喜的是,地方政府对非国有企业的研发补贴呈现相互模仿的区域竞争策略,对非国有企业的研发补贴主要来自地方政府的本级财政支出,说明地方政府已经表现出对创新驱动的重视,收入角度下财政分权度指标不显著的系数也体现了地方政府在对非国有企业研发补贴上已经逐渐摆脱了固有的传统要素投资驱动的思维,这也是因为非国有企业的流动性较强、所从事的创新活动外部性相对较小,地方政府为了吸引和留住具有创新实力的非国有企业,提高本地企业的市场竞争力,从而获得更多税收收入,竞相增加对非国有企业的研发补贴,形成了良好的竞争氛围。地方政府在国有企业和非国有企业研发补贴上所表现出来的区域竞争策略,既体现了财政分权体制下地方政府竞争模式在创新驱动发展下的活力,但也暴露出中央政府和地方政府在创新驱动上财权和事权不匹配以及各地区之间一体化协同发展程度不足的问题。

第二,政府研发补贴对其他地区的全体企业自身研发投入有显著的激励效应。忽视政府研发补贴的区域竞争和企业研发投入的溢出效应会显著高估政府研发补贴对本地企业研发投入的影响,无法准确评估政府研发补贴政策的效果。政府研发补贴所产生的激励效应或挤出效应大小与其所掌握的企业研发投入信息的完备程度以及据此的反应变化程度密切相关,信息不对称问题严重影响政府研发补贴所传递的信号质量。地方政府的区域竞争、企业研发投入的溢出效应、跨区信号传递是政府研发补贴空间溢出效应的主要作用途径,政府研发补贴通过影响其他地区政府研发补贴和本地企业研发投入,间接地影响其他地区企业的研发投入,同时对其他地区相同类型的企业释放信号。但是,即使在实证模型中加入政府研发补贴和企业研发投入的空间滞后项,如果忽视三种途径的反馈效应,也无法准确度量政府研发补贴的直接影响和溢出影响,本书根据动态空间杜宾模型的长、短期直接、溢出影响的计算公式,测算发现地方政府研发补贴对全体企业研发投入均具有显著的短期直接影响、短期溢出影响、长期直接影响和长期溢出影响。尽管政府研发补贴对本地全体企业专利申请数和新产品销售收入两种研发产出的影响均不显著,对其他地区全体企业的研发产出也不存在溢出影响,但是通过激励本地和其他地区企业提高自身研发投入水平,也会间接地提高企业研发产出水平。政府研发补贴对企业创新活动显著的直接影响和溢出影响说明创新驱动下的区域一体化协同发展不能忽视政府研发补贴的区域竞争、跨区信号传递以及企业创新活动的溢出效应。

第三,政府创新政策下大型、国有企业和中型、非国有企业创新活动表现存在巨大差异,尤其是国有企业和非国有企业反差巨大。国有企业的专利申请数与其得到的研发补贴之间没有显著的关系,而非国有企业却有显著的正向关系,说明政府对非国有企业的研发补贴严格以专利申请数作为标准,而对国有企业则缺乏限制。政府研发补贴对本地和其他地区国有企业研发投入具有显著的挤出效应,而对本地和其他地区的非国有企业则有显著的激励效应,并且政府研发补贴对国有企业的跨区信号效应为负,而对跨区的非国有企业则传递正向信号,国有企业研发投入严重依赖于政府研发补贴。研发费用加计扣除减免税政策对国有企业自身研发投入无显著影响,但对非国有企业和外资企业有显著的促进作用。国有企业还存在资产负债率水平、利润水平与研发投入倒挂的现象,资产负债率和利润水平越高,研发投入水平越低,说明国有企业过高的负债率以及短视的考核机制制约了国有企业的创新活力,而非国有企业资产负债率和利润水平的提高均会促进自身研发投入的增长。但是非国有企业也存在随着企业规模增大,创新动力弱化的问题,而国有企业的研发投入水平则会随着企业规模的增加而提高。国有企业研发经费投入对专利产出的最优滞后期为滞后1期、新产品产出为滞后2期,而非国有企业专利产出为滞后2期、新产品产出为滞后1期,滞后期的差异反映出国有企业自主创新能力相对较强,但科技成果转化能力较弱,而非国有企业则将研发重点放在产业化和商业化上。尽管政府研发补贴对国有企业两种研发产出均有显著激励作用,而对非国有企业无显著影响,但是如果综合分析对两者自身研发投入的影响,政府研发补贴仍然间接降低了国有企业的研发产出而提高了非国有企业的研发产出。国有企业研发经费投入和研发人力投入的专利产出规模报酬递增,而新产品产出的规模报酬递减,也反映出国有企业创新转化能力较弱,推出新产品的积极性不高,而非国有企业无论是专利产出还是新产品产出均面临高效率资金与高水平人才等研发资源配置的约束。

第四,政府研发补贴、研发费用加计扣除减免税和高新技术企业减免税三种政府创新政策工具均存在不同程度的政策失灵。政府对国有企业的研发补贴存在严重的过度补贴问题,高、中、低三种补贴率水平下均显著挤出国有企业自身研发投入,而对非国有企业的研发补贴则明显不足,远未达到最优补贴水平,高补贴率水平下政府研发补贴对非国有企业自身研发投入有极大的激励作用,但处于高补贴率水平的非国有企业占比极低,2015年的占比甚至为零,政府研发补贴在国有企业和非国有企业上的分配失衡与两者在政府研发补贴下的创新活动表现产生鲜明对比,政府研发补贴对外资企业也存在一定程度的过度补贴问题,在高补贴率水平下补贴失灵。以"利润"为核心的考核机制使得研发费用加计扣除减免税政策提高国有企业自身研发投入水平的努力失败,而非国有企业和外资企业则会充分利用加计扣除政策提高自身研发投入水平。但高新技术企业减免税政策却显著降低了非国有企业和外资企业自身研发投入水平,违背了其激发企业研发活力的政策设计初衷,由于高新技术企业认定标准是根据研发投入占销售收入比例而设定的,而且只要保持占比不变就可以凭借高新技术企业的身份一直享受所得税优惠,非国有企业和外资企业既没有内在动力也没有外在约束去额外增加研发投入,而且近年来经济发达省份普遍存在提高高新技术企业数量的政绩压力,高新技术企业数量的快速增长加大了政府认定和复审的压力,政府很难去核实每个企业真实的销售收入和研发投入水平,这就使得非国有企业和外资企业仅将高新技术企业减免税作为合理避税的工具,而反观加计扣除的政策设计,需要企业真实的研发投入才能享受税收减免,企业为了享受更多的税收优惠必须提高研发投入水平。政府研发补贴与高新技术企业减免税的交互项系数在各类型企业的结果中均显著为负,说明政府没有处理好不同种类创新政策工具之间的协同作用问题,政策失灵与各种政策的无效叠加有关。

第二节 政策建议

第一,明确中央政府与地方政府在科技创新活动上的财权与事权。自1994年分税制改革以来,中国经历了财权上移和事权下移的过程,近年来又将财权也逐步下移,其中的变化主要是为了将各级政府的财权和事权相匹配。随着中国经济进入创新驱动发展的新时代,地方政府正在承担激发地区科技创新活力的主要责任,但是相应的财权并没有跟上,中央政府的专项转移支付仍然在财政科技支出上占有较大的比例,主要原因是如果缺少中央政府对创新活动的补贴,地方政府存在减少财政科技拨款的可能,但是利用财权来引导地方政府的财政支出方式并不是长久之计,会损害部分地区的创新积极性,提高地方政府在科技创新活动上的财权应该与地方政府官员的选拔考核机制同步进行,通过改革以 GDP 为核心的官员选拔机制引导地方政府逐步加大对科技创新的投入力度,发挥中央政府在重大技术创新方向上的统筹功能,优化中央财力对不同地区的研发补贴力度,确保企业在自主创新上的积极性既不会被过大的外部性所伤害,也不会被过高的补贴所打压。

第二,从区域一体化的高度协调不同地区政府研发补贴的政策措施。本书的研究结论已经证明,政府研发补贴会产生显著的长期溢出效应,地方政府研发补贴的区域竞争、跨区信号传递以及企业创新活动的溢出效应都需要地方政府从区域一体化发展的高度协调与关联地区的创新政策。长三角中的上海、江苏和浙江作为区域一体化建设走在全国前列的地区,在市场统一性、要素同质性、发展协同性和制度一致性等方面均有明显的优势,这就使得长三角地区在创新环境的构建、创新要素的聚集、企业研发的投入、产业结构的升级等方面走在全国的前列。但是,长三角地区也尚未有关于创新政策的议事协调机制和平台,所以急需加强地方政府专业部门之间的横向沟通,避免重复补贴导致资金浪费以及过度补贴破坏市场竞争的现象发生。

第三,政府创新政策的扶持链要与企业的创新链相一致,完善创新政策的设计机制,对所有类型企业的创新政策效果都要建立合理科学的评估机制。对于政府研发补贴和研发费用加计扣除政策在激发国有企业创新活力上失灵的问题,应从深化国有企业改革的角度,不断降低政府的"父爱主义",减少政府对国有企业的各类型过度补贴和扶持,改革国有企业以"利润"为核心的考核机制,对研发补贴下的研发产出应有严格的审查机制,杜绝国有企业浪费创新资源的问题,尤其要重点提高国有企业的科技成果转化能力,鼓励国有企业积极将专利成果商业化和产业化。降低对国有企业和外资企业研发补贴力度的同时,应大幅提高对非国有企业的研发补贴力度,重点增强非国有企业的自主创新能力。对高新技术企业减免税政策在鼓励非国有企业和外资企业提高研发投入水平上失灵的问题,需要改变高新技术企业原有的认证标准,建议在认证标准中加入研发投入相对增长率的指标,即以全体企业为样本,研发投入增长率超过全体企业平均研发投入增长率50%的企业作为高新技术企业,以动态的标准降低企业数据作假的空间。当然,政府在科技创新的发展趋势及成果价值判断上并不具有先天的优势,在简政放权的大背景下,政府应通过第三方专业的科技创新研究机构制定和评估适用于各类型企业的政府创新政策。

第四,通过加强知识产权保护,构建公平的监管环境,发挥市场在创新资源配置上的决定性作用。降低企业创新活动的外部性,最根本的在于构建合理的知识产权保护体系,而不应完全依赖于政府研发补贴。在创新驱动发展下,近年来政府通过环保立法和环保督查已经实质上收回了企业的免费排污权,希望引导企业通过创新而不是低成本获得市场竞争力,但是如果没有完备的知识产权保护,企业的创新收益无法得到切实保障,中国企业在国际市场上的竞争力就会减弱。公平的监管环境还需要政府对所有类型企业一视同仁,统一市场准入标准,真正让市场决定创新要素的流动,特别是随着中国人口老龄化,劳动力红利逐渐消失,但是持续的教育投入换来的工程师红利正在继续支撑中国经济高质量高效率发展,高水平的研究人员需要依靠市场力量进行配置,如果不能保证所有类型企业在公平的市场环境中竞争,那么就会导致处于弱势的非国有企业无法得到所需的创新型人才,建议政府以监管为主、创新政策为辅不断激发市场的创新活力。

第三节　未来展望

本书重点考察了地方政府研发补贴的区域竞争及其对企业创新活动的影响,通过前文的现状分析、方法分析、理论分析与实证分析,我们发现在未来仍有以下三个方面值得继续探索研究:

第一,创新活动的特点决定了创新要素往往向城市集聚,从城市的空间视角研究政府研发补贴及企业创新活动问题更为贴近实际,但是现有的统计数据无法支撑,未来随着统计数据的完善以及统计方法的改善,应该进一步从企业创新活动在中国地级市分布的空间视角来考察区域竞争与研发溢出情况。

第二,随着服务业所占经济比重的提升,仅考察工业企业的创新活动略显不足,未来应重点关注政府创新政策对服务业企业创新活动的影响。这也启示我们未来应将细分产业纳入地区分析的框架中,从区域分布与行业价值链流动的综合视角来分析研发溢出问题。

第三,知识产权保护等制度因素对科技创新具有重要的影响,但是现有的实证模型无法很好地将制度因素纳入统一的分析框架中,这就需要未来我们从制度与法律的角度去研究政府创新政策。

附录

附录1 世界主要组织和国家研发投入强度

表附1-1　　全球视角下研发强度概览(单位:%)

	世界	欧盟	OECD	高收入国家	中等收入国家
2000	2.06	1.72	2.27	2.32	0.64
2001	2.08	1.79	2.31	2.36	0.67
2002	2.04	1.76	2.25	2.29	0.73
2003	2.03	1.78	2.24	2.27	0.78
2004	1.98	1.75	2.19	2.22	0.81
2005	1.97	1.74	2.20	2.23	0.85
2006	1.98	1.76	2.23	2.26	0.88
2007	1.96	1.77	2.23	2.26	0.91
2008	2.01	1.84	2.32	2.35	0.97
2009	2.05	1.93	2.40	2.42	1.05
2010	2.04	1.93	2.37	2.39	1.13
2011	2.02	1.97	2.40	2.41	1.14
2012	2.09	2.01	2.42	2.43	1.28
2013	2.06	2.02	2.41	2.43	1.28
2014	2.15	2.04	2.45	2.49	1.42
2015	2.23	2.05	2.55	2.57	1.49

数据来源:世界银行。

表附1-2　　世界主要国家研发强度

	中国	美国	德国	芬兰	以色列	日本	韩国
2000	0.90	2.62	2.39	3.25	3.93	2.90	2.18

续表

	中国	美国	德国	芬兰	以色列	日本	韩国
2001	0.95	2.64	2.39	3.21	4.18	2.97	2.34
2002	1.06	2.54	2.41	3.26	4.13	3.01	2.27
2003	1.13	2.56	2.46	3.29	3.90	3.05	2.35
2004	1.22	2.48	2.42	3.32	3.87	3.03	2.53
2005	1.32	2.50	2.42	3.34	4.04	3.18	2.63
2006	1.38	2.54	2.46	3.33	4.13	3.28	2.83
2007	1.38	2.62	2.45	3.34	4.41	3.34	3.01
2008	1.46	2.77	2.60	3.54	4.33	3.34	3.14
2009	1.68	2.82	2.73	3.75	4.12	3.23	3.30
2010	1.73	2.73	2.71	3.73	3.94	3.14	3.45
2011	1.79	2.77	2.80	3.64	4.02	3.25	3.75
2012	1.93	2.70	2.87	3.42	4.16	3.21	4.02
2013	2.01	2.74	2.82	3.29	4.14	3.32	4.15
2014	2.05	2.75	2.89	3.18	4.29	3.40	4.28
2015	2.07	2.79	2.88	2.90	4.27	3.28	4.23

数据来源：世界银行。

附录2 中国区域经济创新度指标体系的构建和说明

中国区域经济创新度由生产效率、创新投入以及创新产出三大类指标构成（见表附2-1）。生产效率包括人均GDP、综合能耗产出率、劳动生产率、资本生产率、高技术产业劳动生产率和知识密集型服务业劳动生产率等6个指标。创新投入包括万人研究与发展（R&D）人员数、企业R&D研究人员占比重、研发经费投入强度（即R&D经费支出与GDP比值）、地方财政科技支出占地方财政支出比重和企业R&D经费支出占主营业务收入比重等5个指标。创新产出包括万人科技论文数、万名就业人员发明专利拥有量、高技术产业增加值占工业增加值比重、知识密集型服务业增加值占生产总值比重和新产品销售收入占主营业务收入比重等5个指标（朱平芳、李世奇，2016）。

表附2-1　　　　　　　　中国区域经济创新度指标体系

一级指标	二级指标
生产效率	人均GDP(万元/人) 综合能耗产出率(元/千克标准煤) 劳动生产率(万元/人) 资本生产率(万元/万元) 高技术产业劳动生产率(万元/人) 知识密集型服务业劳动生产率(万元/人)
创新投入	万人R&D研究人员数(人/万人) 企业R&D研究人员占比重(%) R&D经费支出与GDP比值(%) 地方财政科技支出占地方财政支出比重(%) 企业R&D经费支出占主营业务收入比重(%)
创新产出	万人科技论文数(篇/万人) 万名就业人员发明专利拥有量(项/万人) 高技术产业增加值占工业增加值比重(%) 知识密集型服务业增加值占生产总值比重(%) 新产品销售收入占主营业务收入比重(%)

创新通过科学技术的进步与组织制度的改善进入生产,推动了生产效率的提高,实现了经济的增长。可以说,生产效率的提高是创新作用于经济发展的集中体现,所以生产效率是区域经济创新度的第一个指标,也是最重要的基础指标。人均GDP是衡量经济增长最直接的指标,也是体现生产效率的指标。生产效率的增长可能是环境友好的,也可能是环境破坏的。一般我们将环境友好型的发展称为绿色发展,那么绿色发展必然要通过创新最大限度地提高能源的使用效率,因此,综合能耗产出率也是反映生产效率的重要指标之一。劳动生产率和资本生产率是生产效率最直观的体现,而高技术产业和知识密集型服务业又分别代表了第二产业和第三产业转型的主要方向。

创新投入包括创新的人力资本投入与资本投入。人力资本是一个较为宽泛的概念,我们只有在现有的指标中进行考察。其中万名就业人员研究与发展人员数是使用较多的衡量人力资本的指标,且有统计基础。企业作为创新多活动的主体,企业R&D研究人员占比也反映了人力投入的强度。R&D经费支出与GDP比值是国际上通行的指标,该指标可以作为创新资本投入的总体指标,地方财政科技支出占地方财政支出比重和企业R&D经费支出占主营业务收入比重也反映了政府与企业对创新投入的重视度。

广义的创新产出指标主要包括狭义的创新产出(比如论文、专利、新产品产值)以及反映创新驱动的成果的经济产出(比如高技术产业增加值占工业增加值比重和知识密集型服务业增加值占生产总值比重)。其中,专利包括发明专利、外观设计和实用新型等,而发明专利是最重要的部分。但发明专利的统计指标也有很多,比如发明专利申请数、发明专利授权数以及发明专利拥有数,许多研究已经支出发明专利授权数的弊端,而发明专利申请数更多地作为衡量企业创新产出的指标,而发明专利拥有数相较于申请数更能够全面地反映区域创新产出的情况。

区域经济创新评级是对一个区域经济发展创新程度的等级评估。参考国际权威机构的债务评价方法,我们以经济创新度为标准,将所有区域划分为高创新度、中创新度和低创新度三个等级,在第一和第二等级内各设置三个级别。我们以中国 31 个省级区域为样本,在过往文献的基础上(郭铁成、张赤东,2014),我们确定高创新度等级与中创新度等级以 50 为界,中创新度等级与低创新度等级以 15 为界,进而以等分取整万法确定各个级别。PDI 指数值和各个创新级别的对照(见表附 2-2)。

表附 2-2 中国区域经济创新评级

经济创新度	0—15	15—25	25—35	35—50	50—65	65—80	80—100
创新级别	C	B	BB	BBB	A	AA	AAA

确定中国区域经济创新度各指标权重所使用的方法是专家咨询约束下的主成分分析法(姜国麟等,1996),该方法能够将专家知识和样本信息相结合,经常得到较好的分析结果。

我们对指标权重的计算方法进行简要介绍。设有 k 个指标,记为 I_1, I_2, $\cdots$, I_k,其对应的样本记为(由调查表获得数据,按各指标定义算出):

$$I_{1n} \hat{=} \begin{bmatrix} X_{11} \\ X_{12} \\ \vdots \\ X_{1n} \end{bmatrix} \quad I_{2n} \hat{=} \begin{bmatrix} X_{21} \\ X_{22} \\ \vdots \\ X_{2n} \end{bmatrix} \quad I_{kn} \hat{=} \begin{bmatrix} X_{k1} \\ X_{k2} \\ \vdots \\ X_{kn} \end{bmatrix}$$

我们知道,若 I_1, I_2, $\cdots$, I_k 之间相关性相当大,则各种加权实际上没有大的区别,权数可取算术平均。但实际获得的样本数据并没有这么理想,上述情况不成立。那么就需要寻找新的加权方法,下面为专家咨询约束赋权法的具体计算步骤:

1. 首先,对指标 $I_1, I_2, \cdots, I_k$,通过用专家咨询表的形式,由专家给出各个指标权数的上、下限 $\alpha_i, \beta_i (i=1, 2, \cdots, k)$,显然,当 $\alpha_i = \beta_i$ 时,就是专家加权法。这里,我们要求 $0 < \alpha_i < \beta_i < 1$。

2. 对数据 $I_1, I_2, \cdots, I_k$ 进行标准化处理,并使其样本均值为零。

3. 由整理好的数据算出 $I_1, I_2, \cdots, I_k$ 的方差,协方差矩阵的估计值 $\hat{\Sigma}$。

4. 根据

$$\begin{cases} \underset{a}{Max} \left\{ a' \hat{\Sigma} a \right\} \\ \|a\| = 1, \alpha_i \leqslant a_i \leqslant \beta_i, i = 1, 2, \cdots, k \end{cases}$$

计算出 a_i 的值,其中 $a = (a_1, a_2, \cdots, a_k)'$。

这里,$a_i (i=1, 2, \cdots, k)$ 即为所需的各指标的权数。

运用上述方法,采用近7年来收集的各区域的官方统计数据,我们测算了31个区域2009—2015年的经济创新度,结果见表附2-3。

表附2-3　　2009—2015年中国31个省级行政区经济创新度

	2009年	2010年	2011年	2012年	2013年	2014年	2015年
北京	78.99	74.92	83.31	86.13	86.22	86.79	84.94
天津	60.97	58.37	61.64	64.72	67.13	66.28	66.11
河北	25.91	25.42	25.72	25.26	26.29	26.74	26.23
山西	24.13	23.70	24.75	24.58	27.12	27.33	26.62
内蒙古	26.88	26.85	28.52	27.78	28.77	28.98	29.83
辽宁	37.38	35.88	38.76	34.56	35.86	35.73	34.01
吉林	37.11	31.14	32.64	30.81	29.38	30.83	30.66
黑龙江	30.17	31.30	30.22	30.08	30.19	29.22	29.24
上海	73.53	70.18	71.58	72.07	72.16	70.09	70.10
江苏	48.17	46.44	54.35	56.45	55.93	57.19	58.44
浙江	45.85	46.33	49.40	52.88	56.62	55.25	57.94
安徽	30.81	31.57	34.81	34.71	35.67	37.41	37.76
福建	40.35	38.42	42.37	41.84	42.21	41.30	41.05
江西	30.26	28.11	29.23	29.45	30.14	29.55	31.10
山东	39.35	39.88	42.86	40.64	41.46	42.24	42.14

续表

	2009年	2010年	2011年	2012年	2013年	2014年	2015年
河南	27.44	27.14	27.83	27.09	30.65	30.63	30.27
湖北	35.05	34.57	37.39	37.20	38.63	40.74	41.82
湖南	37.26	36.47	35.88	36.13	37.34	39.00	38.97
广东	55.01	51.59	57.52	59.00	59.56	57.44	59.33
广西	27.64	27.28	27.20	27.66	29.75	29.81	30.28
海南	25.55	26.39	26.66	28.83	30.65	29.26	27.80
重庆	39.54	39.26	41.69	42.21	43.34	44.87	45.15
四川	32.07	27.98	29.66	31.86	34.84	35.55	35.46
贵州	25.78	26.87	19.19	24.71	24.51	24.02	24.72
云南	22.27	22.10	22.29	22.16	22.36	22.31	22.98
西藏	17.03	19.08	15.37	19.21	19.72	17.03	16.33
陕西	32.14	31.38	31.82	31.28	32.18	32.79	32.30
甘肃	22.92	21.96	21.27	23.16	24.02	25.02	24.72
青海	20.31	18.92	18.34	18.11	18.62	17.58	17.28
宁夏	22.46	20.66	23.46	22.52	24.16	22.87	24.32
新疆	22.46	30.34	19.76	19.84	20.88	20.08	20.27
全国	37.18	36.03	39.07	39.32	40.21	40.30	40.44

附录3 省际铁路客运运行车次及时间数据

表附3-1A　　　　各地区之间运行车次数量统计

	北京	天津	河北	山西	内蒙古	辽宁	吉林	黑龙江	上海	江苏
北京	321	249	1555	204	277	343	144	89	43	251
天津	237	458	1187	81	91	857	393	230	57	338
河北	1570	1222	8949	1348	959	2931	1243	869	106	682
山西	221	105	1323	7201	385	258	65	62	22	186
内蒙古	280	73	949	395	12432	1676	978	2280	14	64
辽宁	295	740	2543	176	1458	15921	3923	2739	87	476
吉林	134	351	1177	57	806	3782	6356	1696	37	168
黑龙江	88	178	719	69	2441	2449	1553	20617	10	80
上海	43	46	117	16	14	93	28	10	171	1550

续表

	北京	天津	河北	山西	内蒙古	辽宁	吉林	黑龙江	上海	江苏
江苏	242	267	683	148	67	490	162	90	1 610	8 653
浙江	87	139	372	63	45	321	113	101	1 636	3 312
安徽	179	173	689	133	64	297	108	91	463	3 328
福建	57	41	151	20	12	36	32	24	294	470
江西	84	45	489	199	67	128	70	59	456	537
山东	435	698	1 981	243	127	1 282	641	393	305	2 088
河南	472	255	3 223	706	227	818	240	108	202	1 715
湖北	147	77	983	263	97	296	103	59	171	939
湖南	172	46	1 112	84	201	220	66	12	251	355
广东	41	34	306	92	30	125	32	34	86	177
广西	58	6	324		12	36	18		52	70
海南	3	4	18			8	8	2	2	
重庆	15	3	56	22	24	14	7	4	36	198
四川	46	26	338	148	172	93	53	53	32	226
贵州	45	6	299		12	60	36	6	83	123
云南	18	3	131		24	30	18	3	25	39
西藏	2		2	2					2	8
陕西	104	85	743	1 014	363	258	111	102	76	605
甘肃	43	10	150	103	378	95	55	35	35	304
青海	9	1	13	13	134	36			10	65
宁夏	27	5	111	85	483	79	21	5	10	59
新疆	21	5	100	58	189	65	45	25	16	123

注：表中(i, j)表示第j个地区到第i个地区的车次数量，空值代表车次数量为0，下同。

表附3-1B　　　　　各地区之间运行车次数量统计

	浙江	安徽	福建	江西	山东	河南	湖北	湖南	广东	广西
北京	92	182	57	75	475	472	147	146	40	45
天津	146	177	30	58	664	266	74	68	28	6
河北	415	648	59	366	2 047	3 180	874	811	268	218
山西	65	148	45	98	220	784	126	75	93	
内蒙古	41	45	12	77	168	239	92	206	30	12
辽宁	288	252	18	161	1 200	755	229	186	89	9
吉林	85	108	16	76	680	231	100	54	26	6

续表

	浙江	安徽	福建	江西	山东	河南	湖北	湖南	广东	广西
黑龙江	109	106	12	59	404	78	57	10	30	
上海	1 586	470	307	390	293	216	210	229	85	52
江苏	3 570	3 013	550	515	2 010	1 601	992	343	139	73
浙江	15 171	1 693	3 279	3 013	1 061	667	595	1 676	1 144	353
安徽	1 798	5 299	802	1 102	1 641	1 395	866	428	345	114
福建	3 136	867	8 606	2 086	281	300	425	174	1 791	20
江西	3 210	1 137	2 060	6 814	597	717	1 357	2 650	940	567
山东	1 038	1 638	288	661	11 281	1 936	753	698	256	171
河南	673	1 416	270	643	1 745	9 409	2 285	2 220	860	507
湖北	623	871	508	1 170	768	2 313	8 132	1 767	906	307
湖南	1 579	460	177	2 374	575	2 250	2 027	8 898	2 408	1 592
广东	1 113	338	1 579	1 146	234	793	1 035	2 310	13 543	1 927
广西	329	123	16	443	93	479	355	1 506	1 736	6 134
海南	5	7		18	7	9	5	27	61	7
重庆	123	139	79	141	32	102	899	390	233	136
四川	183	83	41	263	91	615	736	189	176	93
贵州	634	134	150	967	171	465	265	1 823	450	605
云南	129	62	30	262	71	158	95	594	266	689
西藏		2				4	2	4	2	
陕西	288	477	88	151	391	2 423	548	340	210	31
甘肃	74	218	21	38	168	848	155	122	73	
青海		32	2	2	26	144	35	13	7	
宁夏	12	32			38	83	20	25	15	
新疆	15	77	10	10	86	236	43	119	22	

表附3-1C　　各地区之间运行车次数量统计

	海南	重庆	四川	贵州	云南	西藏	陕西	甘肃	青海	宁夏	新疆
北京	3	20	47	35	15	2	98	47	10	27	21
天津	4	2	38	20	12		103	23	1	6	10
河北	16	79	328	187	76	2	675	208	17	111	114
山西		21	220			2	974	111	9	86	66
内蒙古		28	160	14	28		456	263	62	333	119
辽宁	8	12	118	66	42		119	84	8	34	50
吉林	7	8	66	24	15		116	65		20	40

续表

	海南	重庆	四川	贵州	云南	西藏	陕西	甘肃	青海	宁夏	新疆
黑龙江	2	1	48	4	3		139	70		7	35
上海	1	35	40	79	22	2	77	33	11	10	16
江苏		164	157	106	40	8	529	258	55	42	107
浙江	6	123	116	592	131		206	59		6	15
安徽	7	139	57	126	64	2	433	203	18	22	77
福建		93	47	167	38		98	21	3		15
江西	17	216	271	992	297		138	38	3		15
山东	7	33	86	149	74		427	144	18	49	79
河南	18	113	624	370	138	4	2 445	938	127	58	233
湖北	8	1 139	809	262	98	2	534	177	30	30	68
湖南	27	414	226	1 843	632	4	321	135	13	24	132
广东	65	217	202	458	276	2	167	74	7	12	22
广西	10	154	165	701	785		36	30			15
海南	2 797										
重庆			2 411	782	365	28	2	81	19	3	1	14
四川			747	6 320	269	526	4	949	345	31	32	150
贵州			373	304	3 417	1 330		50				
云南			31	562	1 377	2 993		53	55			25
西藏				4			54	6	8	44	2	
陕西			70	963	36	51	6	4 741	1 182	118	272	441
甘肃			19	366		44	12	1 264	5 198	373	528	1 811
青海				31			44	138	373	284	61	98
宁夏			1	24			2	222	492	42	1 207	92
新疆			14	151		20		476	1 805	107	106	3 441

表附3-2A　　　　各地区之间运行始发车次数量统计

	北京	天津	河北	山西	内蒙古	辽宁	吉林	黑龙江	上海	江苏
北京		137	142	540	152	248	236	63	61	41	47
天津	224		184	321	49	78	281	176	212	46	18
河北	1 344	237		3 004	968	841	1 341	462	753	87	63
山西	171	46	278		4 324	355	141	21	62	16	81
内蒙古	132	19	206	203		8 293	1 314	134	1 810	5	
辽宁	271	29	158	122	1 320		10 474	1 823	2 187	56	16

续表

	北京	天津	河北	山西	内蒙古	辽宁	吉林	黑龙江	上海	江苏
吉林	121	14	113		582	2 527	4 076	1 372	17	14
黑龙江	87	19	88		1 800	1 654	218	17 729	2	8
上海	43	3	15	5	12	49	21	10	71	568
江苏	236	21	62	112	55	238	84	90	1 303	2 534
浙江	87	6	12	51	39	220	48	101	1 271	1 650
安徽	178	13	51	110	62	145	31	91	391	500
福建	57	4		20	12		8	24	235	387
江西	77	6		190	67	40	21	59	403	431
山东	432	63	93	113	101	378	297	393	223	148
河南	453	71	114	620	227	421	75	108	199	367
湖北	136	22	15	242	97	144	19	59	171	180
湖南	166	18	31	80	40	120	42	12	223	253
广东	39	8	11	90	30	89	12	34	72	165
广西	58		15		12		18		52	38
海南	3					6	2		2	
重庆	15			15	24		3	4	36	40
四川	46	10		100	172	36	9	33	32	76
贵州	45				12		18	6	69	112
云南	18				24		9	3	21	34
西藏	2								2	
陕西	98	38	27	658	363	88	36	82	71	151
甘肃	40	3			44	18	20	35	35	60
青海	8	1				36			10	
宁夏	20	4	27		90	45	16	5	7	
新疆	21			3			20	25	16	10

注：表中(i, j)表示第j个地区到第i个地区的车次数量，空值代表车次数量为0，下同。

表附3-2B　　　各地区之间运行始发车次数量统计

	浙江	安徽	福建	江西	山东	河南	湖北	湖南	广东	广西
北京	79	76	57	40	234	86	40	22	34	39
天津	133	32	30	5	314	34	29	6	15	6
河北	407	114	59	126	932	543	254	88	234	194
山西	65		45	9	67	234	53		93	
内蒙古	41		12	43	101			169	30	12

续表

	浙江	安徽	福建	江西	山东	河南	湖北	湖南	广东	广西
辽宁	288	6	18		541	96	95		63	9
吉林	85	6	16		423	33	43		8	6
黑龙江	109	21	12		233	9	22		14	
上海	790	207	224	99	104	96	117	76	77	36
江苏	2 768	1 123	311	147	901	523	456	39	139	73
浙江	5 756	451	2 198	710	341	295	262	352	1 096	281
安徽	1 759	2 050	739	150	722	421	299	26	327	114
福建	772	162	4 907	871	110	134	85	25	1 747	
江西	1 226	270	1 914	2 507	317	142	360	279	861	479
山东	979	178	288	67	6 896	268	203	69	238	171
河南	638	100	270	152	1 386	2 275	530	134	801	411
湖北	413	43	508	209	609	358	4 307	102	880	190
湖南	491	109	177	375	516	453	581	2 943	2 295	1 138
广东	193	117	1 056	313	148	222	393	819	11 262	913
广西	70		16	27	75	63	95	152	1 656	3 069
海南						4		4		
重庆	78		79	20	30	15	179	60	233	68
四川	141		41	20	80	50	86	16	176	31
贵州	275	35	150	80	147	102	69	277	420	157
云南	36	14	30	35	59	35	23	122	236	146
西藏									2	
陕西	264	30	88	16	322	165	102	9	210	31
甘肃	74	4	21		168	162	50		73	
青海		4	2		26	15	26		7	
宁夏	12				25	9			15	
新疆	15		10		86	70	10	78	22	

表附 3-2C　　各地区之间运行始发车次数量统计

	海南	重庆	四川	贵州	云南	西藏	陕西	甘肃	青海	宁夏	新疆
北京	3	11	31	12	15	2	65	22	7	9	10
天津	4	2	28		12		70		1		10
河北	16	39	218	46	76	2	356	61	14	60	99
山西		21	94			2	587	37	6	55	63
内蒙古			118		28		74	112	62	57	105

续表

	海南	重庆	四川	贵州	云南	西藏	陕西	甘肃	青海	宁夏	新疆
辽宁	8	12	60		42		48		8		50
吉林	7	8	28		15		6				40
黑龙江	2	1	44		3						35
上海	1	23	35	38	22	2	28	9	8	10	16
江苏		81	123	20	40	8	228	97	42	42	107
浙江	6	81	116	334	125		97	29		6	15
安徽	7	58	45		64	2	216	53	14	22	77
福建		81	16	48	38		32	9			15
江西	17	146	237	353	285		55	26			15
山东	7	33	50		74		176	66	14	44	79
河南	18	54	473	97	138	4	1 275	374	111	58	233
湖北	8	431	645	51	98	2	202	64	18	30	68
湖南	27	157	211	492	617	4	209	24		24	61
广东	65	110	199	228	262	2	87	38		12	22
广西	10	24	165	394	762		30				15
海南	2 791										
重庆		1 409	667	192	28	2	14				14
四川		499	5 069	76	486	4	233	48	20	18	150
贵州		249	249	1 330	1 264		30				
云南		15	492	657	1 882		14				25
西藏			4			38			24		
陕西		33	650	24	51	6	2 729	359	94	245	441
甘肃		19	194		44	12	359	2 435	184	260	1 811
青海		4	2		26	15	26		7		
宁夏	12				25	9			15		
新疆	15		10		86	70	10	78	22		

表附3-3A　　各地区之间运行车次平均用时统计(单位:小时)

	北京	天津	河北	山西	内蒙古	辽宁	吉林	黑龙江	上海	江苏
北京	1.1	1.0	3.0	6.8	14.0	8.7	13.2	16.5	6.5	6.1
天津	0.9	0.6	2.5	9.5	18.6	6.3	11.7	17.5	9.4	7.0
河北	2.9	2.5	2.5	5.9	10.3	7.1	11.9	17.2	13.0	10.1
山西	6.7	8.8	5.8	2.6	7.8	17.2	22.5	28.8	17.9	15.4
内蒙古	14.9	17.6	10.7	7.4	4.9	12.1	10.2	8.1	26.1	22.3

续表

	北京	天津	河北	山西	内蒙古	辽宁	吉林	黑龙江	上海	江苏
辽宁	8.1	6.3	6.7	18.8	12.6	2.5	5.7	11.4	19.5	15.8
吉林	13.4	11.4	12.1	23.7	9.6	5.6	2.5	5.0	26.7	20.9
黑龙江	16.5	16.9	17.2	28.9	9.2	11.1	5.2	3.9	34.4	27.3
上海	6.5	8.5	12.6	18.3	24.8	18.8	23.0	29.7	0.3	1.7
江苏	5.9	6.3	9.6	15.4	21.7	15.9	20.1	26.7	1.6	1.3
浙江	9.5	14.1	17.9	24.5	29.7	25.9	35.3	40.8	2.1	3.3
安徽	7.0	7.1	9.9	16.4	23.5	18.0	22.1	28.9	4.4	2.8
福建	14.0	14.3	20.6	31.2	40.3	30.3	35.6	43.4	6.8	8.5
江西	14.7	15.0	17.6	24.9	27.0	25.3	30.6	37.8	6.8	9.4
山东	3.8	4.4	4.8	9.3	17.0	13.1	18.8	25.2	8.7	5.2
河南	6.5	8.3	5.6	9.1	19.6	16.5	21.9	26.1	9.9	6.7
湖北	11.4	15.9	11.8	17.5	24.9	23.7	30.4	34.5	11.6	6.7
湖南	16.6	19.6	17.3	25.4	5.8	30.5	38.5	38.5	12.0	12.8
广东	17.8	26.5	21.9	33.0	33.3	32.5	37.2	43.6	15.1	17.5
广西	24.0	35.5	23.3	0.0	30.4	42.2	47.5	0.0	21.5	17.5
海南	36.9	39.6	40.0	0.0	0.0	45.8	48.8	48.5	35.0	0.0
重庆	19.4	31.7	20.5	19.1	23.6	38.9	45.0	49.6	17.8	11.5
四川	26.4	31.3	26.0	19.8	29.8	36.4	42.5	48.1	27.2	24.2
贵州	26.0	37.2	30.8	0.0	37.6	46.6	50.8	54.5	17.3	15.8
云南	33.0	43.8	39.0	0.0	40.0	53.4	57.6	61.7	26.6	24.9
西藏	38.0	0.0	35.5	33.7	0.0	0.0	0.0	0.0	44.8	42.1
陕西	12.0	16.7	12.7	5.2	12.0	23.3	30.8	38.2	18.0	14.9
甘肃	23.9	27.2	22.8	19.1	21.2	37.3	40.9	44.2	25.4	23.0
青海	23.0	33.4	21.8	15.5	27.3	41.4	0.0	0.0	30.9	27.9
宁夏	16.5	20.3	15.4	10.2	12.0	30.1	32.9	35.8	31.1	27.9
新疆	18.0	38.7	30.7	28.2	32.3	49.3	52.9	56.3	43.6	41.2

注：表中(i,j)表示第j个地区到第i个地区的平均时间，0.0代表两地之间无直达车次，下同。

表附 3-3B　各地区之间运行车次平均用时统计（单位：小时）

	浙江	安徽	福建	江西	山东	河南	湖北	湖南	广东	广西
北京	9.2	7.5	13.7	14.3	4.5	6.5	11.4	15.4	18.1	22.8
天津	12.5	7.4	10.9	17.3	4.4	8.3	14.6	24.3	26.0	38.2
河北	18.4	10.2	13.9	17.2	5.3	5.7	11.6	17.3	21.2	23.2
山西	23.8	16.2	30.3	25.6	9.5	9.4	18.1	26.2	33.9	0.0

续表

	浙江	安徽	福建	江西	山东	河南	湖北	湖南	广东	广西
内蒙古	30.4	24.7	40.2	27.2	17.9	20.7	26.6	5.6	33.4	30.4
辽宁	23.3	17.8	31.1	27.5	13.0	17.0	24.1	33.4	32.9	45.1
吉林	36.2	21.9	35.1	32.2	19.1	22.0	30.0	40.4	37.9	50.5
黑龙江	40.9	29.0	48.4	37.5	25.9	26.3	34.2	41.1	41.2	0.0
上海	2.1	4.4	6.7	6.8	8.0	9.4	11.1	12.1	13.9	19.9
江苏	3.3	2.7	8.1	9.0	4.8	6.2	6.0	13.7	17.4	19.2
浙江	1.5	6.7	4.2	4.4	13.1	11.9	12.6	9.0	7.1	16.0
安徽	6.4	1.8	4.8	6.3	5.8	5.3	3.8	12.0	15.4	23.0
福建	4.3	5.1	1.4	3.5	11.2	16.7	9.5	7.9	3.5	22.5
江西	4.4	6.2	3.4	1.9	13.7	10.2	5.9	4.7	8.3	13.4
山东	12.3	5.5	10.5	14.2	2.6	7.5	13.2	20.0	22.1	31.9
河南	12.0	5.4	17.1	10.3	7.3	2.2	5.2	9.4	15.3	16.3
湖北	12.2	4.2	9.0	6.1	12.7	5.2	1.9	5.1	11.1	14.1
湖南	8.9	10.7	7.4	4.4	18.6	9.1	5.2	2.1	5.8	6.7
广东	7.4	15.8	3.3	8.5	21.9	14.5	11.1	6.0	1.1	4.0
广西	15.8	22.7	23.6	12.8	27.2	15.9	13.8	6.4	3.8	2.1
海南	32.4	32.6	0.0	24.2	35.3	31.0	26.6	20.8	11.4	11.8
重庆	21.6	8.8	15.8	16.5	15.8	13.6	5.1	12.0	22.0	17.5
四川	30.4	18.5	28.8	24.8	29.0	18.3	10.7	18.2	28.8	22.3
贵州	14.9	21.6	10.7	11.2	32.0	17.3	14.5	6.3	11.3	5.5
云南	23.8	28.2	21.1	19.6	38.9	25.8	22.5	12.7	14.0	5.8
西藏	0.0	40.4	0.0	0.0	0.0	35.5	40.1	45.4	51.0	0.0
陕西	20.6	15.0	26.5	19.4	14.3	7.5	9.9	15.0	22.4	21.6
甘肃	30.8	24.6	27.6	28.1	21.4	16.3	20.4	26.6	34.0	0.0
青海	0.0	24.6	30.6	26.8	23.2	18.7	21.8	27.0	32.9	0.0
宁夏	31.9	24.6	0.0	0.0	16.8	18.7	23.5	30.3	36.3	0.0
新疆	53.3	43.6	45.3	41.4	38.2	34.7	35.4	13.8	45.3	0.0

表附3-3C 各地区之间运行车次平均用时统计(单位:小时)

	海南	重庆	四川	贵州	云南	西藏	陕西	甘肃	青海	宁夏	新疆
北京	35.8	19.4	26.3	25.1	30.9	38.6	11.6	23.4	22.8	16.0	17.7
天津	40.1	30.1	29.7	40.2	46.8	0.0	15.6	28.3	29.5	18.4	43.0
河北	39.9	20.2	25.0	31.5	39.8	35.9	11.6	22.9	20.7	15.5	32.6
山西	0.0	18.1	18.3	0.0	0.0	34.1	5.2	18.9	16.1	10.1	30.0
内蒙古	0.0	25.8	26.9	41.5	43.7	0.0	14.6	19.7	25.3	10.0	30.6

续表

	海南	重庆	四川	贵州	云南	西藏	陕西	甘肃	青海	宁夏	新疆
辽宁	46.6	40.1	36.0	48.5	55.2	0.0	25.0	39.4	40.3	29.7	53.0
吉林	50.2	44.3	41.9	53.7	60.5	0.0	32.1	43.8	0.0	33.5	57.0
黑龙江	49.3	47.9	49.0	60.0	65.8	0.0	37.3	48.7	0.0	39.2	62.9
上海	33.9	18.1	28.3	19.6	26.0	46.8	17.6	26.2	31.3	30.8	45.0
江苏	0.0	11.6	23.4	18.9	27.3	43.9	14.1	23.4	27.7	26.6	42.5
浙江	31.4	21.0	31.1	14.5	21.5	0.0	20.0	32.9	0.0	36.0	53.8
安徽	32.2	9.0	16.1	21.1	28.0	42.2	14.0	25.6	24.4	25.5	44.2
福建	0.0	18.5	27.0	11.2	18.9	0.0	25.6	30.4	32.7	0.0	46.6
江西	24.1	17.1	23.1	11.2	17.5	0.0	18.5	28.6	28.2	0.0	42.2
山东	35.1	15.3	29.0	32.5	39.0	0.0	14.4	24.0	24.6	17.6	39.2
河南	32.2	14.1	18.6	18.7	26.8	37.5	7.2	17.1	19.2	18.6	35.4
湖北	25.9	5.4	10.8	14.8	21.9	41.8	11.0	22.9	23.1	23.2	37.3
湖南	20.2	12.4	18.2	6.3	11.8	47.1	15.5	28.7	28.0	30.1	19.6
广东	10.4	21.8	30.7	12.4	12.8	53.2	21.8	35.4	33.9	36.1	45.8
广西	11.3	17.0	23.7	5.8	5.4	0.0	21.3	44.6	0.0	0.0	59.5
海南	1.4	0.0	0.0	0.0	0.0	0.0	0.0	0.0	0.0	0.0	0.0
重庆	0.0	2.2	3.3	6.7	16.9	41.8	12.7	26.5	26.3	24.4	46.9
四川	0.0	3.4	2.4	14.3	7.6	38.7	10.0	21.0	22.4	19.6	43.9
贵州	0.0	6.9	13.4	2.4	4.9	0.0	19.2	0.0	0.0	0.0	0.0
云南	0.0	15.9	7.2	5.3	2.3	0.0	30.4	43.0	0.0	0.0	60.1
西藏	0.0	0.0	38.7	0.0	0.0	2.5	29.2	22.3	15.1	26.9	0.0
陕西	0.0	11.3	9.9	20.2	30.7	30.6	2.7	10.6	12.0	8.7	31.6
甘肃	0.0	27.1	21.0	0.0	42.8	22.4	9.9	4.6	3.8	7.4	17.4
青海	0.0	0.0	22.1	0.0	0.0	15.4	10.8	3.9	2.1	10.9	10.7
宁夏	0.0	22.9	19.2	0.0	0.0	27.6	8.3	7.1	10.7	3.1	22.6
新疆	0.0	45.5	43.3	0.0	60.6	0.0	30.1	16.5	10.6	21.8	6.7

附录4 各地区企业R&D经费支出价格指数(2009—2015年)

表附4-1　　各地区企业R&D经费资产性支出比例

	2009	2010	2011	2012	2013	2014	2015
北京	19.72%	20.19%	18.02%	15.67%	15.44%	15.36%	15.63%

续表

	2009	2010	2011	2012	2013	2014	2015
天津	18.93%	19.26%	19.77%	17.11%	19.92%	19.79%	18.09%
河北	18.65%	19.48%	15.05%	13.52%	14.00%	14.77%	14.91%
山西	20.21%	17.13%	16.99%	14.23%	15.18%	14.23%	15.74%
内蒙古	18.93%	15.04%	12.42%	11.95%	11.82%	11.43%	15.46%
辽宁	12.71%	12.59%	11.94%	13.46%	8.94%	9.48%	9.46%
吉林	13.28%	11.83%	14.95%	16.05%	15.45%	10.21%	10.04%
黑龙江	17.91%	15.35%	11.26%	11.38%	14.00%	15.85%	13.72%
上海	16.02%	12.71%	12.99%	15.40%	13.41%	13.00%	10.40%
江苏	12.07%	15.00%	15.74%	15.07%	14.60%	14.58%	12.44%
浙江	14.03%	12.52%	12.64%	11.05%	10.99%	10.05%	8.87%
安徽	18.14%	18.10%	18.79%	18.95%	16.65%	18.40%	17.96%
福建	18.99%	19.42%	21.93%	16.57%	15.53%	14.66%	14.45%
江西	18.81%	19.92%	15.65%	15.89%	16.20%	17.68%	16.24%
山东	15.99%	13.58%	14.10%	12.48%	12.81%	13.22%	14.47%
河南	19.49%	17.61%	16.88%	15.10%	14.55%	15.10%	14.87%
湖北	17.01%	14.63%	15.50%	14.88%	12.67%	13.63%	14.42%
湖南	13.79%	12.71%	12.68%	11.41%	11.73%	9.88%	11.09%
广东	11.43%	13.97%	13.60%	11.68%	11.32%	10.28%	9.01%
广西	15.49%	16.18%	17.64%	15.57%	19.71%	15.43%	13.81%
海南	19.13%	24.15%	17.20%	15.01%	10.76%	16.37%	8.38%
重庆	23.74%	22.33%	19.20%	17.59%	17.92%	18.24%	17.47%
四川	18.15%	25.32%	19.37%	21.70%	21.66%	20.38%	15.01%
贵州	14.85%	10.64%	10.09%	11.71%	15.38%	15.04%	16.99%
云南	24.81%	20.53%	18.05%	15.11%	13.76%	14.26%	15.34%
西藏	14.70%	16.27%	22.78%	14.23%	21.86%	8.10%	7.52%
陕西	21.32%	20.75%	20.73%	17.03%	17.42%	16.20%	15.30%
甘肃	18.36%	14.44%	19.10%	17.23%	15.54%	16.37%	15.91%
青海	14.79%	17.83%	16.11%	32.51%	33.46%	26.53%	23.98%
宁夏	18.49%	19.24%	18.81%	15.81%	19.08%	16.33%	15.22%
新疆	18.84%	12.39%	13.05%	12.02%	14.50%	12.23%	18.21%

表附4-2　各地区企业R&D经费支出价格指数(2009年为基期)

	2009	2010	2011	2012	2013	2014	2015
北京	1.00	1.03	1.09	1.12	1.14	1.16	1.17
天津	1.00	1.02	1.07	1.10	1.13	1.14	1.16
河北	1.00	1.04	1.09	1.10	1.13	1.13	1.13
山西	1.00	1.04	1.11	1.12	1.14	1.15	1.14
内蒙古	1.00	1.04	1.10	1.11	1.13	1.13	1.12
辽宁	1.00	1.04	1.10	1.13	1.15	1.17	1.17
吉林	1.00	1.04	1.09	1.12	1.14	1.16	1.16
黑龙江	1.00	1.04	1.09	1.12	1.14	1.16	1.18
上海	1.00	1.06	1.13	1.15	1.17	1.18	1.17
江苏	1.00	1.03	1.08	1.10	1.12	1.15	1.17
浙江	1.00	1.04	1.10	1.12	1.14	1.16	1.17
安徽	1.00	1.04	1.10	1.11	1.14	1.15	1.17
福建	1.00	1.04	1.11	1.12	1.14	1.15	1.15
江西	1.00	1.03	1.08	1.10	1.12	1.14	1.16
山东	1.00	1.05	1.12	1.13	1.15	1.17	1.17
河南	1.00	1.04	1.09	1.11	1.12	1.14	1.15
湖北	1.00	1.04	1.10	1.13	1.15	1.17	1.17
湖南	1.00	1.03	1.09	1.12	1.15	1.16	1.17
广东	1.00	1.04	1.10	1.12	1.14	1.15	1.17
广西	1.00	1.03	1.08	1.11	1.13	1.16	1.17
海南	1.00	1.04	1.11	1.14	1.15	1.17	1.18
重庆	1.00	1.05	1.13	1.15	1.18	1.20	1.19
四川	1.00	1.03	1.08	1.11	1.13	1.14	1.15
贵州	1.00	1.04	1.10	1.11	1.13	1.15	1.15
云南	1.00	1.03	1.08	1.11	1.13	1.15	1.16
西藏	1.00	1.05	1.10	1.12	1.14	1.16	1.17
陕西	1.00	1.03	1.08	1.11	1.14	1.16	1.19
甘肃	1.00	1.05	1.11	1.14	1.16	1.17	1.16
青海	1.00	1.06	1.13	1.15	1.17	1.19	1.18
宁夏	1.00	1.06	1.13	1.15	1.17	1.17	1.19
新疆	1.00	1.05	1.12	1.14	1.16	1.17	1.17

附录5　各地区财政分权度（2009—2015年）

表附5-1　　　　各地区净支出角度下的财政分权度

	2009	2010	2011	2012	2013	2014	2015
北京	5.95	5.69	6.12	6.01	6.54	6.63	7.43
天津	3.94	4.21	4.87	5.02	5.64	5.91	5.74
河北	1.24	1.37	1.56	1.59	1.70	1.71	1.83
山西	1.70	1.90	2.14	2.23	2.44	2.36	2.28
内蒙古	2.92	3.19	3.84	3.90	4.18	4.20	3.96
辽宁	2.46	2.70	3.05	3.18	3.61	3.32	2.48
吉林	1.88	2.14	2.46	2.43	2.74	2.78	2.68
黑龙江	1.69	1.90	2.15	2.18	2.31	2.24	2.33
上海	6.07	5.92	6.35	5.95	6.18	6.38	7.16
江苏	2.25	2.54	2.95	2.95	3.19	3.30	3.34
浙江	2.18	2.36	2.58	2.47	2.75	2.87	3.27
安徽	1.28	1.48	1.74	1.86	2.03	2.07	2.02
福建	1.57	1.73	2.03	2.15	2.50	2.55	2.71
江西	1.25	1.43	1.74	1.86	2.16	2.33	2.33
山东	1.42	1.66	1.81	1.90	2.12	2.17	2.19
河南	1.10	1.21	1.39	1.46	1.63	1.70	1.67
湖北	1.29	1.44	1.71	1.80	2.12	2.30	2.53
湖南	1.22	1.36	1.64	1.70	1.93	1.98	1.97
广东	1.88	2.10	2.39	2.31	2.56	2.65	3.28
广西	1.19	1.45	1.65	1.72	1.84	1.92	1.94
海南	2.06	2.27	2.81	2.95	3.23	3.35	3.29
重庆	1.69	2.09	2.93	3.08	3.05	3.13	3.15
四川	1.49	1.73	1.81	1.89	2.12	2.23	2.14
贵州	1.33	1.50	1.90	2.13	2.36	2.59	2.49
云南	1.54	1.67	1.94	2.10	2.42	2.47	2.29
西藏	4.33	4.73	6.20	6.68	7.41	8.36	7.73
陕西	1.81	2.05	2.47	2.52	2.77	2.85	2.73
甘肃	1.63	1.77	1.99	2.00	2.25	2.39	2.46
青海	2.72	3.83	4.52	5.09	5.39	5.68	5.62
宁夏	2.27	2.82	3.25	3.56	3.76	3.85	3.79
新疆	2.12	2.46	3.06	3.23	3.61	3.70	3.55

表附 5-2　　各地区收入角度下的财政分权度

	2009	2010	2011	2012	2013	2014	2015
北京	4.29	3.79	3.91	3.86	3.91	3.97	4.32
天津	2.49	2.60	2.82	3.00	3.19	3.34	3.42
河北	0.56	0.58	0.63	0.69	0.71	0.70	0.71
山西	0.87	0.86	0.89	1.01	1.06	1.06	0.89
内蒙古	1.29	1.37	1.44	1.50	1.56	1.56	1.55
辽宁	1.36	1.45	1.58	1.71	1.72	1.54	0.96
吉林	0.66	0.69	0.81	0.91	0.95	0.93	0.89
黑龙江	0.62	0.62	0.68	0.73	0.75	0.72	0.61
上海	4.27	3.94	3.84	3.79	3.85	4.01	4.54
江苏	1.54	1.64	1.71	1.78	1.87	1.93	2.00
浙江	1.51	1.51	1.51	1.51	1.56	1.59	1.72
安徽	0.52	0.61	0.64	0.72	0.78	0.77	0.79
福建	0.95	0.98	1.06	1.14	1.27	1.32	1.32
江西	0.49	0.55	0.62	0.73	0.81	0.88	0.94
山东	0.86	0.90	0.94	1.01	1.06	1.09	1.11
河南	0.44	0.46	0.48	0.52	0.58	0.62	0.63
湖北	0.53	0.56	0.70	0.76	0.85	0.94	1.02
湖南	0.49	0.52	0.60	0.65	0.69	0.71	0.74
广东	1.34	1.37	1.38	1.42	1.50	1.60	1.71
广西	0.48	0.53	0.54	0.60	0.63	0.63	0.63
海南	0.77	0.98	1.02	1.11	1.21	1.30	1.37
重庆	0.85	1.04	1.34	1.39	1.29	1.36	1.42
四川	0.53	0.61	0.67	0.72	0.78	0.80	0.81
贵州	0.44	0.48	0.59	0.70	0.78	0.83	0.85
云南	0.57	0.60	0.63	0.69	0.78	0.76	0.76
西藏	0.38	0.38	0.47	0.68	0.69	0.83	0.84
陕西	0.73	0.81	1.05	1.03	1.05	1.06	1.08
甘肃	0.42	0.44	0.46	0.49	0.53	0.55	0.57
青海	0.59	0.62	0.70	0.78	0.88	0.91	0.90
宁夏	0.66	0.77	0.90	0.98	1.07	1.09	1.11
新疆	0.67	0.72	0.86	0.98	1.13	1.18	1.12

表附 5-3　　　　各地区支出角度下的财政分权度

	2009	2010	2011	2012	2013	2014	2015
北京	11.56	11.61	13.12	12.85	13.12	12.74	14.23
天津	8.01	8.89	10.82	10.94	11.51	11.53	11.25
河北	2.92	3.29	3.99	4.04	4.00	3.84	4.08
山西	3.99	4.53	5.37	5.51	5.55	5.13	5.03
内蒙古	6.86	7.71	9.83	9.93	9.81	9.39	9.12
辽宁	5.41	6.13	7.27	7.49	7.87	7.01	5.50
吉林	4.72	5.46	6.53	6.48	6.63	6.41	6.29
黑龙江	4.29	4.93	5.95	5.97	5.84	5.43	5.68
上海	11.83	12.03	13.61	12.68	12.46	12.30	13.80
江苏	4.50	5.24	6.43	6.40	6.53	6.45	6.54
浙江	4.40	4.94	5.74	5.48	5.72	5.68	6.46
安徽	3.06	3.64	4.52	4.77	4.79	4.65	4.59
福建	3.37	3.85	4.82	5.02	5.40	5.27	5.61
江西	3.08	3.61	4.61	4.84	5.10	5.18	5.20
山东	3.02	3.63	4.23	4.40	4.57	4.44	4.51
河南	2.68	3.05	3.69	3.84	3.94	3.87	3.86
湖北	3.20	3.66	4.56	4.69	5.01	5.14	5.64
湖南	3.02	3.45	4.36	4.48	4.66	4.51	4.55
广东	3.74	4.35	5.21	5.03	5.25	5.17	6.36
广西	2.92	3.65	4.47	4.60	4.52	4.44	4.56
海南	4.92	5.61	7.24	7.42	7.51	7.38	7.32
重庆	3.95	4.97	7.18	7.46	6.85	6.69	6.77
四川	3.84	4.44	4.74	4.87	5.10	5.06	4.92
贵州	3.39	3.93	5.29	5.71	5.85	6.12	6.01
云南	3.74	4.17	5.16	5.53	5.81	5.71	5.35
西藏	13.85	15.35	20.39	21.24	21.61	22.63	22.95
陕西	4.32	4.98	6.39	6.39	6.47	6.36	6.21
甘肃	4.27	4.81	5.70	5.77	5.95	5.95	6.12
青海	7.64	11.07	13.89	14.59	14.13	14.00	13.86
宁夏	6.05	7.39	9.01	9.64	9.37	9.17	9.17
新疆	5.46	6.52	8.44	8.79	9.00	8.75	8.68

附录 6 各类型企业研发投入实证研究的相关检验结果

表附 6-1　　　　　　　　　　　　大型企业

	Dynamic Panel	政府 R&D 补贴率	政府 R&D 稳定性	政府 R&D 交互性	Dynamic SDM
Arrellano-bond AR(1) test(P_value)	0.158	0.317	0.0728	0.262	
Arrellano-bond AR(2) test(P_value)	0.764	0.558	0.871	0.363	
Sargan test(P_value)	Prob>chi2 =0.1737	Prob>chi2 =0.1203	Prob>chi2 =0.2241	Prob>chi2 =0.1028	
LR test($\rho=0$) (P_value)					0.0852
LR test($\rho=-\delta\beta_1$) (P_value)					0.0851

表附 6-2　　　　　　　　　　　　中型企业

	Dynamic Panel	政府 R&D 补贴率	政府 R&D 稳定性	政府 R&D 交互性	Dynamic SDM
Arrellano-bond AR(1) test(P_value)	0.0788	0.0420	0.0422	0.116	
Arrellano-bond AR(2) test(P_value)	0.116	0.0836	0.0713	0.352	
Sargan test(P_value)	Prob>chi2 =0.4770	Prob>chi2 =0.3231	Prob>chi2 =0.2354	Prob>chi2 =0.1469	
LR test($\rho=0$) (P_value)					0.0557
LR test($\rho=-\delta\beta_1$) (P_value)					0.0500

表附 6-3　　　　　　　　　　　　国有企业

	Dynamic Panel	政府 R&D 补贴率	政府 R&D 稳定性	政府 R&D 交互性	Dynamic SDM
Arrellano-bond AR(1) test(P_value)	0.0915	0.0485	0.0720	0.172	

续表

	Dynamic Panel	政府R&D补贴率	政府R&D稳定性	政府R&D交互性	Dynamic SDM
Arrellano-bond AR(2) test(P_value)	0.797	0.673	0.720	0.821	
Sargan test(P_value)	Prob>chi2 =0.4220	Prob>chi2 =0.2431	Prob>chi2 =0.3920	Prob>chi2 =0.4425	
LR test($\rho=0$) (P_value)					0.0018
LR test($\rho=-\delta\beta_1$) (P_value)					0.0221

表附6-4　　非国有企业

	Dynamic Panel	政府R&D补贴率	政府R&D稳定性	政府R&D交互性	Dynamic SDM
Arrellano-bond AR(1) test(P_value)	0.105	0.0835	0.120	0.0498	
Arrellano-bond AR(2) test(P_value)	0.791	0.782	0.770	0.774	
Sargan test(P_value)	Prob>chi2 =0.0935	Prob>chi2 =0.1439	Prob>chi2 =0.5570	Prob>chi2 =0.0643	
LR test($\rho=0$) (P_value)					0.0471
LR test($\rho=-\delta\beta_1$) (P_value)					0.0464

表附6-5　　外资企业

	Dynamic Panel	政府R&D补贴率	政府R&D稳定性	政府R&D交互性	Dynamic SDM
Arrellano-bond AR(1) test(P_value)	0.269	0.281	0.243	0.579	
Arrellano-bond AR(2) test(P_value)	0.771	0.713	0.502	0.425	
Sargan test(P_value)	Prob>chi2 =0.1185	Prob>chi2 =0.1899	Prob>chi2 =0.1466	Prob>chi2 =0.1771	
LR test($\rho=0$) (P_value)					0.0808
LR test($\rho=-\delta\beta_1$) (P_value)					0.095

参考文献

[1] 安同良,周绍东,皮建才. R&D 补贴对中国企业自主创新的激励效应[J]. 经济研究, 2009(10):87-98+120.

[2] 安同良,千慧雄. 中国企业 R&D 补贴策略:补贴阈限、最优规模与模式选择[J]. 经济研究,2021,v.56;No.640(01):122-137.

[3] 白俊红,戴玮. 财政分权对地方政府科技投入的影响[J]. 统计研究,2017(03): 97-106.

[4] 白俊红,李婧. 政府 R&D 资助与企业技术创新——基于效率视角的实证分析[J]. 金融研究,2011(06):181-193.

[5] 白俊红. 中国的政府 R&D 资助有效吗？来自大中型工业企业的经验证据[J]. 经济学(季刊),2011(04):1375-1400.

[6] 陈红,纳超洪,雨田木子,等. 内部控制与研发补贴绩效研究[J]. 管理世界,2018,34 (12):149-164.

[7] 陈强远,林思彤,张醒. 中国技术创新激励政策:激励了数量还是质量[J]. 中国工业经济,2020,No.385(04):79-96.

[8] 陈硕. 分税制改革、地方财政自主权与公共品供给[J]. 经济学(季刊),2010(04): 1427-1446.

[9] 陈彦光. 基于 Moran 统计量的空间自相关理论发展和方法改进[J]. 地理研究,2009 (06):1449-1463.

[10] 程华,赵祥,杨华,等. 政府科技资助对我国大中型工业企业 R&D 产出的影响——基于省际面板数据的研究[J]. 科学学与科学技术管理,2008(02):24-27.

[11] 程华,赵祥. 政府科技资助对企业 R&D 产出的影响——基于我国大中型工业企业的实证研究[J]. 科学学研究,2008(03):519-525.

[12] 戴小勇,成力为. 财政补贴政策对企业研发投入的门槛效应[J]. 科研管理,2014(06): 68-76.

[13] 邓慧慧,桑百川. 财政分权、环境规制与地方政府 FDI 竞争[J]. 上海财经大学学报, 2015(03):79-88.

[14] 樊琦,韩民春. 政府 R&D 补贴对国家及区域自主创新产出影响绩效研究——基于中国 28 个省域面板数据的实证分析[J]. 管理工程学报,2011(03):183-188.

[15] 符淼. 地理距离和技术外溢效应——对技术和经济集聚现象的空间计量学解释[J]. 经济学(季刊),2009(04):1549-1566.

[16] 傅强,朱浩. 中央政府主导下的地方政府竞争机制——解释中国经济增长的制度视角

[J].公共管理学报,2013(01):19-30+138.
[17] 傅勇,张晏.中国式分权与财政支出结构偏向:为增长而竞争的代价[J].管理世界,2007(03):4-12+22.
[18] 傅勇.财政分权、政府治理与非经济性公共物品供给[J].经济研究,2010(08):4-15+65.
[19] 龚锋,雷欣.中国式财政分权的数量测度[J].统计研究,2010(10):47-55.
[20] 顾元媛,沈坤荣.地方政府行为与企业研发投入——基于中国省际面板数据的实证分析[J].中国工业经济,2012(10):77-88.
[21] 郭兵,罗守贵.地方政府财政科技资助是否激励了企业的科技创新?——来自上海企业数据的经验研究[J].上海经济研究,2015(04):70-78+86.
[22] 郭杰,李涛.中国地方政府间税收竞争研究——基于中国省级面板数据的经验证据[J].管理世界,2009(11):54-64+73.
[23] 郭庆旺,贾俊雪.财政分权、政府组织结构与地方政府支出规模[J].经济研究,2010(11):59-72+87.
[24] 郭庆旺,贾俊雪.地方政府间策略互动行为、财政支出竞争与地区经济增长[J].管理世界,2009(10):17-27+187.
[25] 郭铁成,张赤东.经济创新度与经济体创新评级[J].中国科技论坛,2014(12):5-13.
[26] 国丽娜.中国政府间接资助中小企业技术创新绩效研究[D].中国科学技术大学,2015.
[27] 胡亚权.空间面板数据模型及其应用研究[D].华中科技大学,2012.
[28] 贾俊雪,应世为.财政分权与企业税收激励——基于地方政府竞争视角的分析[J].中国工业经济,2016(10):23-39.
[29] 江永宏,孙凤娥.中国R&D资本存量测算:1952~2014年[J].数量经济技术经济研究,2016(07):112-129.
[30] 姜国麟,刘弘,朱平芳.专家咨询约束下的最大方差权数计算法[J].统计研究,1996(06):65-67.
[31] 姜宁,黄万.政府补贴对企业R&D投入的影响——基于我国高技术产业的实证研究[J].科学学与科学技术管理,2010(07):28-33.
[32] 苗文龙,何德旭,周潮.企业创新行为差异与政府技术创新支出效应[J].经济研究,2019,v.54;No.616(01):85-99.
[33] 解维敏,唐清泉,陆姗姗.政府R&D资助,企业R&D支出与自主创新——来自中国上市公司的经验证据[J].金融研究,2009(06):86-99.
[34] 解维敏.财政分权、晋升竞争与企业研发投入[J].财政研究,2012(06):30-32.
[35] 解维敏.混合所有制与国有企业研发投入研究[J].系统工程理论与实践,2019,39(04):1067-1078.
[36] 赖烽辉,李善民,王大中.企业融资约束下的政府研发补贴机制设计[J].经济研究,2021,v.56;No.650(11):48-66.
[37] 雷欣,陈继勇.技术进步、研发投入与外商直接投资的区位选择[J].世界经济研究,2012(08):62-67+74+89.

[38] 李爱玲.政府研发资助对企业创新产出作用效果研究[J].统计与决策,2015(16):185-188.

[39] 李婧,谭清美,白俊红.中国区域创新生产的空间计量分析——基于静态与动态空间面板模型的实证研究[J].管理世界,2010(07):43-55+65.

[40] 李婧.政府R&D资助对企业技术创新的影响——一个基于国有与非国有企业的比较研究[J].研究与发展管理,2013(03):18-24.

[41] 李瑞茜,白俊红.政府R&D资助对企业技术创新的影响——基于门槛回归的实证研究[J].中国经济问题,2013(03):11-23.

[42] 李胜兰,初善冰,申晨.地方政府竞争、环境规制与区域生态效率[J].世界经济,2014(04):88-110.

[43] 李涛,周业安.中国地方政府间支出竞争研究——基于中国省级面板数据的经验证据[J].管理世界,2009(02):12-22.

[44] 李万福,杜静,张怀.创新补助究竟有没有激励企业创新自主投资——来自中国上市公司的新证据[J].金融研究,2017(10):130-145.

[45] 李永,孟祥月,王艳萍.政府R&D资助与企业技术创新——基于多维行业异质性的经验分析[J].科学学与科学技术管理,2014(01):33-41.

[46] 李永友,沈坤荣.辖区间竞争、策略性财政政策与FDI增长绩效的区域特征[J].经济研究,2008(05):58-69.

[47] 李仲达,余壮雄,王美今.动态面板阈模型的一种序贯两步估计[J].统计研究,2014(07):72-80.

[48] 廖信林,顾炜宇,王立勇.政府R&D资助效果、影响因素与资助对象选择——基于促进企业R&D投入的视角[J].中国工业经济,2013(11):148-160.

[49] 林毅夫,刘志强.中国的财政分权与经济增长[J].北京大学学报(哲学社会科学版),2000(04):5-17.

[50] 林洲钰,林汉川,邓兴华.政府补贴对企业专利产出的影响研究[J].科学学研究,2015(06):842-849.

[51] 刘汉屏,刘锡田.地方政府竞争:分权、公共物品与制度创新[J].改革,2003(06):23-28.

[52] 刘洁,李文.中国环境污染与地方政府税收竞争——基于空间面板数据模型的分析[J].中国人口.资源与环境,2013(04):81-88.

[53] 刘小元,林嵩.地方政府行为对创业企业技术创新的影响——基于技术创新资源配置与创新产出的双重视角[J].研究与发展管理,2013(05):12-25.

[54] 刘怡芳.我国政府R&D补贴对技术创新的影响研究[D].东北师范大学,2017.

[55] 卢洪友,龚锋.政府竞争、"攀比效应"与预算支出受益外溢[J].管理世界,2007(08):12-22.

[56] 毛其淋,许家云.政府补贴对企业新产品创新的影响——基于补贴强度"适度区间"的视角[J].中国工业经济,2015(06):94-107.

[57] 聂辉华,江艇,杨汝岱.中国工业企业数据库的使用现状和潜在问题[J].世界经济,2012(05):142-158.

[58] 聂鸣,曾赤阳,丁秀好.不同政府科技资助与区域R&D产出的关系研究[J].科学学研究,2014(10):1468-1475.

[59] 潘镇,金中坤,徐伟.财政分权背景下地方政府科技支出行为研究[J].上海经济研究,2013(01):34-45.

[60] 钱锡红,杨永福,徐万里.企业网络位置、吸收能力与创新绩效——一个交互效应模型[J].管理世界,2010(05):118-129.

[61] 乔宝云,范剑勇,冯兴元.中国的财政分权与小学义务教育[J].中国社会科学,2005(06):37-46+206.

[62] 沈坤荣,付文林.税收竞争、地区博弈及其增长绩效[J].经济研究,2006(06):16-26.

[63] 沈坤荣,付文林.中国的财政分权制度与地区经济增长[J].管理世界,2005(01):31-39+171-172.

[64] 苏方林.中国省域R&D溢出的空间模式研究[J].科学学研究,2006(05):696-701.

[65] 孙伟,江三良,韩裕光.环境规制、政府投入和技术创新——基于演化博弈的分析视角[J].江淮论坛,2015(02):34-38.

[66] 孙莹.税收激励政策对企业创新绩效的影响研究[D].东华大学,2013.

[67] 唐鹏,石晓平,曲福田.地方政府竞争与土地财政策略选择[J].资源科学,2014(04):702-711.

[68] 唐清泉,卢珊珊,李懿东.企业成为创新主体与R&D补贴的政府角色定位[J].中国软科学,2008(06):88-98.

[69] 陶雄华,谢寿琼.金融开放、空间溢出与经济增长——基于中国31省份数据的实证研究[J].宏观经济研究,2017(05):10-20.

[70] 童光荣,高杰.中国政府R&D支出对企业R&D支出诱导效应及其时滞分析[J].中国科技论坛,2004(04):97-99.

[71] 王丹,刘洪生,徐静.加入招商引资行为的税收竞争模型[J].世界经济,2005(01):35-46+80.

[72] 王凤翔,陈柳钦.地方政府为本地竞争性企业提供财政补贴的理性思考[J].经济研究参考,2006(33):18-23+44.

[73] 王俊.R&D补贴对企业R&D投入及创新产出影响的实证研究[J].科学学研究,2010(09):1368-1374.

[74] 王俊.政府R&D资助与企业R&D投入的产出效率比较[J].数量经济技术经济研究,2011(06):93-106+146.

[75] 王贤彬,徐现祥,李郇.地方官员更替与经济增长[J].经济学(季刊),2009(04):1301-1328.

[76] 吴剑峰,杨震宁.政府补贴、两权分离与企业技术创新[J].科研管理,2014(12):54-61.

[77] 吴晓松.国家创新体系对企业创新能力及创新绩效影响研究[D].昆明理工大学,2012.

[78] 吴延兵.R&D存量、知识函数与生产效率[J].经济学(季刊),2006(03):1129-1156.

[79] 吴延兵.市场结构、产权结构与R&D——中国制造业的实证分析[J].统计研究,2007(05):67-75.

[80] 项歌德,朱平芳,张征宇.经济结构、R&D投入及构成与R&D空间溢出效应[J].科学学研究,2011(02):206-214.

[81] 项歌德.R&D溢出效应的测度研究[D].上海社会科学院,2011.

[82] 谢洪明,刘常勇,陈春辉.市场导向与组织绩效的关系:组织学习与创新的影响——珠三角地区企业的实证研究[J].管理世界,2006(02):80-94+143+171-172.

[83] 谢乔昕,宋良荣.中国式分权、经济影响力与研发投入[J].科学学研究,2015(12):1797-1804.

[84] 谢晓波.地方政府竞争与区域经济协调发展的博弈分析[J].社会科学战线,2004(04):100-104.

[85] 许国艺.政府补贴和市场竞争对企业研发投资的影响[J].中南财经政法大学学报,2014(05):59-64+71.

[86] 许治,师萍.政府科技投入对企业R&D支出影响的实证分析[J].研究与发展管理,2005(03):22-26.

[87] 许治.政府公共R&D与内生经济增长[D].西北大学,2006.

[88] 严若森,陈静,李浩.基于融资约束与企业风险承担中介效应的政府补贴对企业创新投入的影响研究[J].管理学报,2020(08):1188-1198.

[89] 杨海生,陈少凌,周永章.地方政府竞争与环境政策——来自中国省份数据的证据[J].南方经济,2008(06):15-30.

[90] 杨海文.空间计量模型的选择、估计及其应用[D].江西财经大学,2015.

[91] 杨红,蒲勇健.政府科技激励政策对企业R&D投入影响实证研究[J].生产力研究,2008(14):89-91.

[92] 杨孟禹,蔡之兵,张可云.中国城市规模的度量及其空间竞争的来源——基于全球夜间灯光数据的研究[J].财贸经济,2017(03):38-51.

[93] 杨晓丽,许垒.中国式分权下地方政府FDI税收竞争的策略性及其经济增长效应[J].经济评论,2011(03):59-68.

[94] 杨洋,魏江,罗来军.谁在利用政府补贴进行创新?——所有制和要素市场扭曲的联合调节效应[J].管理世界,2015(01):75-86+98+188.

[95] 姚树洁,冯根福,韦开蕾.外商直接投资和经济增长的关系研究[J].经济研究,2006(12):35-46.

[96] 叶子荣,贾宪洲.科技财政与自主创新:基于中国省级DPD模型的实证研究[J].管理评论,2011(02):72-79.

[97] 尹恒,徐琰超.地市级地区间基本建设公共支出的相互影响[J].经济研究,2011(07):55-64.

[98] 尹恒,朱虹.县级财政生产性支出偏向研究[J].中国社会科学,2011(01):88-101+222.

[99] 张杰.中国政府创新政策的混合激励效应研究[J].经济研究,2021,v.56;No.647(08):160-173.

[100] 张军,高远,傅勇,等. 中国为什么拥有了良好的基础设施?[J]. 经济研究,2007(03):4-19.
[101] 张可云,杨孟禹. 国外空间计量经济学研究回顾、进展与述评[J]. 产经评论,2016(01):5-21.
[102] 张莉,王贤彬,徐现祥. 财政激励、晋升激励与地方官员的土地出让行为[J]. 中国工业经济,2011(04):35-43.
[103] 张清勇. 地方政府竞争与工业用地出让价格[J]. 2005中国制度经济学年会精选论文(第一部分),2005:0.
[104] 张同斌,高铁梅. 财税政策激励、高新技术产业发展与产业结构调整[J]. 经济研究,2012(05):58-70.
[105] 张小红,逯宇铎. 政府补贴对企业R&D投资影响的实证研究[J]. 科技管理研究,2014(15):204-209.
[106] 张兴龙,沈坤荣,李萌. 政府R&D补助方式如何影响企业R&D投入?——来自A股医药制造业上市公司的证据[J]. 产业经济研究,2014(05):53-62.
[107] 张晏,龚六堂. 分税制改革、财政分权与中国经济增长[J]. 经济学(季刊),2005(04):75-108.
[108] 张晏. 财政分权、FDI竞争与地方政府行为[J]. 世界经济文汇,2007(02):22-36.
[109] 张永安,闫瑾. 技术创新政策对企业创新绩效影响研究——基于政策文本分析[J]. 科技进步与对策,2016(01):108-113.
[110] 张征宇,朱平芳. 地方环境支出的实证研究[J]. 经济研究,2010(05):82-94.
[111] 张志强. 空间加权矩阵设置与空间面板参数估计效率[J]. 数量经济技术经济研究,2014(10):122-138.
[112] 赵付民,苏盛安,邹珊刚. 我国政府科技投入对大中型工业企业R&D投入的影响分析[J]. 研究与发展管理,2006(02):78-84.
[113] 郑春美,李佩. 政府补助与税收优惠对企业创新绩效的影响——基于创业板高新技术企业的实证研究[J]. 科技进步与对策,2015(16):83-87.
[114] 郑延冰. 民营科技企业研发投入、研发效率与政府资助[J]. 科学学研究,2016(07):1036-1043.
[115] 周海涛. 政府R&D资助对企业技术创新决策、行为及绩效的影响研究[D]. 华南理工大学,2016.
[116] 周海涛,李奎. 政府研发资助对企业技术创新的影响研究综述——基于全链条创新视角[J]. 科技管理研究,2016(06):7-10.
[117] 周海涛,张振刚. 政府研发资助方式对企业创新投入与创新绩效的影响研究[J]. 管理学报,2015(12):1797-1804.
[118] 周克清,刘海二,吴碧英. 财政分权对地方科技投入的影响研究[J]. 财贸经济,2011(10):31-37.
[119] 周黎安,罗凯. 企业规模与创新:来自中国省级水平的经验证据[J]. 经济学(季刊),2005(02):623-638.
[120] 周黎安. 行政发包制[J]. 社会,2014(06):1-38.

[121] 周黎安.晋升博弈中政府官员的激励与合作——兼论我国地方保护主义和重复建设问题长期存在的原因[J].经济研究,2004(06):33-40.

[122] 周黎安.中国地方官员的晋升锦标赛模式研究[J].经济研究,2007(07):36-50.

[123] 周绍东.企业技术创新与政府R&D补贴:一个博弈[J].产业经济评论,2008(03):38-51.

[124] 周亚虹,贺小丹,沈瑶.中国工业企业自主创新的影响因素和产出绩效研究[J].经济研究,2012(05):107-119.

[125] 周亚虹,蒲余路,陈诗一,等.政府扶持与新型产业发展——以新能源为例[J].经济研究,2015(06):147-161.

[126] 周亚虹,宗庆庆,陈曦明.财政分权体制下地市级政府教育支出的标尺竞争[J].经济研究,2013(11):127-139+160.

[127] 周业安,冯兴元,赵坚毅.地方政府竞争与市场秩序的重构[J].中国社会科学,2004(01):56-65+206.

[128] 周业安,宋紫峰.中国地方政府竞争30年[J].教学与研究,2009(11):28-36.

[129] 周业安.地方政府竞争与经济增长[J].中国人民大学学报,2003(01):97-103.

[130] 朱平芳,罗翔,项歌德.中国中小企业创新绩效空间溢出效应实证研究——基于马克思分工协作理论[J].数量经济技术经济研究,2016(05):3-16.

[131] 朱平芳,项歌德,王永水.中国工业行业间R&D溢出效应研究[J].经济研究,2016(11):44-55.

[132] 朱平芳,徐伟民.上海市大中型工业行业专利产出滞后机制研究[J].数量经济技术经济研究,2005(09):137-143.

[133] 朱平芳,徐伟民.政府的科技激励政策对大中型工业企业R&D投入及其专利产出的影响——上海市的实证研究[J].经济研究,2003(06):45-53+94.

[134] 朱平芳,张征宇,姜国麟.FDI与环境规制:基于地方分权视角的实证研究[J].经济研究,2011(06):133-145.

[135] Aghion P, Howitt P. A Model of Growth Through Creative Destruction [J]. Econometrica, 1992,60(2):323.

[136] Alecke B, Mitze T, Reinkowski J, et al. Does firm size make a difference? Analysing the effectiveness of R&D subsidies in East Germany [J]. German Economic Review, 2012,13(2):174-195.

[137] Anselin L. Spatial Econometrics: Methods and Models [M]. Springer Science & Business Media, 1988,4.

[138] Anselin L, Bera A K, Florax R, et al. Simple diagnostic tests for spatial dependence [J]. Regional Science and Urban Economics, 1996,26(1):77-104.

[139] Anselin L, Hudak S. Spatial econometrics in practice: A review of software options [J]. Regional Science and Urban Economics, 1992,22(3):509-536.

[140] Anselin L, Le Gallo J, Jayet H. Spatial panel econometrics [G]//The Econometrics of Panel Data. Springer, 2008:625-660.

[141] Anselin L, Varga A, Acs Z. Local geographic spillovers between university research

and high technology innovations [J]. Journal of Urban Economics, 1997,42(3):422-448.

[142] Apolte T. Die ökonomische Konstitution eines föderalen Systems [J]. Dezentrale Wirtschaftspolitik Zwischen Kooperation und Institutionellem Wettbewerb, Tübingen, 1999.

[143] Arellano M. Panel data econometrics [M]. Oxford University Press, 2003.

[144] Arrow K J. The Economic Implications of Learning by Doing [J]. The Review of Economic Studies, 1962,29(3):155.

[145] Arrow K J. The economic implications of learning by doing [G]//Readings in the Theory of Growth. Springer, 1971:131-149.

[146] Atkinson R D, Ezell S J. Innovation economics: The race for global advantage [M]. Yale University Press, 2012.

[147] Audretsch D B, Feldman M P. R&D spillovers and the geography of innovation and production [J]. The American Economic Review, 1996,86(3):630-640.

[148] Autant-Bernard C. Spatial econometrics of innovation: recent contributions and research perspectives [J]. Spatial Economic Analysis, 2012,7(4):403-419.

[149] Autant-Bernard C, Lesage J P. Quantifying knowledge spillovers using spatial econometric models [J]. Journal of Regional Science, 2011,51(3):471-496.

[150] Aw B Y, Roberts M J, YI XU D. R&D investment, exporting, and productivity dynamics [J]. The American Economic Review, 2011,101(4):1312-1344.

[151] Bakay A, Elkassabgi A, Moqbel M. Resource Allocation, Level of International Diversification and Firm Performance [J]. 2011.

[152] Baltagi B H, Li D. Prediction in the panel data model with spatial correlation: the case of liquor [J]. Spatial Economic Analysis, 2006,1(2):175-185.

[153] Beck N. Time-series-cross-section data: What have we learned in the past few years? [J]. Annual Review of Political Science, 2001,4(1):271-293.

[154] Beenstock M, Felsenstein D. Spatial vector autoregressions [J]. Spatial Economic Analysis, 2007,2(2):167-196.

[155] Belotti F, Hughes G, Mortari A P. XSMLE—A command to estimate spatial panel models in Stata [C]//German Stata Users Group Meeting, Potsdam, Alemania. 2013:1-36.

[156] Belotti F, Hughes G, Mortari A P. XSMLE: Stata module for spatial panel data models estimation [J]. Statistical Software Components, 2017.

[157] Bérubé C, Mohnen P. Are firms that receive R&D subsidies more innovative? [J]. Canadian Journal of Economics, 2009,42(1):206-225.

[158] Besley T, Case A. Incumbent Behavior: Vote-Seeking, Tax-Setting, and Yardstick Competition [J]. The American Economic Review, 1995,85(1):25-45.

[159] Block F, Keller M R. Where do innovations come from? Transformations in the US economy, 1970-2006 [J]. Socio-Economic Review, 2009,7(3):459-483.

[160] Bloom N, Van Reenen J. Patents, real options and firm performance [J]. The Economic Journal, 2002,112(478).

[161] Bloom N. Uncertainty and the Dynamics of R&D [J]. The American Economic Review, 2007,97(2):250-255.

[162] Bloom N, Griffith R, Van Reenen J. Do R&D tax credits work? Evidence from a panel of countries 1979-1997 [J]. Journal of Public Economics, 2002,85(1):1-31.

[163] Bodson P, Peeters D. Estimation of the Coefficients of a Linear Regression in the Presence of Spatial Autocorrelation. An Application to a Belgian Labour-Demand Function [J]. Environment and Planning A, 1975,7(4):455-472.

[164] Breton A. Competitive governments: An economic theory of politics and public finance [M]. Cambridge University Press, 1998.

[165] Bronzini R, Piselli P. The impact of R&D subsidies on firm innovation [J]. Research Policy, 2016,45(2):442-457.

[166] Brueckner J K. Welfare reform and the race to the bottom: Theory and evidence [J]. Southern Economic Journal, 2000: 505-525.

[167] Brueckner J K. Strategic interaction among governments: An overview of empirical studies [J]. International Regional Science Review, 2003,26(2):175-188.

[168] Brueckner J K, Saavedra L A. Do Local Governments Engage in Strategic Property—Tax Competition? [J]. National Tax Journal, 2001: 203-229.

[169] Buchanan J M. Demand and supply of public goods [J]. 1968.

[170] Busom I. An empirical evaluation of the effects of R&D subsidies [J]. Economics of Innovation and New Technology, 2000,9(2):111-148.

[171] Caldeira E. Yardstick competition in a federation: Theory and evidence from China [J]. China Economic Review, 2012,23(4):878-897.

[172] Cappelen Å, Raknerud A, Rybalka M. The effects of R&D tax credits on patenting and innovations [J]. Research Policy, 2012,41(2):334-345.

[173] Carboni O A. R&D subsidies and private R&D expenditures: evidence from Italian manufacturing data [J]. International Review of Applied Economics, 2011,25(4):419-439.

[174] Case A C, Rosen H S, Hines J R. Budget spillovers and fiscal policy interdependence: Evidence from the states [J]. Journal of Public Economics, 1993,52(3):285-307.

[175] Catozzella A, Vivarelli M. The possible adverse impact of innovation subsidies: some evidence from Italy [J]. International Entrepreneurship and Management Journal, 2016,12(2):351-368.

[176] Chernozhukov V, Hansen C. An IV Model of Quantile Treatment Effects [J]. Econometrica, 2005,73(1):245-261.

[177] Clark H L, Pinkovskiy M L, Sala-I-Martin X. China's GDP Growth May Be Understated [R]. ID 2953810, Rochester, NY: Social Science Research

Network, 2017.

[178] Clausen T H. Do subsidies have positive impacts on R&D and innovation activities at the firm level? [J]. Structural Change and Economic Dynamics, 2009,20(4):239 - 253.

[179] Cliff A, Ord J K. Spatial autocorrelation [R]. 1973.

[180] Cliff A D, Ord J K. Spatial processes: models & applications [M]. Taylor & Francis, 1981.

[181] Czarnitzki D, Fier A. Publicly funded R&D collaborations and patent outcome in Germany [J]. 2003.

[182] Czarnitzki D, Hussinger K. The link between R&D subsidies, R&D spending and technological performance [J]. 2004.

[183] Czarnitzki D, Toole A A. Business R&D and the Interplay of R&D Subsidies and Product Market Uncertainty [J]. Review of Industrial Organization, 2007,31(3): 169 - 181.

[184] David P A, Hall B H. Heart of darkness: modeling public-private funding interactions inside the R&D black box [J]. Research Policy, 2000, 29 (9): 1165 - 1183.

[185] David P A, Hall B H, Toole A A. Is public R&D a complement or substitute for private R&D? A review of the econometric evidence [J]. Research Policy, 2000,29 (4):497 - 529.

[186] Davoodi H, Zou H. Fiscal decentralization and economic growth: A cross-country study [J]. Journal of Urban Economics, 1998,43(2):244 - 257.

[187] Elhorst J P. Specification and estimation of spatial panel data models [J]. International Regional Science Review, 2003,26(3):244 - 268.

[188] Elhorst J P. Spatial panel data models [J]. Handbook of Applied Spatial Analysis, 2010: 377 - 407.

[189] Elhorst J P. Dynamic panels with endogenous interaction effects when T is small [J]. Regional Science and Urban Economics, 2010,40(5):272 - 282.

[190] Elhorst J P. Spatial econometrics: from cross-sectional data to spatial panels [M]. Springer, 2014.

[191] Elhorst J P, Fréret S. Evidence of Political Yardstick Competition in France Using A Two-regime Spatial Durbin Model With Fixed Effects [J]. Journal of Regional Science, 2009,49(5):931 - 951.

[192] Elhorst P, Vega S H. On spatial econometric models, spillover effects, and W [J]. 2013.

[193] Figlio D N, Kolpin V W, Reid W E. Do States Play Welfare Games? [J]. Journal of Urban Economics, 1999,46(3):437 - 454.

[194] Frachisse D. Structures et déterminants des collaborations au sein des programmes cadres de recherche et développement technologique de l'Union Européenne. : Une

perspective réseau. [D]. Saint Etienne, 2011.

[195] Ghosh S. Strategic interaction among local governments: a spatial analysis of spillover of public goods [J]. Chapters, 2006.

[196] Goldberg L. The Influence of Federal R and D Funding on the Demand for and Returns to Industrial R and D [M]. Citeseer, 1979.

[197] González X, Jaumandreu J, Pazó C. Barriers to innovation and subsidy effectiveness [J]. RAND Journal of Economics, 2005: 930-950.

[198] González X, Pazó C. Do public subsidies stimulate private R&D spending? [J]. Research Policy, 2008,37(3):371-389.

[199] Goolsbee A. Does government R&D policy mainly benefit scientists and engineers? [R]. National Bureau of Economic Research, 1998.

[200] Gordon R H. An optimal taxation approach to fiscal federalism [J]. The Quarterly Journal of Economics, 1983,98(4):567-586.

[201] Görg H, Strobl E. The effect of R&D subsidies on private R&D [J]. Economica, 2007,74(294):215-234.

[202] Griffith R, Harrison R, Van Reenen J. How Special Is the Special Relationship? Using the Impact of US R&D Spillovers on UK Firms as a Test of Technology Sourcing [J]. American Economic Review, 2006,96(5):1859-1875.

[203] Griliches Z. Issues in assessing the contribution of research and development to productivity growth [J]. The Bell Journal of Economics, 1979: 92-116.

[204] Griliches Z. Patent Statistics as Economic Indicators: A Survey [J]. Journal of Economic Literature, 1990,28(4):1661.

[205] Grossman G M, Helpman E. Trade, knowledge spillovers, and growth [J]. European Economic Review, 1991,35(2-3):517-526.

[206] Guellec D, Van Pottelsberghe De La Potterie B. Does government support stimulate private R&D? [J]. OECD Economic Studies, 1997: 95-122.

[207] Guellec D, Van Pottelsberghe De La Potterie B. The impact of public R&D expenditure on business R&D [J]. Economics of Innovation and New Technology, 2003,12(3):225-243.

[208] Guellec D, Van Pottelsberghe De La Potterie B. From R&D to productivity growth: Do the institutional settings and the source of funds of R&D matter? [J]. Oxford Bulletin of Economics and Statistics, 2004,66(3):353-378.

[209] Gujarati D N. Basic econometrics [M]. Tata McGraw-Hill Education, 2009.

[210] Hall B H, Mairesse J. Exploring the relationship between R&D and productivity in French manufacturing firms [J]. Journal of Econometrics, 1995,65(1):263-293.

[211] Hall B H, Mairesse J, Mohnen P. Measuring the Returns to R&D [G]//Rosenberg B H H and N. Handbook of the Economics of Innovation. North-Holland, 2010,2: 1033-1082.

[212] Hall B H, Moncada-Paternò-Castello P, Montresor S, et al. Financing constraints,

R&D investments and innovative performances: new empirical evidence at the firm level for Europe [J]. Economics of Innovation and New Technology, 2016, 25(3): 183-196.
[213] Hall L A, Bagchi-Sen S. A study of R&D, innovation, and business performance in the Canadian biotechnology industry [J]. Technovation, 2002, 22(4): 231-244.
[214] Hall L A, Bagchi-Sen S. An analysis of firm-level innovation strategies in the US biotechnology industry [J]. Technovation, 2007, 27(1): 4-14.
[215] Hamberg D. R & D: Essays on the economics of research and development [C]// Random, 1966.
[216] Hansen B E. Threshold effects in non-dynamic panels: Estimation, testing, and inference [J]. Journal of Econometrics, 1999, 93(2): 345-368.
[217] Herrmann-Pillath C. Die fiskalische und regionale Dimension des systemischen Wandels gro\s ser Länder: Regierungswettbewerb in China und Ru\s sland [M]. Univ. Witten, Herdecke, Fak. für Wirtschaftswiss. , 1999.
[218] Hewitt-Dundas N, Roper S. Output additionality of public support for innovation: evidence for Irish manufacturing plants [J]. European Planning Studies, 2010, 18(1): 107-122.
[219] Higgins R S. Federal support of technological growth in industry: some evidence of crowding out [J]. IEEE Transactions on Engineering Management, 1981(4): 86-88.
[220] Howe J D, Mcfetridge D G. The determinants of R & D expenditures [J]. Canadian Journal of Economics, 1976: 57-71.
[221] Hsiao C. Analysis of panel data (Vol. 34) [J]. Econometric Society Monographs, 2003.
[222] Hu A G Z, Zhang P, Zhao L. China as number one? Evidence from China's most recent patenting surge [J]. Journal of Development Economics, 2017, 124: 107-119.
[223] Hu A G. Ownership, government R&D, private R&D, and productivity in Chinese industry [J]. Journal of Comparative Economics, 2001, 29(1): 136-157.
[224] Jaffe A B. Technological Opportunity and Spillovers of R & D: Evidence from Firms' Patents, Profits, and Market Value [J]. The American Economic Review, 1986, 76(5): 984-1001.
[225] Jaffe A B. Real effects of academic research [J]. The American Economic Review, 1989: 957-970.
[226] Jaffe A B, Trajtenberg M, Henderson R. Geographic localization of knowledge spillovers as evidenced by patent citations [J]. The Quarterly journal of Economics, 1993, 108(3): 577-598.
[227] Jia R, Nie H. Decentralization, Collusion, and Coal Mine Deaths [J]. Review of Economics and Statistics, 2015, 99(1): 105-118.

[228] Jin H, Qian Y, Weingast B R. Regional decentralization and fiscal incentives: Federalism, Chinese style [J]. Journal of Public Economics, 2005,89(9):1719 - 1742.

[229] Johnston J, Dinardo J. Econometric methods [J]. New York, 1972,19(7):22.

[230] Jones C I, Williams J C. Measuring the social return to R&D [J]. The Quarterly Journal of Economics, 1998,113(4):1119 - 1135.

[231] Kang K-N, Park H. Influence of government R&D support and inter-firm collaborations on innovation in Korean biotechnology SMEs [J]. Technovation, 2012,32(1):68 - 78.

[232] Keen M, Marchand M. Fiscal competition and the pattern of public spending [J]. Journal of Public Economics, 1997,66(1):33 - 53.

[233] Klette T J, Møen J. R&D investment responses to R&D subsidies: A theoretical analysis and a microeconometric study [J]. World Review of Science, Technology and Sustainable Development, 2012,9(2 - 4):169 - 203.

[234] Kremer S, Bick A, Nautz D. Inflation and growth: new evidence from a dynamic panel threshold analysis [J]. Empirical Economics, 2013,44(2):861 - 878.

[235] Krugman P. What's new about the new economic geography? [J]. Oxford Review of Economic Policy, 1998,14(2):7 - 17.

[236] Lee L-F. Asymptotic Distributions of Quasi-Maximum Likelihood Estimators for Spatial Autoregressive Models [J]. Econometrica, 2004,72(6):1899 - 1925.

[237] Lee L, Liu X, Lin X. Specification and estimation of social interaction models with network structures [J]. The Econometrics Journal, 2010,13(2):145 - 176.

[238] Lee L, Yu J. Estimation of spatial autoregressive panel data models with fixed effects [J]. Journal of Econometrics, 2010,154(2):165 - 185.

[239] Lee L, Yu J. Some recent developments in spatial panel data models [J]. Regional Science and Urban Economics, 2010,40(5):255 - 271.

[240] Lee L, Yu J. A Spatial Dynamic Panel Data Model with Both Time and Individual Fixed Effects [J]. Econometric Theory, 2010,26(2):564 - 597.

[241] Lesage J P. Spatial econometrics [M]. Mimeo, 1999.

[242] Lesage J P, Pace R. Introduction to Spatial Econometrics [M]. CRC Press,Taylor & Francis Group,Boca Raton, 2009.

[243] Levy D M. Estimating the impact of government R&D [J]. Economics Letters, 1990,32(2):169 - 173.

[244] Levy D M, Terleckyj N E. Effects of government R&D on private R&D investment and productivity: a macroeconomic analysis [J]. The Bell Journal of Economics, 1983: 551 - 561.

[245] Li H, Zhou L-A. Political turnover and economic performance: the incentive role of personnel control in China [J]. Journal of Public Economics, 2005,89(9):1743 - 1762.

[246] Lichtenberg F R. The relationship between federal contract R&D and company R&D [J]. The American Economic Review, 1984,74(2):73-78.
[247] Lichtenberg F R. The effect of government funding on private industrial research and development: a re-assessment [J]. The Journal of Industrial Economics, 1987: 97-104.
[248] Lichtenberg F R. The private R and D investment response to federal design and technical competitions [J]. The American Economic Review, 1988,78(3):550-559.
[249] Lin J Y, Liu Z. Fiscal Decentralization and Economic Growth in China [J]. Economic Development and Cultural Change, 2000,49(1):1-21.
[250] Lindahl E, Musgrave R A, Peacock A T. Classics in the theory of public finance [M]. New York: St. Martin's Press. Chapter Just taxation—a positive solution, 1919.
[251] Link A N. An analysis of the composition of R&D spending [J]. Southern Economic Journal, 1982: 342-349.
[252] Lokshin B, Mohnen P. How effective are level-based R&D tax credits? Evidence from the Netherlands [J]. Applied Economics, 2012,44(12):1527-1538.
[253] Lucas Jr R E. Making a miracle [J]. Econometrica: Journal of the Econometric Society, 1993: 251-272.
[254] Lucas R E. On the mechanics of economic development [J]. Journal of Monetary Economics, 1988,22(1):3-42.
[255] Ma J. China's fiscal reform: An overview [J]. Asian Economic Journal, 1997,11(4):443-458.
[256] Mansfield E. The R&D Tax Credit and Other Technology Policy Issues [J]. The American Economic Review, 1986,76(2):190-194.
[257] Marrocu E, Paci R, Usai S. Proximity, networking and knowledge production in Europe: What lessons for innovation policy? [J]. Technological Forecasting and Social Change, 2013,80(8):1484-1498.
[258] Marshall A. Principles of political economy [J]. Maxmillan, New York, 1890.
[259] Marshall A. Principes d'économie politique [M]. Gordon and Breach, Paris, London, New York, 1920.
[260] Martinez-Vazquez J, Mcnab R M. Fiscal decentralization and economic growth [J]. World Development, 2003,31(9):1597-1616.
[261] Maskin E, Qian Y, Xu C. Incentives, Information, and Organizational Form [J]. The Review of Economic Studies, 2000,67(2):359-378.
[262] Mckinnon R I. Market-preserving fiscal federalism in the American Monetary Union [J]. Macroeconomic Dimensions of Public Finance: Essays in Honour of Vito Tanzi, 1997,5:73.
[263] Meliciani V, Savona M. The determinants of regional specialisation in business

services: agglomeration economies, vertical linkages and innovation [J]. Journal of Economic Geography, 2014,15(2):387-416.
[264] Montmartin B, Herrera M. Internal and external effects of R&D subsidies and fiscal incentives: Empirical evidence using spatial dynamic panel models [J]. Research Policy, 2015,44(5):1065-1079.
[265] Montresor S, Vezzani A. The production function of top R&D investors: Accounting for size and sector heterogeneity with quantile estimations [J]. Research Policy, 2015,44(2):381-393.
[266] Moreno R, Paci R, Usai S. Spatial spillovers and innovation activity in European regions [J]. Environment and Planning A, 2005,37(10):1793-1812.
[267] Musgrave R A. Theory of public finance: a study in public economy [J]. 1959.
[268] Nemet G F. Demand-pull, technology-push, and government-led incentives for non-incremental technical change [J]. Research Policy, 2009,38(5):700-709.
[269] Nordfors D, Sandred J, Wessner C. Commercialization of academic research results [J]. Stockholm: Vinnova, 2003.
[270] Oates W E. Fiscal federalism [J]. Books, 1972.
[271] Oates W E. Searching for Leviathan: An empirical study [J]. The American Economic Review, 1985,75(4):748-757.
[272] Oates W E. An Essay on Fiscal Federalism [J]. Journal of Economic Literature, 1999,37(3):1120-1149.
[273] Oman C. Policy competition for foreign direct investment: A study of competition among governments to attract FDI [M]. OECD Publishing, 2000.
[274] Ostrom V, Ostrom E. Public goods and public choices [J]. 1977:7-49.
[275] P bodson, D peeters. Estimation of the Coefficients of a Linear Regression in the Presence of Spatial Autocorrelation. An Application to a Belgian Labour-Demand Function [J]. Environment and Planning A, 1975,7(4):455-472.
[276] Paelinck J H P, Klaassen L L H. Spatial econometrics [M]. Saxon House, 1979,1.
[277] Peters M, Schneider M, Griesshaber T, et al. The impact of technology-push and demand-pull policies on technical change—Does the locus of policies matter? [J]. Research Policy, 2012,41(8):1296-1308.
[278] Peterson H. Transformational supply chains and the 'wicked problem' of sustainability: aligning knowledge, innovation, entrepreneurship, and leadership [J]. Journal on Chain and Network Science, 2009,9(2):71-82.
[279] Qian Y, Weingast B R. China's transition to markets: market-preserving federalism, Chinese style [J]. The Journal of Policy Reform, 1996,1(2):149-185.
[280] Qian Y, Xu C. Why China's economic reforms differ: the M-form hierarchy and entry/expansion of the non-state sector [J]. Economics of Transition, 1993,1(2):135-170.
[281] Revelli F. On spatial public finance empirics [J]. International Tax and Public

Finance, 2005,12(4):475-492.
[282] Revelli F. Spatial interactions among governments [J]. Handbook of Fiscal Federalism, 2006: 106-130.
[283] Rivera-Batiz L A, Romer P M. Economic Integration and Endogenous Growth [J]. The Quarterly Journal of Economics, 1991,106(2):531-555.
[284] Robson M T. Federal funding and the level of private expenditure on basic research [J]. Southern Economic Journal, 1993: 63-71.
[285] Rodrik D. Premature deindustrialization [J]. Journal of Economic Growth, 2016,21(1):1-33.
[286] Romer P M. Increasing returns and long-run growth [J]. Journal of Political Economy, 1986,94(5):1002-1037.
[287] Romer P M. Endogenous Technological Change [J]. Journal of Political Economy, 1990,98(5):S71-S102.
[288] Russo B. A cost-benefit analysis of R&D tax incentives [J]. Canadian Journal of Economics, 2004: 313-335.
[289] Saavedra L A. A model of welfare competition with evidence from AFDC [J]. Journal of Urban Economics, 2000,47(2):248-279.
[290] Salmon P. Decentralisation as an incentive scheme [J]. Oxford review of Economic Policy, 1987,3(2):24-43.
[291] Samuelson P A. The Pure Theory of Public Expenditure [J]. The Review of Economics and Statistics, 1954,36(4):387-389.
[292] Samuelson P A. Diagrammatic Exposition of a Theory of Public Expenditure [J]. The Review of Economics and Statistics, 1955,37(4):350-356.
[293] Shleifer A, Treisman D. Without a map: Political Tactics and Economic Reform in Russia [M]. MIT Press, 2000.
[294] Smith A. The wealth of nations [1776] [J]. 1937.
[295] Solow R M. A Contribution to the Theory of Economic Growth [J]. The Quarterly Journal of Economics, 1956,70(1):65.
[296] Steinmueller W E. Economics of technology policy [J]. Handbook of the Economics of Innovation, 2010,2: 1181-1218.
[297] Tiebout C M. A Pure Theory of Local Expenditures [J]. Journal of Political Economy, 1956,64(5):416-424.
[298] Wallsten S J. The effects of government-industry R&D programs on private R&D: the case of the Small Business Innovation Research program [J]. The RAND Journal of Economics, 2000: 82-100.
[299] Wicksell K. Taxation in the monopoly case [J]. Readings in the Economics of Taxation, 1896: 156-77.
[300] Wilson J D. A theory of interregional tax competition [J]. Journal of Urban Economics, 1986,19(3):296-315.

[301] Wilson J D. Theories of tax competition [J]. National Tax Journal, 1999: 269-304.

[302] Wolff G B, Reinthaler V. The effectiveness of subsidies revisited: Accounting for wage and employment effects in business R&D [J]. Research Policy, 2008,37(8): 1403-1412.

[303] Xie D, Zou H, Davoodi H. Fiscal decentralization and economic growth in the United States [J]. Journal of Urban Economics, 1999,45(2):228-239.

[304] Young A A. Increasing Returns and Economic Progress [J]. The Economic Journal, 1928,38(152):527-542.

[305] Yu J, De Jong R, Lee L. Quasi-maximum likelihood estimators for spatial dynamic panel data with fixed effects when both n and T are large [J]. Journal of Econometrics, 2008,146(1):118-134.

[306] Zhang D. Research on Personal Income Tax Affecting Structure of Resident Consumption Expenditure in China [J]. Modern Economy, 2017,08(02):161-171.

[307] Zhang T, Zou H. Fiscal decentralization, public spending, and economic growth in China [J]. Journal of Public Economics, 1998,67(2):221-240.

[308] Zhong Y. Analysis of Incentive Effects of Government R&D Investment on Technology Transaction [J]. Modern Economy, 2017,08(01):78-89.

图书在版编目(CIP)数据

政府创新政策的溢出效应研究 / 李世奇著 .— 上海：上海社会科学院出版社，2022
ISBN 978 - 7 - 5520 - 3939 - 9

Ⅰ. ①政… Ⅱ. ①李… Ⅲ. ①政策支持—影响—区域经济发展—研究—中国 Ⅳ. ①F127

中国版本图书馆 CIP 数据核字(2022)第 152637 号

政府创新政策的溢出效应研究

著　　者：李世奇
责任编辑：袁钰超
封面设计：右序设计
出版发行：上海社会科学院出版社
　　　　　上海顺昌路 622 号　邮编 200025
　　　　　电话总机 021 - 63315947　销售热线 021 - 53063735
　　　　　http://www.sassp.cn　E-mail：sassp@sassp.cn
照　　排：南京前锦排版服务有限公司
印　　刷：上海颛辉印刷厂有限公司
开　　本：720 毫米×1000 毫米　1/16
印　　张：15.25
字　　数：260 千
版　　次：2022 年 9 月第 1 版　2022 年 9 月第 1 次印刷

ISBN 978 - 7 - 5520 - 3939 - 9/F · 712　　　　　定价：78.00 元

版权所有　翻印必究